JOHANN HARI

벌거벗은 정신력

요한 하리 지음 | 김문주 옮김

벌거벗은
정신력

LOST
CONNECTIONS

＊

한국의 독자들에게

이 책《벌거벗은 정신력》을 쓴 것은 한 가지 수수께끼 때문이었습니다. 최근 몇십 년 동안 우울과 불안이 전 세계적으로 심각한 문제로 대두되었습니다. 물론 한국도 마찬가지입니다. 나는 그 이유를 알고 싶었습니다. 왜 이런 일이 벌어지는 걸까요? 왜 시간이 지날수록 점점 더 우리의 하루하루가 힘겨워지는 걸까요?

많은 사람들을 만나고 탐구를 거듭하면서 중요한 원인들을 발견할 수 있었습니다. 그리고 그 문제들이 점점 더 위중해지고 있음을 알았습니다. 이제 이 책을 읽으며 알게 되겠지만, 나는 크게 7가지 원인을 발견했습니다. 여기에는 외로움과 경제적 어려움이 포함되어 있습니다.

그리고 이 책의 집필을 마무리하고 처음 출간했을 시기에, 공교롭게도 코로나19가 창궐했습니다. 유례없는 팬데믹으로 전 세계가 봉쇄되고 고립되었습니다. 당시 이미 심각한 사회문제였던 우울과 불안은 코로나 시기에 더욱 위험한 수준으로 격화되었습니다. 마치 이 책에 담긴 내용이 맞는다는 것을 증명하는 거대한 임상시험처럼 느껴질 정도였어요. 고립감과 경제적 불안함이 극에 달했고, 우울증과 불안장애 진단을 받은 사람들의 숫자 역시 크게 증가했습니다.

몇 년이 지나 서서히 팬데믹의 영향력에서 벗어나고 있는 지금, 이러한 고통과 좌절이 단순히 개인의 문제가 아니라는 점은 더욱 명확해 보입니다.

외로움과 우울, 불안과 무기력함 등 많은 사람들이 시달리고 있는 아픔은 우리가 고장 났다는 경고가 아니라 귀 기울여 들여야 하는 신호입니다. 이 신호들은 우리가 잘못 나아가고 있는 방향을 바로잡으라고 알려줍니다. 때로 그 신호가 고통스럽더라도 우리는 이를 따라야 합니다.

감사하게도 이 책은 여러 나라에서 출간되어 많은 독자들에게 우울과 불안에 대한 새로운 이야기를 들려주었습니다. 한국의 독자들에게도 의미 있는 메시지를 전달할 수 있기를 바랍니다. 이 책에 담긴 문제들이 한국 사회에도 깊이 뿌리내리고 있기 때문입니다. 그러나 멕시코에서 만났던 현명한 사람이 말한 대로, 독극물 옆에서 해독제를 찾을 수 있기 마련입니다. 때로 문제의 근원은 해결책의 근원이 될 수도 있습니다.

진심으로 감사의 인사를 전합니다.

✦ 행운을 빌며, 요한

차례

PART 1

당신은 고장 나지 않았다

✦

아무도 물어봐주지 않은 슬픔과 불안에 대하여

PART2

우리가 잃어버린 것이 우리를 아프게 한다

✦

불행과 고통을 부르는 7가지 상실에 대하여

PART3

끊어진 것은 다시 연결할 수 있다

✦

삶의 가치를 회복하는 7가지 연결에 대하여

✦

당신의 신호에 귀를 기울여야 한다

10년 전 어느 봄날, 나는 베트남 하노이의 좁은 골목길을 걷다가 가판 위에 놓인 사과를 보았다. 기이할 정도로 커다랗고 빨간 사과였다. 시선을 빼앗긴 나는 결국 사과를 하나 산 뒤 묵고 있던 호텔로 돌아왔다. 기대감에 찬 나는 병에 든 생수로 사과를 꼼꼼히 씻었다. 그러나 사과를 한 입 베어 문 순간 입 안 가득 쓴 맛이 퍼졌다. 내가 알고 있는 사과 맛은 조금도 나지 않았다. 화학약품 맛이 너무 강해 마치 사과 모양을 한 독성물질을 먹는 듯했다. 그만 먹어야 한다는 것을 알았지만 다른 음식을 사러 나가기엔 너무 피곤했다. 그래서 사과를 반 정도 먹어치운 후 옆에 던져놓았다.

2시간 후부터 배가 아프기 시작했고, 머리가 점점 더 무거워지고 심하게 어지러워서 꼬박 이틀 동안 방에 머물러 있을 수밖에 없었다. 하지만 별로 걱정하지 않았다. 전에도 식중독을 앓은 적이 있었고 어떻게 해야 하는지 알았다. 그저 물을 많이 마시고 낫길 기다리면 되는 것이다.

사흘째가 되던 날, 나는 시름시름 앓다가 베트남에서의 시간이 하릴없이 흘러가버렸음을 깨달았다. 나는 작업 중이던 책을 위해 베트남에 머물며 전쟁 생존자들을 추적하고 있었다. 안 되겠다 싶어 통역사였던 당 호앙 린을 불러 우리가 애초에 계획했던 대로 남부 시골 쪽으로 더 깊이 들어가자고 말했다. 그와 함께 폐허가 된 작은 마을에서 고엽제 피해자를 찾아 이리저리 돌아다니며 나는 몸이 점점 나아진다고 느꼈다.

다음 날, 호앙 린은 왜소한 몸집의 노파가 살고 있는 오두막으로 나를 데려갔다. 여든이 훌쩍 넘은 노파의 입술은 질겅질겅 씹고 있던 약초로 붉게 물들어 있었다. 노파는 전쟁기간 동안 자기 아이들을 지키기 위해 폭탄과 폭탄 사이를 오가며 9년을 헤맸다고 했다. 이들은 마을의 유일한 생존자들이었다.

노파의 이야기를 들으며 나는 이상한 경험을 했다. 노파의 목소리가 아주 먼 곳에서 들려오는 듯했고, 내가 앉아 있던 방이 걷잡을 수 없이 빙빙 돌기 시작했다. 흡사 토사물과 배설물로 만들어진 폭탄처럼, 나는 갑작스레 위아래로 폭발하기 시작했다. 얼마 후 정신을 차리고 주변을 둘러보자 노파는 걱정스러운 눈으로 나를 보고 있었다.

"이 양반 병원에 가야겠어. 몸이 아주 안 좋아." 노파가 말했다.

"아닙니다, 아니에요." 나는 지금껏 런던의 허름한 뒷골목에서 프라이드치킨을 주식 삼아 먹었고, 따라서 대장균의 습격에 당한 것이 이번이 처음은 아니었다. 나는 호앙 린에게 다시 하노이로 데려다달라고 말했다. 호텔방에서 쉬면서 뱃속을 다스릴 수 있게 말이다.

"아니!" 노파는 단호히 말했다. "병원."

호앙 린은 나를 끌고 가 차에 태웠다. 한 허름한 건물에 도착할 때까지 나는 내내 헛구역질을 하고 벌벌 떨었다. 훗날 알게 됐지만 그 건물은 수십 년 전에 소련이 지은 것으로, 나는 그곳에서 치료를 받은 첫 번째 외국인이었다. 건물 안쪽에서 간호사들이 반은 흥분하고 반은 당황한 상태로 달려 나와 나를 진료대에 옮겼다. 내가 전혀 알아들을 수 없는 말로 호앙 린과 간호사들은 고함을 질렀다. 잠시 후 이들은 내 팔에 뭔가를 단단히 감았다.

혈압을 재자마자 간호사들은 내게 바늘을 꽂기 시작했다. "위험할 정도로 혈압이 낮아요." 간호사들이 말하고 호앙 린이 통역했다. 처치는 10분가량 계속됐고 내 팔은 각종 튜브와 바늘자국으로 묵직해졌다. 그러고 나서 이들은 호앙 린을 통해 내 증세에 관한 질문들을 쏟아냈다. 내 고통의 원인을 알아내려는 질문 목록이 있는 것처럼 느껴질 지경이었다.

이 모든 과정에서 나는 스스로 분열하는 듯한 느낌이 들기 시작했다. 내 몸의 일부는 메스꺼움이 점령하고 있었다. 모든 것이 빠르게 빙빙 돌았고, 나는 속으로 '그만, 이제 그만, 제발 멈춰'라고 애원했다. 반면 또 다른 내 일부는 꽤나 합리적이고 짧은 독설을 내뱉고 있었다. '너는 곧 죽게 될 거야. 썩은 사과 때문에 죽다니 선악과를 먹은 이브구나. 아니, 독사과에 당한 백설공주인가.'

그러고는 생각했다. '사과 반쪽을 먹은 결과가 이렇다면, 수년 동안 그 화학약품이 뿌려진 밭에서 일한 농부들은 어떨까? 이건 언젠가 훌륭한 이야깃거리가 될 거야.' 이런 생각도 들었다. '만약 정말로 죽음이 코앞에 닥쳤다면 이런 식으로 생각해서는 안 돼. 인생에서 심오했던 순간들을 떠올려야 해. 옛날 일들이 주마등처럼 스쳐지나가야지. 언제 진심으로 행복했더라?'

의식적으로 어렸을 적 내 모습을 떠올렸다. 옛날 우리 집에서 할머니와 함께 침대에 누워 있는 모습이었다. 나는 할머니 곁에 바싹 붙어서 아침 드라마를 보고 있었다. 그리고 몇 년 후 어린 조카를 돌보고 있는 내 모습을 떠올렸다. 조카는 아침 7시에 나를 깨우고는 내 침대에 함께 누워 인생에 대한 길고 심오한 질문을 던졌다. 또 몇 년이 지나, 내가 처음으로 사랑에 빠진 사람과 침대에 누워 있던 모습도 떠올렸다. 특별한 일 없이 그냥 누워서 서로를 안고 있었을 뿐이었다.

'잠깐.' 문득 회상이 멈췄다. 행복했던 순간이 침대에서뿐이야? 무슨 인생이 이래? 스스로에게 황당해하는 순간 또다시 구토가 몰려왔다. 나는 의사들에게 이 끔찍한 구역질만 가라앉힐 수 있다면 무엇이라도 해달라고 빌었다. 호앙 린은 의사들과 언성을 높여가며 이야기를 나눴다. 마침내 호앙 린이 나에게 몸을 돌렸다.

"의사들이 말하길, 당신은 구역질을 좀 더 해야 한대요. 그게 바로 신호고, 우리는 그 신호에 귀를 기울여야 한대요. 무엇이 잘못됐는지 이야기해주니까요."

그 말이 끝나자마자 나는 다시 토하기 시작했다.

몇 시간 후, 40대로 보이는 의사가 와서 말했다. "환자분 신장이 기능하질 않아요. 탈수가 심해요. 구토와 설사 때문에 아주 오랫동안 수분을 섭취하지 못했거든요. 그러니까 며칠 동안 사막을 헤맨 사람처럼 된 거죠."

호앙 린이 끼어들었다. "의사 말이, 당신을 그대로 하노이에 데려갔더라면 가는 도중에 죽었을 거래요."

의사는 지난 3일간 내가 어떤 음식을 먹었는지 말해달라고 했다. 간단했다.

"사과 하나요."

그는 나를 의아하게 쳐다봤다. "깨끗한 사과였나요?"

"네, 생수로 닦았거든요."

뭐가 그리 재밌는지 내 대답에 모든 사람들이 일제히 웃음을 터뜨렸다. 그제야 나는 베트남에서는 사과를 그저 씻기만 해서는 안 된다는 것을 알게 됐다. 그곳에서는 수개월이 지나도 썩지 않도록 사과를 방부제로 코팅한다. 따라서 사과 껍질을 완전히 깎아내고 먹지 않으면 이런 일이 벌어질 수밖에 없다.

이유는 알 수 없지만, 이 책을 쓰는 내내 식중독에 시달린 그날 의사가 했던 말이 계속 떠올랐다.

"당신은 구역질을 좀 더 해야 해요. 그게 바로 신호고, 우리는 그 신호에 귀를 기울여야 해요. 무엇이 잘못됐는지 이야기해주니까요."

그리고 수천 킬로미터 떨어진 완전히 다른 장소에 다다르고 나서야 비로소 나는 우울함과 불안, 무기력함, 좌절감 등 오랫동안 나를 괴롭힌 문제의 진짜 원인과 회복 방법을 찾으려는 내 여정의 이유를 분명히 알게 됐다.

왜 우리는 이토록 우울하고 불안한가

내가 항우울제를 처음 먹은 것은 20살 때였다. 작고 하얀 알약이었다. 약을 삼키자 화학적인 맛이 났다.

그날 아침에 나는 의사를 만났다. 내 안에서 터져 나오는 슬픔과 우울함이 잠잠했던 때가 하루라도 있었는지 모르겠다고 설명했다. 어렸을 때조차, 학교에서, 또는 집에서, 그리고 친구들과 함께 있으면서도 가끔씩 자리를 떠나 혼자 울어야만 했다. 그저 눈물 몇 방울 흘리는 정도가 아니었다. 명확한 이유도 없었다. 그냥 슬펐고 그냥 우울했다. 그러고 나면 나는 자책했다. '내 마음 탓이야. 이겨내야 해. 약해지면 안 돼. 정신차려야지.' 당시 나는 그 말을 하기가 부끄러웠다. 그리고 지금 이 글을 쓰는 것 역시 부끄럽다.

불안이나 공황을 겪고 있는 사람이 쓴 책은 때로 길게 늘어진 고통의 대하소설 같다. 어떤 작가들은 자신이 느꼈던 절망의 깊이를 한층 더 극단적으로 묘사한다. 많은 사람들이 우울이나 심각한 불안의 느낌을 모르던 예전에는 그런 책이 필요했다. 나는 그런 식의 책을 다시 쓸 필요가 없다. 내가 쓰려는 것은 그런 내용의 글이 아니다. 물론, 아픈 건 사실이다.

그 병원을 찾아가기 한 달 전, 나는 바르셀로나의 바닷가에서 파도에 몸을 맡긴 채 하염없이 울고 있었다. 순간, 왜 이런 일이 벌어지고 있는지, 어떻게 해야 회복할 수 있는지를 문득 깨닫게 됐다. 아니, 깨달았다고 생각했다.

그 해 여름, 나는 친구와 유럽을 여행하고 있었다. 가족 중 처음으로 명문대에 입학한 상태였다. 나는 황금빛 모래와 루브르 박물관, 그리고 섹시한 이탈리아 사람들에 대해 환상을 가지고 있다. 그러나 여행을 떠나기 직전, 내가 처음으로 진지하게 사랑했던 사람에게 거절당했다. 그리고 나는 부끄러운 체취처럼 감정들이 평소보다 심하게 스멀스멀 새어나오는 느낌을 받았다.

여행은 계획대로 흘러가지 않았다. 나는 이탈리아 베니스의 곤돌라 위에서 울음을 터뜨렸다. 스위스 마테호른 정상에서는 울부짖었다. 프라하의 카프카 생가에서는 몸을 벌벌 떨기 시작했다. 비정상이었지만, 완전한 비정상은 아니었다. 전에도 이런 시기를 겪은 적이 있었다. 그러나 바르셀로나에서 터진 눈물이 멈추지 않을 때 친구가 내게 말했다. "대부분의 사람들은 이렇지 않다는 거 알고 있지?"

그 순간 나는 인생에서 몇 안 되는 전환점의 순간을 맞이했다. 나는 친구에게 소리쳤다. "나는 우울해! 내 정신 탓이 아니야! 나는 불행하지 않고, 나는 나약하지 않아. 그저 나는 우울하다고!"

이상하게 들릴지도 모르지만, 그 당시의 충격이 내게는 행복하게 느껴졌다. 마치 소파 뒤에서 기대치 못한 돈뭉치를 발견한 것 같았다.

"이런 상태를 뜻하는 말이 있어! 이건 당뇨나 과민성대장증후군 같은 질병이라고!" 수년 동안 이런 메시지를 들어왔지만, 이제야 그 의미가 제자리를 찾게 된 것이다. '그건 내 이야기였어!' 그리고 그 순간, 나는 이 고통을 해결할 수 있는 방법을 생각해냈다. 바로 항우울제였다.

'그래, 내게 필요한 건 그거야! 집에 가자마자 약을 먹고 정상인이 될 거야. 그리고 더 이상 우울해지지 않을 거야.'

깨달음이라는 것은 늘 그렇듯 순간적이지만, 사실은 오랜 세월에 걸쳐 이뤄진다. 나는 우울증이 무엇인지 알고 있었다. 드라마에서도 봤고 책으로도 읽었다. 우울증과 불안에 대해 어머니가 하는 이야기를 들었고, 어머니가 약 드시는 모습도 보았다. 그리고 나는 그 치료법에 대해 알고 있었다. 불과 몇 년 전, 전 세계 미디어가 떠들어댄 방법이었다. 내 10대 시절은 '프로작'의 시대와 궤를 같이 했다. 즉, 심각한 부작용 없이 우울증을 치료할 수 있다는 신약이 부흥하는 시기였다. 당시 가장 잘 팔린 책 가운데 하나는 이 약들이 실제로 당신을 그저 멀쩡한 정도가 아니라 일반적인 사람들보다 더 강하고 더 건강하게 만들어준다고 주장했다. 나는 이러한 이야기들을 있는 그대로 받아들였다. 1990년대 말에는 이런 식의 주장이 꽤 많았다.

그리고 내가 찾아갔던 정신과 의사 역시 이러한 주장들에 흠뻑 빠져 있던 것이 분명하다. 작은 진료실에서 의사는 왜 내가 우울함을 느끼는지 끈기 있게 설명했다. 뇌 속에 세로토닌serotonin이라는 화학물질이 선천적으로 적게 분비되는 사람들이 있고, 이것이 우울증의 원인이 된다는 내용이었다. 즉, 세로토닌 때문에 그 희한하고 끈질긴 불행이 사라지지 않는다는 것이었다. 다행히도 내가 성인이 된 시기에 맞춰 새로운 세대의 약물이 등장했다. 세로토닌 농도를 정상인 수준까지 회복시키는 '선택적 세로토닌 재흡수 저해제selective serotonin reuptake inhibitors, SSRIs'였다. 의사는 우울증이 뇌질환의 일종이며 치료제가 있다고 말했다. 그는 내게 뇌 사진을 보여주며 이를 설명했다.

사실 그 의사는 그렇게 열심히 나를 설득할 필요가 없었다. 나는 이미 그 이야기에 열광하고 있었기 때문이다. 10분도 안 돼 나는 세로자트Seroxat, 미국에서는 팍실Paxil로 알려진 약의 처방전을 들고 있었다.

그 후로 몇 년이 흘렀고, 누군가가 그날 의사가 내게 묻지 않았던 질문들을 던졌다. 그토록 불행하다고 느끼는 이유가 있는가? 지금껏 인생에서 무슨 일을 겪었는가? 바꾸고 싶은, 가슴 아픈 과거의 일이 있는가? 설령 그때 의사가 이런 질문들을 했더라도 나는 아마 대답하지 못했을 것이다. 그저 그를 멍하니 바라봤을 것 같다. 그리고 "저는 잘 살고 있어요"라고 말했을 것이다. 물론 내게도 이런저런 문제가 있었다. 그러나 불행할 이유는 전혀 없었다. 적어도 이 정도로 불행하다고 느낄 만한 문제는 아니었다.

어쨌든 의사는 질문을 하지 않았고 나는 그 점을 의아해하지 않았다. 그로부터 10년 넘게 의사들은 계속 나에게 약을 처방해줬고 그 누구도 내게 이런 질문을 하지 않았다. 설사 했다 하더라도 나는 분개하며 이렇게 말했을 것이다. "나는 행복 물질을 만들어내지 못하는 고장 난 뇌를 가졌는데, 그런 질문들을 하는 의도가 뭐죠? 잔인하지 않나요? 그 누구도 치매환자에게 왜 기억하지 못하느냐고 따지지 않잖아요? 내게 왜 불행하냐고 묻는 것은 어리석은 짓이에요. 당신, 의대 나온 거 맞아요?"

의사는 2주 정도는 약을 복용해야 효과가 있을 것이라고 말했다. 그러나 약을 처방받은 바로 그날 밤, 나는 따뜻한 기운이 몸 안에 휘몰아치는 것을 느꼈다. 내 뇌가 행복 물질을 만들어내고 있는 게 분명했다. 나는 침대에 누워 확신했다. 한동안 울지 않을 것이라고.

몇 주 후 방학이 끝나자 나는 대학으로 떠났다. 새로운 무기를 손에 넣었으니 걱정할 것이 없었다. 대학에서 나는 항우울제 전도사가 됐다. 슬퍼하는 친구가 있으면 내 약을 권했고, 의사에게 가서 약을 처방받으라고 이야기했다. 나는 내가 더 이상 우울하지 않을 뿐 아니라 더 나은 상태에 이르렀다고 확신했다. 스스로 회복력을 갖추고 활동적으로 변한 것이다. 나는 부족했던 정신력을 강인하게 만들 방법을 찾았다. 다만 신체적인 부작용이 따랐다. 몸무게가 엄청나게 늘었고 땀을 흘리는 일도 잦았다. 그러나 이는 자꾸만 우울해지고 무기력해지는 것에 비하면 기꺼이 감수할 수 있는 부분이었다. 우와! 나는 이제 무엇이든 할 수 있게 됐다.

몇 달 지나지 않아, 나는 예기치 못한 순간에 다시 슬픔이 치밀어 오른다는 것을 깨닫기 시작했다. 납득할 수 없었고 불합리해 보였다. 나는 의사를 다시 찾아갔고 우리는 약의 용량을 더 높이는 데 합의했다. 하루에 20밀리그램이었던 복용량이 30밀리그램으로 높아졌다. 하얀색 알약은 파란색 알약으로 바뀌었다.

그렇게 시작된 항우울제 복용은 20대 내내 계속됐다. 30밀리그램은 40밀리그램이 되었고, 40은 50이 됐다. 결국 하루에 파란색 알약 2정, 즉 60밀리그램의 항우울제를 복용하게 됐다. 용량을 높일 때마다 더 뚱뚱해졌고, 더 많은 땀을 흘리게 됐다. 하지만 매번 감수할 만한 대가라고 생각했다.

나는 궁금해하는 사람들을 만날 때마다 우울증은 고칠 수 있는 병이며, 항우울제가 치료법이라고 설명했다. 저널리스트가 된 후에는 대중에게 이를 설명하는 기사들을 꾸준히 썼다. 나는 슬픔이 다시 살아나는 것을 의학적 과정이라고 설명했다. 내 뇌 속의 화학물질은 분명 내 통제력이나 정신력과는 상관없이 닳아 없어졌다. 그리고 나는 약물들이 확실하고 강력한 효과를 발휘한다고 설명했다.

"저를 보세요. 제가 그 증거예요."

때로는 나 스스로도 의구심이 들었지만, 그런 날에는 약을 한두 알 더 집어삼키며 빠르게 의심을 떨쳐버렸다.

나는 나의 우울과 불안, 무기력증이 뇌의 오작동이며, 세로토닌 부족이나 다른 정신적 하드웨어 결함 때문에 발생하는 것이라고 주장했다. 또한 뇌의 화학반응을 고쳐줄 약물이 해결책이라고 보았다. 나는 이 이야기가 마음에 들었다. 합리적으로 들렸기 때문이다. 나는 타고난 정신력이 약한 사람인 것이다. 그리고 이 이야기는 오랫동안 나를 지배했다.

그 외에, 내가 우울함을 느끼는 또 다른 가능성도 있었다. 우울과 불안이 유전자에 새겨져 있다는 주장이었다. 나는 어머니가 일생동안 깊은 불안과 무기력에 시달렸다는 것을 알고 있었다. 아니, 어머니 이전부터 우리 가족에게는 이런 문제가 계속 존재했다. 그리고 뇌의 문제이든, 유전 문제이든 나에게는 별반 다르지 않게 들렸다. 즉, 선천적으로 나에게 무엇인가 안 좋은 것이 새겨져 있다는 뜻이었다.

처음 이 책을 쓰기로 했을 때, 나는 내가 그동안 주장해왔던 이야기로는 설명할 수 없는 이상한 일들, 내가 답을 얻고 싶은 기이한 문제들로 혼란스러웠다. 첫 번째 미스터리는 심리치료사가 던진 작은 돌에서 시작했다. 약을 복용한 지 몇 년이 지난 어느 날, 나는 상담실에 앉아 항우울제의 효과에 대해 이야기하고 있었다.

"이상한 일이네요." 가만히 듣고 있던 치료사가 말했다. "제가 보기에 당신은 아직도 많이 우울한 것 같거든요."

나는 당황했다. 무슨 뜻이냐고 묻자 그는 "글쎄요, 당신은 꽤나 오랫동안 감정적으로 괴로워하고 있어요. 저로서는 당신이 약을 먹기 전과 지금이 그다지 다르게 들리지 않네요"라고 말했다.

나는 그에게 참을성 있게 설명했다. 당신이 잘 이해하지 못하고 있지만, 우울증은 세로토닌 농도가 낮기 때문에 생겨나며 나는 약으로 내 세로토닌 농도를 높이고 있다고 말이다. '도대체 이 사람은 의대에서 무슨 공부를 한 거지?' 나는 의아했다.

그 후로 몇 년 동안이나 그는 똑같은 이야기를 했다. 약의 복용량을 높이면 문제가 해결될 것이라는 내 믿음은 현실과 맞지 않는다고 지적했다. 왜냐하면 대부분의 시간 동안 나는 여전히 축 쳐져 있었고, 우울하고 불안했기 때문이다. 또 몇 년이 지난 후에야 나는 치료사가 하는 말에 귀를 기울이게 됐다.

30대 초반의 나는 문득 비관적인 깨달음을 하나 얻었다. 바르셀로나의 해변에서 울면서 깨달았던 것과는 정반대의 것이었다. 항우울제의 복용량을 늘려도 슬픔은 언제나 그 자리에 있다는 깨달음이었다. 잠깐의 화학적 거품이 꺼지고 나면 언제나 불행이 되돌아왔다. 나는 다시 같은 생각에 갇히기 시작했다. 인생은 무의미하고, 내가 하는 모든 일들은 그저 시간 낭비라고. 불안은 끝도 없이 되풀이됐다.

내가 이해하고 싶었던 첫 번째 미스터리는 '왜 항우울제를 먹어도 여전히 우울한가?'였다. 지난 수십 년간 우리 가족은 기이한 일을 겪어왔다. 어렸을 적 우리 집 부엌 식탁 위에는 알 수 없는 글씨가 적힌 약병이 여럿 놓여 있었다. 우리 가족은 약물중독에 시달리고 있었다. 그러나 내가 아주 어렸을 적, 그 약들은 금지대상이 아니었다. 의사들은 환자들에게 그 약을 자유롭게 처방했다. 바륨Valium 같은 초기 항우울제와 신경안정제는 하루를 버틸 수 있게 해주는 화학적인 트릭이자 조작이었다.

그러나 모든 사람들이 그랬던 것은 아니다. 어린 시절, 친구네 가족들은 아무도 아침, 점심, 저녁으로 알약을 삼키지 않았다. 나는 그 점을 눈여겨봤다. 그들 중 누구도 진정제나 항우울제를 필요로 하지 않았다. 그때 나는 우리 가족이 평범하지 않다는 사실을 깨달았다.

나는 시간이 지날수록 사람들의 삶에서 약물이 점점 더 큰 존재감을 드러낸다는 사실에 주목했다. 더 많은 사람들이 약을 처방받고 적극적으로 추천했다. 오늘날 약물은 도처에 존재한다. 통계를 보면, 미국에서 성인 5명 중 1명은 심리적 문제 때문에 적어도 1가지 이상의 약물을 복용한다. 중년여성 4명 중 1명은 가끔 항우울제를 복용하며, 고등학생 10명 중 1명은 집중력을 높이기 위해 각성제를 먹는다. 합법적이거나 불법적인 약물중독이 너무나 만연한 나머지 미국 역사상 처음으로 남성의 기대수명이 줄어들 지경이 되었다.

이는 미국뿐 아니라 서구세계 전반에 걸쳐 벌어지고 있는 일이다. 프랑스 국민 3명 중 1명은 항우울제 같은 향정신성 약물을 복용하고 있고, 영국은 유럽 전체에서 가장 높은 향정신성 약물 복용률을 보인다. 비타민 같은 건강보조식품이나 마찬가지로 보일 지경이다.

한때 특이해 보이던 것들이 이제는 평범해졌다. 너무나 많은 사람들이 너무나 힘들어하다 보니, 그저 제정신을 유지하기 위해 화학물질을 섭취해야 한다고 믿게 된 것이다.

여기서 나를 혼란스럽게 만든 두 번째 미스터리가 등장한다. 왜 점점 더 많은 사람들이 우울해하고, 심각한 불안을 느끼게 되었을까? 대체 무엇이 바뀌었기에?

31살이 된 나는, 성인이 된 후 처음으로 내가 '화학적 벌거숭이'임을 깨달았다. 10년간 나는 약을 먹어도 여전히 우울한 상태라는 심리치료사의 경고를 무시해왔다. 크나큰 인생의 위기를 겪은 후에야 나는 그의 말을 들었다. 지독한 절망감을 떨쳐버릴 수 없던 시기였다. 그토록 오랫동안 시도해왔던 방법이 통하지 않는 듯했다. 나는 마침내 이러한 미스터리들이 나를 기다리고 있었음을 깨달았다. 왜 나는 여전히 무기력하고 우울한가? 왜 나 같은 사람들이 이토록 많은가?

그리고 나는 이 모든 것을 아우르는 세 번째 미스터리가 존재한다는 것을 깨달았다. 부족한 뇌의 화학물질이나 타고난 유전자가 아닌 다른 무언가가 우울과 불안을 일으키는 것 아닐까? 그렇다면 그것은 무엇인가?

나는 여러 과학 논문을 읽고 그 논문을 쓴 연구자들과 이야기를 나눔으로써 이러한 미스터리에 대해 연구하기 시작했다. 그러나 나는 언제나 한발 물러서야만 했다. 그렇게 알게 된 사실이 나를 혼란에 빠뜨리고 본래 지니고 있던 불안감을 더욱 악화시켰기 때문이다. 내가 그토록 오래 기대어 살아왔던 '고통의 이유'가 진짜 이유가 아니라는 사실을 밝혀내면, 고통이 포악한 야수가 되어 나를 무참히 공격할 것 같았다. 그게 몹시 두려웠다. 때문에 이 거대한 미스터리를 파헤치지 못하고 주저했다.

나는 대신 《비명의 추격: 약물 전쟁의 처음과 끝Chasing the scream: The first and last days of the war on drugs》이라는 다른 책을 집필하는 데 집중했다. 우습게 들리겠지만, 우울과 불안의 진짜 원인을 찾는 일보다 멕시코 마약범죄조직의 청부살인업자와 인터뷰하는 일이 훨씬 쉬웠다. 하지만 마침내 나는 이를 더 이상 무시할 수 없다는 것을 깨달았다. 그래서 3년이 넘는 기간 동안, 6만 5,000킬로미터가 넘는 여정을 소화하며 전 세계 200명 이상의 사람들과 인터뷰를 했다. 세계적으로 저명한 사회과학자들, 그리고 심각한 수준의 우울과 불안을 겪은 후 회복한 사람들이었다.

덕분에 생각지도 못한 많은 장소에 다다르게 됐다. 인디애나주의 아미시 공동체(Amish village, 현대문명과 단절된 채 18세기 생활방식을 유지하며 생활하는 침례교파), 저항정신을 바탕으로 성장한 베를린의 한 주택단지, 광고가 금지된 브라질의 도시, 전혀 새로운 방식으로 사람들을 무의미한 노동의 고통에서 구해준 볼티모어의 실험장 같은 곳들이었다. 이 모든 곳에서 배운 교훈들을 바탕으로 나는 나 자신과 우리 사회 전반에 오랜 고름처럼 퍼진 절망에 대한 이야기를 근본적으로 수정해야 했다.

본격적으로 시작하기 전 미리 밝혀둘 게 있다. 둘 다 내게 놀라운 것들이었다. 첫 번째는 우울과 불안이 별개가 아니라는 것이다. 내 심리치료사는 내가 우울증과 불안장애로 고통받고 있다고 말했다. 나는 이 둘이 개별적인 문제라고 믿었다. 하지만 조사를 해가면서 뭔가 이상하다는 것을 눈치챘다. 우울을 증가시키는 모든 것들은 불안을 증가시켰고, 그 반대도 마찬가지였다. 이 둘은 부침을 함께했다. 희한한 일이었다.

워싱턴대학 심리학 교수인 로버트 콜렌버그Robert Kohlenberg와 함께 이야기를 나누고서야 나는 이를 이해할 수 있었다. 그 역시 한때는 우울과 불안을 다른 존재라고 생각했다. 그러나 20년 넘게 연구한 끝에 '우울과 불안은 별개의 것이 아니다'라고 결론 내렸다. 실질적으로 우울과 불안에 대한 진단이 중첩된다는 것이다. 때로는 둘 중 하나가 더 분명하게 드러나기도 한다. 이번 달에는 공황발작을 일으키고 다음 달에는 내내 울기만 할 수도 있다. 이 둘을 별개라고 보는 주장은 증명된 것이 아니다. 콜렌버그 교수는 그 주장이 말이 안 된다는 것을 증명했다.

콜렌버그가 속한 쪽은 과학적 논쟁에서도 우세한 위치에 있다. 미국 내 의료연구를 지원하는 주요기구인 국립보건원National Institutes of Health, NIH은 최근 들어 우울과 불안을 다른 질병으로 진단하는 연구들에 대한 지원을 중단했다. "국립보건원은 실제 임상 사례에서 환자들에게 부합하는 좀 더 현실적인 연구를 원하는 거죠." 그는 말했다.

그 후로 나는 같은 노래를 서로 다른 가수가 부르는 '리메이크' 처럼 우울과 불안을 인식하기 시작했다. 우울증이 음울한 발라드

버전이라면 불안증은 고함을 지르는 헤비메탈 버전 같은 것이다. 그러나 원곡은 같다. 똑같아 보이지 않으나 함께 태어난 이란성 쌍둥이 같다고나 할까.

　두 번째는 내가 우울과 불안을 야기하는 원인들을 탐구하면서 배운 것이다. 우울과 불안이 '불행'과 연결되어 있다는 것이다. 예전에 나는 우울과 불안에 관해 쓸 때마다, "나는 불행에 대해 이야기하는 것이 아니다"라는 문장으로 글을 시작했다. 불행과 우울은 완전히 다르다. 우울한 사람은 남들로부터 기운 내라는 이야기를 듣거나, 자신이 단순히 불운한 일주일을 보낸 사람인양 취급당하며 해결책으로 소소한 오락거리를 제안받을 때 가장 격분한다. 이는 마치 양다리가 모두 부러진 사람한테 기분전환삼아 밖에 나가라고 하는 이야기처럼 들린다. 그러나 나는 자료들을 검토하며 결코 무시할 수 없는 부분을 발견했다. 우리를 우울하고도 불안하게 만드는 힘은, 동시에 더 많은 사람들을 불행하게 만든다는 것이다. 불행과 불안은 연속체였다. 물론 이 둘은 여전히 매우 다른 존재다. 그러나 이 둘은 연결되어 있다.

　우리가 함께 배우게 될 우울과 불안은 현대사회를 살아가는 많은 이들을 겨냥하는 창의 가장 날카로운 날이다. 그렇기 때문에 우울하지 않거나 심각하게 불안하지 않은 사람들조차 내가 앞으로 묘사하려는 대상들이 그다지 낯설지는 않을 것이다.

우리는 우울과 불안이 무엇인지에 대해 체계적으로 잘못된 정보를 제공받아 왔다. 나는 우울에 관한 2가지 이야기를 믿어왔다. 태어난 후 20년 동안 나는 우울과 불안이 '내 머릿속에서 벌어지는 일'이라고 생각했다. 즉, 실제가 아니며 상상과 허구의 것이고, 사치스러운 감정이자 나약한 정신력의 증거라고 말이다. 그 후 10년간 나는 매우 다른 방식으로 우울한 감정이 '내 머릿속에서 벌어지는 일'이라고 믿었다. 그것은 고장 난 뇌에 의한 것이었다.

나는 두 이야기 모두 사실이 아니란 것을 배웠다. 이 모든 문제의 근본적인 이유는 머리가 아니었다. 정신력 문제도, 유전적 문제도 아니었다. 대부분은 우리가 사는 사회와 우리가 살아가는 방식에서 비롯됐다. 나는 현대사회에 만연한 우울, 불안, 무기력함, 체념, 허무함 같은 부정적인 정서 상태에 적어도 7가지의 명확한 원인이 있으며, 그 가운데 다수가 우리의 기분을 극단적으로 악화시킨다는 것을 알게 됐다.

이는 내게 쉬운 여정이 아니었다. 나는 내 뇌가 고장 났기 때문에 우울해지고 불안해졌다는 오랜 담론에 매달렸다. 나는 그 담론을 깨기 위해 싸웠다. 그러나 오랫동안 저질러온 실수를 이어갈 때, 인간은 그 상태에 갇혀버리게 된다. 그리고 상황은 악화된다. 물론 처음에는 우울과 불안의 원인들을 읽는 것만으로 벅찰 수 있다. 나 역시 그 과정이 힘겨웠다. 그러나 다른 이면에는 진정한 해결책이 있었다.

나 자신, 나와 비슷한 사람들에게 무슨 일이 벌어지고 있는지 마침내 이해하게 되자 나는 진정한 항우울제가 존재한다는 것을 깨달았다. 이 항우울제는 많은 부작용을 동반하는 화학적 항우울제를 의미하는 것이 아니며, 돈을 주고 사거나 목으로 넘길 수 있는 것이 아니다. 그러나 이것은 우리가 고통에서 벗어날 수 있는 진정한 해결책의 실마리를 제시한다.

LOST
CONNEC
TIONS

당신은 고장 나지 않았다

아무도 물어봐주지 않은
슬픔과 불안에 대하여

1장

무엇이 사람들을 낫게 하는 걸까

LOST CONNEC TIONS

✦──✦ 1700년대 후반의 일이다. 존 헤이가스John Haygarth 박사는 얼떨떨한 기분이었다. 영국의 작은 도시 바스Bath를 비롯해 세계 곳곳에서 희한한 일이 벌어지고 있었다. 오랫동안 통증 때문에 제대로 걷지 못하던 사람들이 다시 걷기 시작했다. 이유가 류머티즘이든 과한 육체노동으로 인한 질환이든 상관없었다. 기적이 일어났다는 소문이 퍼져나갔다.

헤이가스는 미국 코네티컷에서 온 엘리샤 퍼킨스Elisha Perkins라는 미국인이 세운 회사가 몇 년 전 모든 종류의 통증을 사라지게 해주는 해결책을 발견했다고 발표한 사실을 알았다. 이들이 특허를 낸 '트랙터tractor'라는 두꺼운 철제 기구가 그 해결책이었다. 이들은 트랙터가 환자의 몸에 직접 닿지 않도록 간격을 유지하며 온몸을 훑었다. 환자는 뜨거운 기운 혹은 타는 듯한 느낌을 받았다. 또 치료 과정에서 "고통이 차츰 사라지기 시작할 겁니다. 느껴지지 않나요?"라는 말을 들었다. 놀랍게도 치료가 끝나고 나면 실제로 효과가 나타났다. 고통에 몸부림치던 많은 사람들이 자리에서 일어났다. 정말로 통증이 사라졌다. 절망적이던 환자들의 상당수가 침대에서 벗어나게 됐다. 처음에는 말이다.

환자들이 일어난다는 사실은 진짜였다. 단지, 헤이가스가 알아내지 못한 부분은 '어떻게'였다. 그가 배운 지식에 의하면 통증을 몸에서 분리시켜 밖으로 내보낼 수 있다는 주장은 그야말로 '헛소리'였다. 그러나 지금 환자들은 자신들이 효과를 봤다고 말하고 있었다. 트랙터의 힘을 의심하는 사람이 바보로 보이는 상황이었다. 박사는 실험을 실시해보기로 했다. 먼저 평범한 나무 막대기를 가져와 오래된 쇠막대기처럼 보이도록 칠했다. 진짜 트랙터가 지녔다는 특별한 효능이 전혀 없는 '가짜 트랙터'를 만들어낸 것이다. 그리고 나서 류머티즘을 비롯해 만성통증 때문에 움직이지 못하는 5명의 환자를 찾아가 그 유명한 퍼킨스 치료기를 가져왔다고 말했다. 그리고 1799년 1월 7일, 바스종합병원에서 의사 5명이 증인으로 참석한 가운데 헤이가스는 가짜 트랙터로 환자들의 몸을 훑었다. 5명의 환자 중 4명은 즉각적으로, 그리고 놀라울 정도로 회복됐다고 믿었다. 심각한 무릎 통증을 겪던 남자가 곧바로 걷기 시작했고, 그 모습을 자랑스럽게 의사들에게 선보였다.

의사들은 '지금까지 우리가 모르던, 특별한 효능이 막대기에 있는 것인가?'라며 궁금해했다. 이들은 나무 대신 오래된 뼈다귀로 똑같은 실험을 진행했다. 결과는 마찬가지였다. 담뱃대로도 해봤다. 헤이가스는 "이번에도 동일하게 성공한다면, 이건 정말 한 번도 본 적 없는 흥미로운 희극이다"라고 말했다. 가짜 트랙터 실험을 반복한 또 다른 의사가 박사에게 편지를 보내왔다. 환자들이 진심으로 자신들이 나았다며 감사 인사를 건넸다는 것이었다.

그러나 이상하게도 일부 환자들에게 치료 효과는 그다지 오래 지속되지 못했다. 잠깐 기적이 일어난 후, 이들은 다시 걷지 못하게 됐다. 병이 나은 것만큼이나 이상한 일이었다.

플라세보, 믿음과 기대의 힘

이 책을 쓰기 위해, 20년 이상 의학 잡지에서 논의되고 있는 항우울제에 대한 과학적인 논쟁을 읽었다. 놀랍게도 이러한 약물이 우리에게 어떤 작용을 하는지, 왜 그런 작용을 하는지 확실하게 아는 사람은 별로 없어 보였다. 항우울제의 효과를 강력히 지지하는 과학자들조차 마찬가지였다. 과학자들 사이에 격렬한 논쟁이 일어났지만, 합의는 이뤄지지 않았다.

그런데 이 논의에서 지속적으로 언급되는 이름 하나가 눈에 들어왔다. 그의 책《황제의 신약The Emperor's New Drugs》에 실린 연구결과들을 읽으면서 나는 2가지 반응을 보일 수밖에 없었다.

우선 나는 비웃었다. 그의 주장은 터무니없었고, 모든 면에서 내가 직접 경험한 것들의 대척점에 있었다. 다음으로 나는 화가 났다. 그는 내가 우울과 불안에 관해 믿어온 이야기들을 무너뜨렸고, 나 자신에 대해 알고 있는 것들을 위협했다. 그의 이름이 내 뇌에 박혔다. 어빙 커시Irving Kirsch 교수.

1990년대에 어빙 커시는 우울감이나 무기력증을 호소하는 환자들에게 항우울제를 반드시 복용해야 한다고 강조했다. 그는 중후한 백발에 부드러운 목소리를 지닌 체격이 좋은 남자였다. 환자들에게 신뢰감과 안도감을 주기에 좋은 조건이었다. 그는 약이 때로는 효험을 발휘하고 때로는 발휘하지 못한다는 점을 인지하고 있었지만, 약물요법이 성공을 거두는 이유에 대해서는 확신하고 있었다. 우울증은 낮은 세로토닌 농도 때문에 발생하는 것이고, 이 약물들이 세로토닌 농도를 높여준다는 것이었다. 그는 새로운 항우울제가 훌륭하고 효과적인 치료법이라고 설명하는 책들을 썼고, 그 어떤 심리적인 치료요법이든 간에 약물치료를 병행해야 한다고 주장했다. 커시는 그간 발표된 과학연구들을 믿었다. 그리고 자신의 환자들이 한결 나아진 기분으로 진료실에 들어설 때마다 처방전의 긍정적인 효과를 눈으로 확인했다.

그러나 그 역시 옛날 존 헤이가스가 가짜 마법의 막대기를 휘두르던 시절에 바스에서 벌어진 희한한 기적의 연장선상에 있었다. 당시 영국의 의사들은 환자에게 처방을 내릴 때, 그 치료가 환자에게 어떤 영향을 미칠 것인지에 대해 설명했다. 그리고 헤이가스는 의사가 환자에게 제공하는 이 설명이 놀랍게도 약만큼이나 중요하다는 것을 깨달았다. 쇠막대기가 고통을 없애줄 것이라고 말만 했을 뿐인데, 신기하리만큼 실제적인 효과를 발휘하지 않았던가? 이는 후에 '플라세보 효과'라 알려지게 됐다. 그리고 그 후 200년 동안 플라세보 효과에 대한 과학적 증거는 막대하게 늘어났다. 플라세보 효과는 우리가 어떻게 느끼는지를 바꿀 뿐만 아니라, 실제로 신체에 영향을 미친다. 플라세보 효과는 여러 의학적 문제를, 적어도 어느 정도는 완화시킬 수 있다.

1990년대 중반 어빙 커시는 당대의 그 누구보다도 이 현상에 대해 잘 이해하고 있었다. 당시 그는 하버드대학교에서 투자하는 중요한 프로젝트의 요직을 맡기 직전이었다. 그러나 그때, 그는 새로운 항우울제가 진정한 화학적 효과를 지녔고 플라세보 효과보다 훨씬 더 강력하게 작용한다는 주장을 접했다.

어디까지가 진짜일까

어빙 커시 교수의 제자였던 이스라엘 출신의 젊은 학자 가이 사퍼스타인Guy Sapirstein이 제안서를 들고 나타났을 때, 커시는 매우 흥미로워했다. 제자는 스승에게 궁금한 점이 생겼다고 말했다. 환자들이 약을 먹을 경우 실제 약물의 화학 작용보다 플라세보 효과가 먼저 발생하게 된다. 약의 효과에 대해 설명을 듣는 순간부터 신체가 영향을 받기 때문이다. 그렇다면 그 효과는 얼마 만큼인가? 강력한 약을 쓸 때 플라세보 효과는 그다지 중요치 않은 요소로 추정됐고, 사퍼스타인은 새로운 항우울제가 이를 밝혀내기 위한 흥미로운 장이 될 것이라고 생각했다. 즉, 약의 효과 가운데 플라세보가 어느 정도로 작용하는지 알아볼 수 있지 않을까 하는 궁금증이었다.

두 사람은 꽤 단순한 실험계획을 세웠다. 우선 실험 참가자들을 3개의 집단으로 나눈다. 첫 번째 집단에는 항우울제를 준다고 이야기하되 실제로는 위약偽藥, 즉 헤이가스의 막대기처럼 아무 기능이 없는 가짜 약을 준다. 두 번째 집단에는 항우울제를 준다고 이야기하고 실제로도 그 약을 준다. 세 번째 집단에는 아무런 조치도 취하지 않는다. 약도, 위약도 주지 않고 그저 시간의 흐름에 따라 그들을 관찰하기만 한다.

커시 교수는 이 세 번째 그룹이 정말로 중요하다고 이야기한다. 새로운 감기 치료법을 연구한다고 생각해보자. 감기에 걸린 사람들에게 위약이나 진짜 약을 복용하게 하면 시간이 지나면서 모두가 나을 것이다. 아마도 놀라울 정도로 치료 성공률이 높을 것이다. 그런데 생각해보면 감기에 걸린 사람 대부분이 어쨌든 며칠 내로 회복되지 않는가? 그 점을 감안하지 않으면, 실제 감기 치료법의 효과가 얼마나 뛰어난지에 대해 잘못 판단할 수 있다. 단지 시간이 흘러 스스로 치유한 것뿐인데, 새롭게 개발한 그 약 덕분에 나은 것처럼 보일 수 있다는 말이다. 따라서 아무런 도움 없이 스스로 회복되는 감기 환자의 비율을 확인해볼 세 번째 집단이 꼭 필요하다.

약의 실제 효과를 확인하기 위해서는 2가지 과정이 필요하다. 우선, 아무런 처치 없이 상태가 호전된 사람들을 모두 제외해야 한다. 그리고 나서 위약을 복용하고 호전된 사람들을 모두 제외해야 한다. 이제 남은 사람들이 진짜 약의 효과를 본 사람들이다. 연구가 마무리되었을 때, 커시와 사퍼스타인은 굉장히 당황스러운 결과를 발견했다. 수치상으로 25퍼센트의 감기 환자는 자연적으로 치유되었고, 50퍼센트는 플라세보 효과 때문에 나았다. 겨우 25퍼센트만이 실제 화학물질의 효과로 치유됐다.

"굉장히 놀랐어요." 커시는 이렇게 말했다. 두 사람은 자신들이 계산 과정에서 실수를 저질렀고, 그로 인해 잘못된 수치를 얻었다고 추측했다.

사퍼스타인은 이 데이터에 분명히 잘못된 부분이 있을 것이라고 믿었기 때문에 몇 달 동안이나 계속 계산하고 또 계산했다고 말했다. "엑셀 파일과 숫자들을 들여다보면서 모든 방식으로 그걸 분석했어요. 완전히 질려버렸죠."

이들은 분명 어딘가에 실수가 있었을 거라고 생각했지만, 그 어떤 오류도 발견할 수 없었다. 결국 두 사람은 연구결과의 데이터를 발표해버렸다. 그 데이터를 본 다른 과학자들이 무엇을 이끌어낼 수 있는지 보기 위해서였다.

어느 날, 커시는 이메일 한 통을 받았다. 그가 훨씬 더 충격적인 스캔들의 겉만 핥고 있다는 내용이었다. 이메일을 보낸 사람은 토머스 J. 무어Thomas J. Moore라는 과학자였다. 그는 커시의 발견에 감명을 받았고, 도대체 무슨 일이 벌어지고 있는지 이해하기 위해 이 연구를 발전시켜보고 싶다고 했다. 그의 이메일에 따르면, 커시가 지금까지 살펴본 거의 모든 연구에 문제점이 있었다. 약의 효과에 대한 연구는 대부분 대형 제약회사의 지원을 받았다. 제약회사가 이러한 연구를 지원하는 데는 합리적인 이유가 있었다. 이러한 약들을 판매하여 이윤을 창출하기 위해서였다. 때문에 제약회사들은 연구를 비공개로 진행한 후 자신들의 약이 좋아 보이거나, 경쟁사 약의 효과가 떨어져 보이는 결과만 공개했다. 쉽게 말해, KFC가 '프라이드치킨이 건강을 해친다'는 보도자료를 절대 내놓지 않는 것과 같은 이유 때문이었다.

이 현상을 '출판편향publication bias'이라고 부른다. 제약회사가 이끌었던 연구들 가운데 40퍼센트가 대중에게 공개되지 않으며, 더 많은 경우에는 선별적으로만 공개된다. 그리고 부정적인 결과는 영원히 숨겨진다. 무어는 커시 교수의 연구가 지금까지 제약회사가 숨겨온 실험결과의 일부분일 뿐이라고 설명했다. 또 자신이 제약회사가 감추려 하는 모든 데이터에 실질적으로 접근할 수 있는 방법을 알고 있다고 말했다. 그 방법은 불법적인 것도 아니었고 어려운 일도 아니었다.

미국에서 제약회사가 새로운 약을 출시하고 싶다면 반드시 의약품 규제기관인 식품의약청Food and Drug Administration, FDA에 신청해야 한다. 그리고 그 과정에서 그동안 자신들이 진행했던 실험들을 전부 제출해야 한다. 그 실험결과가 제약회사의 이윤에 득이 되든 실이 되든 상관없이 말이다. 무어는 미국의 정보공개법을 통해 청구한다면 각 제약회사에서 제출한 모든 정보를 열람해볼 수 있다고 설명했다. 그렇게 되면 우리는 실제로 무슨 일이 벌어지고 있는지 알 수 있다.

불확실한 효과와 확실한 부작용

토머스 무어의 제안에 흥미를 느낀 커시 교수는 그와 함께 당시 미국에서 가장 널리 사용되던 6가지 항우울제에 관해 제약회사들이 식품의약청에 제출한 정보를 요청했다. 프로작, 팍실(내가 10여 년간 복용해온 약), 졸로프트Zoloft, 이펙서Effexor, 듀로민Duromine, 셀렉사Celexa 등이었다. 몇 달 후 자료가 제공됐고, 커시는 이를 샅샅이 살펴보았다.

제약회사들은 그의 예상보다 훨씬 더 심각하게 실험결과들을 숨겨왔었다. 예를 들어, 프로작에 대한 한 실험에서 그들은 245명의 환자에게 약을 투여했지만, 오직 27명에 대한 결과만 공개됐다. 약이 효과를 발휘한 것처럼 보이는 27명이었다. 커시는 이러한 진짜 수치들을 분석한다면, 항우울제를 처방받은 사람들이 위약을 처방받은 사람들보다 얼마나 더 나아지는지 계산할 수 있다는 것을 깨달았다.

우울증을 측정하는 기준으로 해밀턴 척도Hamilton Scale라 불리는 계산 방법이 있다. 1959년 맥스 해밀턴이라는 과학자가 고안한 것으로 0점(즐거워서 팔짝거리는 수준)에서 51점(달려오는 기차를 향해 뛰어드는 수준)까지 점수를 매기는 것이다. 예를 들어, 불면증에 시달리던 사람이 수면패턴을 개선해 숙면을 취하게 되면 해밀턴 점수는 6점 정도 낮아진다.

제약회사의 필터를 거치지 않은 진짜 데이터에서 커시가 발견한 것은 항우울제가 분명히 해밀턴 점수를 낮아지게 만든다는 것이었다. 항우울제는 우울한 사람들의 기분을 확실히 더 나아지게 만들었다. 그러나 그 정도는 겨우 1.8점 정도였다. 커시는 깜짝 놀랐다. 이는 하룻밤 푹 자고 일어났을 때의 3분의 1 수준이었다. 이것이 진실이라면 항우울제가 많은 환자들에게 그다지 의미 있는 효과를 발휘하지 못한다는 것이었다.

그 옛날 헤이가스의 막대기처럼 약에 관한 믿음은 사람들을 한동안 상태가 호전된 것처럼 느끼게 만든다. 하지만 그 후, 근본적인 문제가 다시 고개를 쳐들며 괜찮아졌다고 믿은 사람들을 주저앉게 만드는 것이다. 나아가 데이터는 또 다른 이야기를 하고 있었다. 단기적이고 미미한 약효와 대조적으로, 약들이 가진 부작용은 매우 실질적이었던 것이다. 약을 복용한 사람들은 갑자기 살이 찌거나 성기능장애를 겪거나 땀을 많이 흘리기 시작했다.

커시는 이러한 수치들을 과학저널에 발표하면서, 그 모든 데이터들을 생산해낸 과학자들로부터 엄청난 반격을 받게 될 것이라고 예상했다. 그러나 그 후 몇 달간, 오히려 수많은 과학자들이 수치스럽지만 한편으로 안도감을 느끼고 있다는 것이 감지됐다. 한 연구자 집단은 이 약들의 효과가 매우 미미하다는 것이 오랫동안 그 분야의 '추악한 비밀'이었다고 썼다. 커시와 사퍼스타인은 그 분야에서 일하고 연구하는 많은 사람들이 이미 알고 있던 사실을 발견한 것뿐이었다.

이러한 폭로가 언론에 대대적으로 보도된 후, 사퍼스타인이 가족행사에 참석했을 때 누군가 그에게 다가왔다. 몇 년 동안이나 항우울제를 먹고 있는 친척이었다. 그녀는 갑자기 눈물을 터뜨리며 자신이 항우울제를 통해 경험한 모든 것들, 즉 가장 기본적인 감정들을 사퍼스타인이 거짓이라고 비난하는 것처럼 느껴진다고 했다.

"절대 그렇지 않아요. 대부분의 효과가 플라세보라는 것은 단지 당신의 뇌가 믿기지 않을 정도로 뛰어난 신체부위라는 의미일 뿐이에요. 당신의 뇌는 당신이 더 좋은 기분을 느끼도록 훌륭하게 일을 해내고 있는 거죠. 당신이 느끼는 감정들이 진짜가 아니란 것이 아니라, 당신이 지금까지 들었던 것과는 다른 이유로 그 감정들을 느끼고 있다는 것이에요." 그가 설명했지만 그녀는 납득하지 못했고, 다시는 그에게 말을 걸지 않았다.

교묘한 거짓말이 드러나다

얼마 지나지 않아, 커시는 비밀 연구 자료를 또 하나 받았다. 나는 그 논문을 읽고 특히나 충격을 받았다. 내가 먹었던 약에 대한 것이었기 때문이다. '팍실'이라는 제품명으로도 판매되던 세로자트를 내가 복용하기 얼마 전, 이 약의 생산업체인 글락소스미스클라인GlaxoSmithKline은 비밀리에 세로자트를 10대 청소년들에게 처방해도 좋을지에 관한 임상시험을 세 차례 실시했다. 첫 번째 실험에서는 위약의 효과가 더 좋은 것으로 나타났다. 두 번째 실험에서는 세로자트와 위약 간에 차이가 거의 없었다. 그리고 마지막 실험에서는 뒤섞인 결과가 나왔다. 3번의 실험 중 단 1번도 성공적인 결과가 나오지 않은 것이다. 그러나 연구결과를 부분적으로 발표하며 이 회사는 "이 약이 청소년들의 중증 우울증에 효과가 있다"라고 주장했다.

한 내부자는 이렇게 말했다. "효험을 발휘하지 못했다는 결론을 연구결과에 포함시키는 것은 상업적으로 용납될 수 없는 일이었다. 이는 회사의 이윤을 갉아먹기 때문이었다." 다시 말해, 돈을 많이 못 벌게 되기 때문에 약의 효과가 크지 않다는 말을 할 수 없었다는 것이다.

결국 글락소스미스클라인은 검찰 기소되었고 거짓말의 대가로 2,500만 달러의 벌금을 내야만 했다. 그러나 나는 당시 10대를 갓 벗어난 시점에 그 약을 처방받았고, 그 후로도 10년 이상 복용했다. 이후, 세계적으로 유명한 의학저널인 〈랜싯The Lancet〉은 10대들에게 처방된 14개의 주요 항우울제에 대한 세부적인 연구를 수행했다. 걸러지지 않은 진짜 결과들은 이 약들이 별 효과가 없다는 것을 보여줬다. 그리고 더 이상 10대들에게 이 항우울제들을 처방해서는 안 된다고 결론 내렸다.

그 글을 읽던 그때가 내게는 터닝포인트였다. 나는 그 기사를 읽으면서 어빙 커시가 그토록 열심히 주장해온 것들을 더 이상 무시할 수 없다는 것을 깨달았다. 약의 효과에 대한 연구결과를 온전히 믿을 수 없게 된 것이다. 이것은 그가 폭로한 첫 사례일 뿐이었다. 충격적인 이야기들이 아직 많이 남아 있었다.

2장

모든 문제는
당신에게 있다는 거짓말

LOST
CONNEC
TIONS

┿──┿ 미국 제45대 부통령 앨 고어AI Gore의 아내 티퍼 고어Tipper Gore는 한 인터뷰에서 자신이 우울증에 시달리게 된 이유에 대해 설명했다. "분명 임상적 우울증이었어요. 극복하기 위해 도움을 받아야만 하는 그런 우울증이요. 의사는 우리 뇌에 일정 농도의 세로토닌이 필요하고, 뇌에 세로토닌이 다 떨어졌다는 것은 마치 차에 기름이 다 떨어졌다는 것과 같다고 말했어요."

나를 비롯해 수없이 많은 사람들이 의사들로부터 똑같은 이야기를 들어왔다. 어빙 커시는 이러한 세로토닌 촉진제들이 모든 이에게 효과를 보이지 않는다는 것을 발견하고, 훨씬 더 근본적인 질문을 던지기 시작했다. 우울과 불안이 뇌 속에서, 세로토닌이나 기타 화학물질의 불균형 때문에 생긴다는 증거는 무엇인가? 그러한 주장은 대체 어디에서 나온 것인가?

커시가 배우기로, 세로토닌 이야기는 1952년의 어느 여름 뉴욕의 한 병원에서 시작됐다. 당시 그곳의 폐결핵 병동에서 몇몇 환자들이 복도를 춤추며 내려온 사건이 있었다. 당시 의사들은 마르실리드Marsilid라는 이름의 신약이 폐결핵 환자들에게 도움이 될 것이라고 생각했는데, 막상 폐결핵에는 그다지 효과가 없었다. 대신 완전히 다른 방면에서 효과가 나타났다. 이 약을 먹은 환자들은 이유 없이 유쾌하고 즐거워졌던 것이다. 어떤 환자는 기쁨에 들떠 춤까지 추기 시작했다.

머지않아 누군가가 그 약을 우울한 사람들에게 처방했고, 잠깐 동안은 유사한 효과를 보이는 것 같았다. 얼마 지나지 않아, 역시나 짧은 시일 동안 비슷한 효과를 내는 것처럼 보이는 다른 약들이 등장했다. 이프로니드Ipronid와 이미프라민Imipramine이라는 약들이었다. 사람들은 궁금해졌다. 이 신약들의 공통점은 무엇일까? 그리고 그 정체가 무엇이든 이 약들이 심각한 우울감과 슬픔, 무기력함에 빠져 있는 사람들의 고통을 해결해주지 않을까?

세로토닌 가설의 등장

거의 10년간 그 질문은 미해결 상태였다. 그러던 1965년, 영국 의사 알렉 코펜Alec Coppen이 이론을 하나 발표했다. "이 약들이 뇌의 세로토닌 농도를 높인다면 어떨까?"라는 질문이었다. 그것이 사실이라면, 우울증이 낮은 농도의 세로토닌과 관계가 있다는 뜻이었다.

"이 가설은 다른 이들의 지지 없이도 파죽지세로 나아갔어요. 이들은 진짜로 세로토닌이 머릿속에서 무슨 일을 하는지 전혀 몰랐죠." 이 시기의 일들을 기록한 개리 그린버그Garry Greenberg 박사가 설명했다. 이들은 이 약물들의 처방을 그저 시험 삼아 제안한 것이었다. 그 가운데 한 사람은 이를 두고 현재 이용 가능한 데이

50

터를 바탕으로는 진실임을 보여줄 수 없다고 비꼬았다.

그러나 몇 년 후, 1970년대에 마침내 이러한 이론들을 시험해 보는 것이 가능해졌다. 세로토닌 농도를 낮춰줄 화학적 혼합물을 발견한 것이다. 낮은 세로토닌이 우울증을 야기한다는 이론이 옳다면 그 후에는 무슨 일이 벌어질까? 세로토닌을 낮추는 혼합물을 복용한 사람들은 우울해져야 하는 것이다. 과학자들은 이를 실험했다. 사람들에게 세로토닌을 낮추는 약을 준 후 무슨 일이 벌어지는지 지켜봤다. 이미 독한 약을 먹고 있지 않는 한, 사람들은 우울해지지 않았다. 실제로 대다수의 환자들은 그 약으로 인한 기분 변화가 거의 없었다.

나는 영국에서 가장 먼저 이 새로운 항우울제를 연구한 과학자로 꼽히는 데이비드 힐리David Healy 교수를 만나기 위해 북부 웨일스에 위치한 그의 병원으로 갔다. 그는 우리가 알고 있는 항우울제의 역사에 대해 가장 자세하게 글을 써온 사람이다. 우울증이 낮은 세로토닌 농도로 말미암아 발생한다는 생각에 대해 그는 이렇게 말했다.

"그 이야기는 전혀 근거가 없어요. 그저 마케팅 거리일 뿐이에요. 1990년대 초반, 새로운 약들이 출시됐을 때 학회 연단에 나가서 '보세요, 우울한 사람들 뇌에서 세로토닌 농도가 낮아지고 있어요'라고 말할 만한 전문가는 없었어요. 그 어떤 증거도 없었기 때문이죠. 실질적으로 그 분야의 50퍼센트가 이를 믿고 있는 시기에 그건 중요하지 않았던 거예요."

세로토닌이 사람에게 미치는 영향을 다룬 가장 큰 규모의 연구에서도 세로토닌과 우울증 간의 직접적인 연관관계가 전혀 발견되지 않았다. 프린스턴대학교의 앤드류 스컬Andrew Skull 교수는 부정적 정서의 원인을 낮은 세로토닌 농도에서 찾는 것은 '매우 어폐가 있으며 비과학적'이라고 잘라 말했다.

결과적으로, 이 주장은 오직 하나의 의미에서만 유용했다. 제약회사가 사람들에게 항우울제를 팔고 싶을 때 훌륭한 역할을 했던 것이다. 과학적으로 그럴싸하면서 이해하기 쉬운 설명이었고, 우울과 불안, 극심한 무기력증과 외로움에서 벗어나 균형 잡힌 상태로 되돌아가고 싶다면 이 약을 먹으면 된다는 인상을 주었다.

과학자들은 이렇게 말했다. "좋아, 낮은 세로토닌 농도가 우울과 불안을 야기하지 않는다면, 이는 분명 다른 화학물질이 부족해서일 거야." 여전히 이러한 문제들이 뇌 속의 화학적 불균형으로 말미암아 생긴다는 주장이 당연시됐다. 어떤 화학물질이 범인이 아니란 것이 밝혀지면 또 다른 용의자를 찾아 떠났다.

커시는 궁금해졌다. 우울과 불안이 화학적 불균형에서 비롯된다면, 그리고 항우울제가 그 불균형을 맞춰줌으로써 효과를 내는 것이라면, 자신이 계속 찾고 있던 특별한 무엇인가에 대해 설명할

수 있어야 한다. 임상시험에서 뇌의 세로토닌을 '증가'시키는 항
우울제는 세로토닌 농도를 '감소'시키는 약들과 마찬가지로 특별
할 것 없는 효과를 보였다. 그것은 '또 다른' 화학물질인 노르에피
네프린Norepinephrine을 증가시키는 약들과 동일한 효과를 보였으
며, 역시나 '또 다른' 화학물질인 도파민Dopamine을 증가시키는 약
들과 동일한 효과를 보였다. 다시 말해, 우리가 어떤 화학물질에
손을 대든 그 결과는 똑같다는 것이다.

이렇게 각기 다른 약을 복용하는 사람들은 실제로 어떤 공통
점을 가지는가? 그가 발견한 것은 오직 하나다. 약이 효과가 있다
는 사실이다. 그리고 그 약은 대부분 존 헤이가스의 막대기와 같
은 이유로 효과가 있었다. 즉, 환자들이 처방전을 받고서 드디어
해결책을 찾았다고 믿기 때문에 효과를 보았다는 뜻이다.

이 연구를 시작하고 20년이 지나, 커시는 '우울과 불안이 화학
적 불균형에서 나온다'는 개념이야말로 '재앙'이라고 믿게 됐다.
자신들이 본 것을 잘못 이해한 과학자들과 돈을 벌기 위해 그 잘못
된 인식을 세상에 팔아먹은 제약회사들이 만들어낸 재앙 말이다.

커시는 현대인에게 통용되던 정신건강에 대한 기본적인 설명
이 무너지기 시작했다고 말한다. '화학적 불균형' 때문에 끔찍한
기분을 느낀다는 개념은 일련의 실수와 오류를 바탕으로 세워졌
다. 그리고 과학적인 접근이 가능해짐에 따라 그 개념이 틀렸음이
증명되기 일보직전이다.

공정하지 못한 게임

"우울하거나 불안해하는 사람들의 뇌 속에 화학적 불균형이 존재한다는 증거는 없어요." 정신의학 분야의 뛰어난 전문가인 조애나 몬크리프Joanna Moncrieff 교수는 영국 런던대학교에 있는 자신의 연구실에서 확실하게 말했다.

"그 용어는 전혀 말이 안돼요. 우리는 애초에 '화학적으로 균형을 이룬' 뇌가 어떻게 생겼는지 모르니까요. 약물은 인공적인 상태를 만드는 거죠." 단순히 화학적 불균형 때문에 정신장애가 생긴다는 개념 자체는 제약회사들이 우리에게 약을 팔기 위해 만든 '미신'이라는 것이다.

임상심리학자 루시 존스톤Lucy Johnstone 박사는 좀 더 직설적이었다. 그는 세로토닌 이론에 대해 "거짓말이에요. 우리는 그럴듯하게 꾸미고 '아, 그러게요. 아마도 그 이야기를 뒷받침할 증거가 있을 거예요'라고 말해서는 안 돼요. 그런 증거 따윈 없으니까요"라고 설명했다.

이런 일이 벌어지지 않도록 하는 보호책이 존재하는 것은 확실하다. 하나의 약이 시장에 출시되기 위해서는 안전성 실험 같은 여러 단계를 넘어서야만 한다. 하지만 결과는 이런 장치들이 별 역할을 하지 못했다는 의심을 하게 했다. 분명 이런 일이 벌어지지 않도록 해주는 적절한 절차가 있지 않았을까? 이 심층적인 연구가 말해주듯 이 약들이 정말 별 효과가 없다면, 이 약들은 그동안 어떻게 여러 까다로운 절차들을 통과했단 말인가?

나는 이 분야에서 가장 뛰어난 과학자이자 스탠포드대학 임상의학 교수인 존 이오어니디스John Ioannidis와 이 문제에 대해 논의했다. 그는 제약회사들이 간단하게 증거를 무시하고 약들을 시장에 내놓았다 해도 전혀 놀라울 것이 없다고 말했다. 이것이 항상 일어나는 일이기 때문이다. 그는 항우울제들의 개발단계에서부터 실제로 유통될 때까지의 과정을 설명해주었다. "제약회사들은 가끔 자체 실험을 실시해요. 어디에서도 연구 지원금을 받을 수 없는 가난한 연구자들을 끌어들이죠. 그들은 실험결과를 어떻게 기록하고 보여줄지에 대한 통제력이 거의 없어요."

일단 과학적 증거가 모인 후에, 이를 기록하는 사람이 심지어 과학자가 아닌 경우도 허다하다. "일반적으로 연구보고서를 쓰는 사람은 회사 직원들이에요."

이러한 결과는 그 후 규제 담당자들에게 전달된다. 이 규제 담당자들은 그 약품을 시장에 출시할 것인지 아닌지를 결정한다. 그러나 미국에서 규제 담당자들의 40퍼센트는 제약회사로부터 임금을 받는다(영국의 경우는 100퍼센트이다). 어떤 약이 출시될 때 거기에는 2개 팀이 관여해야 한다. 한 팀은 유효한 사례를 제시하려는 제약회사이고, 다른 한 팀은 그 약이 제대로 효과를 발휘하는지 객관적으로 파악하려는 심판관이다. 그러나 이오어니디스 교수에 따르면, 심판이 제약회사로부터 돈을 받기 때문에 이 시합은 제약회사 팀이 대부분 이긴다.

이들이 세운 규칙은 약품이 놀라울 정도로 쉽게 승인받을 수 있도록 만들어진다. 전 세계 어느 곳에서든 약품이 긍정적인 효과를 가졌다는 것을 보여주는 2번의 실험만 실시하면 되는 것이다. 2번의 실험이 이뤄졌고 어떤 효과가 발생했다면, 그걸로 충분하다. 요컨대 1,000번의 실험에서 약이 전혀 효과가 없다는 결과가 998번 나와도 2번만 미약한 효과를 발견하면, 이 약은 약국에 진열될 수 있는 것이다.

혹자들은 어빙 커시 교수에게 이렇게 말했다. "그래서 어쩌라고? 그래, 그러니까 플라세보 효과라고 치자. 그 이유가 뭐든 사람들은 기분이 나아진 거잖아. 왜 그 마법을 깨려고 해?"

그는 이렇게 대답했다. "임상시험은 항우울제의 효과가 대부분 플라세보라는 것을 보여주지만, 부작용은 실제로 그 약들이 발생시키는 것이기 때문이에요."

결국 이 약들의 긍정적인 약효는 위약과 크게 다를 바 없지만, 부정적인 약효는 실질적이고 위험하다는 뜻이었다. "부작용은 매우 심각한 결과를 초래할 수 있어요. 많은 경우 환자들의 몸무게가 늘어났고, 새로운 타입의 항우울제인 SSRIs는 특히나 성기능 장애를 일으키는 것으로 알려져 있어요. 심지어 치료를 요하는 성기능장애의 75퍼센트가 이 약들 때문인 것으로 나타났죠." 커시는 우려 섞인 목소리로 말했다.

고통스러운 이야기지만, 이것은 내게도 진실이었다. 팍실을 복용한 몇 년간 나 역시 같은 어려움을 겪었다. 섹스는 고통스러워졌고 육체적 기쁨은 사라졌다. 팍실을 끊고 나서야 나는 내가 한때 가장 훌륭한 천연 항우울제라고 생각했었던, 즐거운 성생활을 다시 하게 됐다.

"젊은 사람들에게는 이러한 화학적 부작용이 자살 위험성을 높여요. 폭력적인 범죄 행위의 위험성을 높인다는 새로운 연구결과도 스웨덴에서 나왔죠. 뇌졸중의 위험성과 2형 당뇨 발병 가능성 역시 높아집니다. 임신한 여성은 유산 위험이 높아지고 자폐증이나 신체적 기형을 지닌 자녀를 출산할 가능성이 높아집니다. 이게 지금까지 알려진 모든 문제들이에요."

그리고 일단 항우울제를 복용하기 시작하면 이를 중단하기 어려워진다. 약 20퍼센트의 사람들이 심각한 금단증상을 경험한다.

커시는 이렇게 말했다. "플라세보 효과를 얻고 싶다면, 적어도 안전한 약을 쓰도록 하세요. 금사매(항우울 작용을 한다고 알려진 물푸레나물과의 여러해살이 풀. 망종화라고도 한다) 같은 약초를 처방할 수도 있어요. 충분한 플라세보 효과를 얻으면서도, 앞서 말한 문제점들은 전혀 가지고 있지 않아요."

그는 자신이 오랜 세월 동안 그런 약들을 환자들에게 권유했던 것에 대해 '죄책감'을 느끼고 있다고 내게 나지막이 고백했다.

1802년 존 헤이가스는 막대기의 진실을 대중들에게 알렸다. 이 메시지는 많은 사람들을 분노하게 만들었다. 어떤 이들은 아무 효과도 없는 막대기를 비싸게 팔아치운 사람들에게 사기를 당했다고 화를 냈지만, 더 많은 사람들은 오히려 헤이가스에게 격분했다. 그가 쓰레기 같은 소리를 하고 있다고 말했다. 이 소식은 엄청난 소란을 불러일으켰다. 협박과 욕설도 수반됐다. 존경받는 인사들의 다수가 반대성명에 서명하기도 했다. 당대의 뛰어난 과학자들 중 일부는 여기에 참여해, 그 막대기가 효험이 있으며 그 힘은 자연과학적이라고 주장했다.

커시가 연구결과를 발표한 이후 나타난 주위 반응 역시 비슷했다. 그 누구도 사실 자체를 부인하지는 않았다. 식품의약청에 제출한 제약회사의 자체 데이터가 엉터리였다는 것이나, 팍실이나 같은 사람에겐 큰 효과가 없다는 사실을 은밀히 고백했다는 것, 제약회사들이 법적 책임을 지고 보상금을 지불해야만 한다는 것에 대해서 말이다.

그러나 여전히 상당수의 과학자들은 커시의 광범위한 주장에 대해 반박하고 있었다. 나는 이들이 말하는 바를 주의 깊게 연구해보고 싶었다. 그리고 내가 믿어온 과거의 이야기를 어떻게든 지킬 수 있길 바랐다. 당시의 나는 그 누구보다도 성공적으로 항우울제를 많은 환자들에게 판매한 한 사람에게 의지했다. 그리고 이 사람은 진심으로 자신이 믿는 대로 행동한 것이었다. 심지어 제약 회사로부터 땡전 한 푼 받지 않은 사람이었다. 그의 이름은 피터 크레이머Peter Kramer 였다.

약으로 모든 걸 해결할 수는 없다

1990년대 피터 크레이머 박사는 자신의 환자들이 연달아 새로운 항우울제를 처방받은 후 변화하는 모습을 지켜보았다. 환자들은 그저 병세가 호전되는 것처럼 보이는 정도가 아니었다. 그의 주장에 따르면, 환자들은 '괜찮은 것보다 더 나은' 상태가 됐다. 보통 사람보다 더 높은 회복력과 에너지를 갖게 된 것이다. 이와 관련한 그의 저서 《프로작에게 듣는다Listening to Prozac》는 베스트셀러가 됐다. 나는 약을 먹기 시작한 직후에 그 책을 읽었다. 그리고 크레이머가 흡인력 있게 묘사한 그 과정을 나 역시 겪게 되리라고 확신했다. 그래서 그에 관한 글을 썼고, 기사와 인터뷰를 통해 그의 사례를 세상에 알렸다.

커시가 자신의 연구결과들을 내놓기 시작하자, 당시 브라운대학 의대 교수였던 크레이머는 겁에 질렸다. 그는 책, 언론, 공개토론 등을 통해 공공연하게 커시의 주장을 비난하기 시작했다. 크레이머의 첫 반박은 커시가 충분한 시간 동안 항우울제를 처방하지 않았다는 것이었다. 커시가 분석한 임상시험들, 즉 제약회사에서 규제기관에 제출한 시험들은 일반적으로 4~8주간 실시됐다. 크레이머는 그것으로는 부족하며 진정한 효과를 내기 위해서는 그 약들을 더 오래 복용해야 한다고 주장했다.

이는 중요한 반대 이유로 들렸다. 커시 역시 그렇게 생각했다. 따라서 더 오랫동안 이뤄진 약물 시험이 있는지 살펴보고 그 결과를 구하려 했다. 그리고 2가지 사례를 찾아낼 수 있었다. 첫 번째 사례에서 위약은 진짜 약과 동일한 결과를 보였고, 두 번째 사례에서는 위약이 오히려 더 좋은 효과를 보였다.

크레이머는 그 후에 커시가 또 다른 실수를 저질렀다고 지적했다. 커시가 분석한 항우울제 시험에서 두 집단, 즉 경증의 우울증 환자들과 중증의 환자들을 똑같이 취급했다는 것이다. 사실 이 주장은 경증의 환자들에게는 이 약들이 그다지 효과가 없을 수 있음을 마지못해 인정했다는 반증이었다. 그러나 중증의 환자들에게는 효과가 있으며, 크레이머는 이를 목격해왔다. 따라서 커시가 경증과 중증을 명확히 구분하지 않고 모든 피시험자에 대한 평균을 냈을 때, 그 약의 효과는 미미해 보일 수밖에 없다고 주장했다. 콜라 0.5리터와 물 0.5리터를 섞었을 때 콜라의 맛이 사라지는 것과 마찬가지다.

다시 한번 커시는 이를 중요한 지적이자, 자신 역시 반드시 이해하고 싶은 부분이라고 생각했다. 그는 자신이 데이터를 가져온 연구들로 되돌아갔다. 그리고 단 1번을 제외하고는, 자신이 매우 심각한 중증의 우울증을 겪는 사람들에 대한 연구들만 살폈음을 확인했다.

코너에 몰린 크레이머는 더 강력한 반박을 내놓기 위해 실제 임상시험이 진행되는 현장을 방문하기로 했다. 그리고 그곳에서 자신의 모든 것을 뒤집을 만한 놀라운 사실을 발견했다.

2012년 크레이머는 고급 주택단지가 내려다보이는 곳에 자리한 어느 병원에서 진행되던 임상시험들을 살피기 위해 방문했다. 당시 제약회사가 항우울제에 관한 시험을 실시하려 할 때 2가지 골칫거리가 있었다. 첫째, 일정 기간 동안 잠재적으로 위험할 수도 있는 알약을 삼켜줄 자원자들을 모집해야 했다. 제약회사는 40~75달러 정도 되는 소액의 참가비만 지급하도록 하는 법의 규제를 받는 동시에, 매우 구체적인 정신장애를 가지고 있는 사람들을 찾아야만 했다. 가령, 우울증에 대한 임상시험을 한다면 자원자는 우울증 외에 다른 복합적인 요인을 가져서는 안 됐다.

이런 제약들을 고려했을 때 실험 참가자를 찾기란 꽤나 어려운 일이었으며, 따라서 가끔은 다소 절실한 사람들을 찾아 이들을 유혹할 다른 조건들을 제시해야만 했다. 병원을 둘러보던 크레이머는 가난한 사람들이 집에서는 좀처럼 받을 수 없는 수준의 호사스러운 보살핌을 받고 있는 모습을 보았다. 치료를 받고, 주변 사람들이 그들의 말에 귀를 기울여주고, 따스한 곳에 머물 수 있었다. 또 약을 먹은 대가로 평소 수입의 2배는 될 만한 돈을 받았다.

크레이머는 이 모습을 지켜보다가 뭔가를 깨달았다. 제약회사와 참가자 양측이 서로에게 효과적으로 거짓말을 하고 있었던 것이다. 약이 얼마나 잘 듣는지 점수를 매겨달라는 요청을 받는 사람들이 분명, 적어도 가끔은 조사관이 원하는 대로 대답하고 있었다. 크레이머는 우리가 가지고 있는 항우울제에 대한 임상시험 결과가 전부 의미 없다는 결론을 내렸다. 그가 보기에, 약의 효과가 매우 미미하다는 커시의 결론조차 엉터리를 바탕으로 한 것이었다. 임상시험 자체가 사기였다.

충격적인 순간이었다. 항우울제에 대한 가장 주도적인 옹호자였던 피터 크레이머가 '항우울제에 대한 과학적 증거들은 모두 쓰레기'라고 말하면서 커시의 편을 들게 된 것이다.

크레이머와 이야기를 나누면서 나는 '그가 옳다면' 이는 약을 옹호하는 것이 아니라 반대하는 주장이 된다고 말했다. 내가 이에 대해 우호적인 말투로 묻기 시작하자, 그는 약간 짜증을 내면서 나쁜 실험조차 쓸 만한 결과를 내놓을 수 있는 법이라고 말했다. 나는 그에게 존 헤이가스의 막대기가 효험을 가졌다고 주장하는 사람들에게 어떤 이야기를 해줄 수 있을지 물었다. 그 사람들 역시 두 눈으로 직접 본 것들을 믿었을 뿐이니까.

그는 그 경우에 대해 "전문가 집단이라고 해도, 우리가 말하는 것처럼 그들은 전문적이지 않고 그 수가 많지도 않아요. 내 말은, 항우울제가 그저 천에 싼 뼈다귀 같은 거라 친다면, 이는 수십 배 더 큰 추문이 될 거란 뜻이에요"라고 말했다. 그리고 바로 덧붙였다. "이제 이야기는 그만하고 싶군요."

피터 크레이머조차 이런 약물들을 권하는 것에 대해 신중해야 한다고 주장했다. 그는 내게 자신이 본 증거들은 항우울제를 6~20주까지 처방했을 경우를 뒷받침한다고 강조했다.

"장기간 약을 복용할수록 증거가 희박해지고, 우리가 따져볼 만한 여지도 적어져요. 그 누구도 15년 동안 이 약을 복용했을 때의 득과 실에 대해 제대로 알지 못해요."

문득 불안해졌다. 이미 나는 거의 그 정도로 긴 시간 동안 약을 먹어왔기 때문이다. 그는 내 불안을 눈치챈 듯 이렇게 덧붙였다. "그럼에도 우리는 꽤 운이 좋다고 생각해요. 당신 같은 사람들이 약을 끊고 제대로 행동하고 있으니까요."

우울증이 단순히 낮은 세로토닌 농도 때문에만 생긴다는 주장을 지지하는 과학자들은 이제 거의 없다. 그러나 화학적 항우울제가 효과를 발휘하는지에 대한 논의는 계속되고 있으며, 이에 대한 과학적 합의는 아직 이뤄지지 않았다. 많은 과학자들이 어빙 커시의 의견에 동의한다. 또한 많은 과학자들이 피터 크레이머의 의견에 동의한다.

나는 커시가 마지막 증거를 제시하기 전까지 어떤 입장을 취해야 할지 몰랐다. 나는 다음의 실험이 화학적 항우울제에 대해 우리가 알아야 할 가장 중요한 사실을 말해준다고 생각한다.

1990년대 말, 한 무리의 과학자들은 새로운 SSRIs 항우울제의 효과를 실험실 시험이나 임상시험이 아닌 상황에서 확인해보고 싶었다. 이들은 좀 더 일상적인 상황에서 무슨 일이 벌어지는지 보고 싶었다. 그래서 '스타-D Star-D'라고 이름 붙인 프로젝트를 시작했다. 간단한 계획이었다. 평범한 환자가 의사를 찾아가서 자신이 우울하다고 말한다. 의사는 환자에게 여러 옵션을 설명해주고 환자가 원한다면 항우울제를 처방해준다. 환자는 항우울제를 복용하기 시작하고, 이 시점에서 임상 과학자들이 환자를 모니터링하기 시작한다. 항우울제가 환자에게 듣지 않으면 다른 약을 준다. 그 약도 효과가 없으면 또 다른 약을 준다. 그리고 효과가 있는 약을 먹게 될 때까지 이 과정을 반복한다. 실제로 정신과를 찾는 대부분의 사람들이 행하고 있는 방식이다. 그리고 항우울제를 처방받은 사람들 중 다수는 자신이 원하는 결과를 얻을 때까지 한 종류 이상의 약물이나 복용법을 시도해본다.

이 실험을 통해 약들은 효과가 있는 것으로 드러났다. 약 67퍼센트의 환자들이 기분이 나아졌다고 느꼈다. 내가 약을 바꾸는 첫

PART 1

달마다 느꼈듯이 말이다. 그러나 1년 이내에 환자의 절반은 다시 우울해졌다. 약을 꾸준히 복용한 환자들 중 겨우 3분의 1만이 우울증으로부터 완벽하게 회복했다(심지어 이 사실조차 약의 효과를 부풀린다. 이 가운데 다수는 약 없이도 자연적으로 치유됐을 것이기 때문이다).

나는 스타-D 임상시험 결과를 읽으면서 내가 정상임을 깨달았다. 매번 다시 우울해지고 그때마다 새로운 약을 먹기를 반복했던 내 경험은 매우 교과서적이었다. 나만 특이했던 게 아니었다. 나는 항우울제 복용의 전형적인 단계를 밟은 것뿐이었다. 항우울제를 복용하고도 우울증을 겪는 사람들의 비율은 65~80퍼센트 사이로 나타났다.

일부 명망 있는 과학자들은 여전히 이러한 약물들의 실제 화학적 효과 덕분에 소수의 사람들이 도움을 받는다고 믿고 있다. 그럴 수도 있다. 일부 우울증 및 불안증 환자에게는 화학적 항우울제가 부분적인 해결책이 될 수도 있다. 어느 누구에게든 해결책이 된다면 나 역시 그 존재를 절대적으로 부정하고 싶진 않다. 항우울제가 도움이 된다고 느끼고, 그 이점이 부작용보다 크다면 계속 먹어야 한다. 그러나 대다수의 우울증 및 불안증 환자에게 항우울제로 충분하다고 말하는 것은 무리가 있다. 나는 이를 더 이상 부정할 수 없었다.

3 장

우리는 단지 고통에
반응할 뿐이다

LOST
CONNEC
TIONS

✦──✦ 역설적이게도, 우울과 불안이 선천적인 장애 때문이 아니라는 것을 알고 난 후에 나는 매우 불안해졌다. 나의 고통에 대한 설명을 빼앗기는 것은 큰일이다. 멋대로 요동치는 배를 타고 있는데, 붙잡고 있던 난간이 없어진 것 같은 느낌이었다. 나는 매달릴 수 있는 또 다른 설명을 찾기 시작했다.

시간이 한참 흐른 후 애리조나에 사는 조앤 카시아토레Joanne Cacciatore라는 여성과 이야기를 나누며 이러한 문제에 대한 다른 사고방식의 첫 실마리를 찾았다.

"세상에, 당신은 그저 관심이 필요할 뿐이에요."

카시아토레의 주치의가 그녀에게 한 말이다. 카시아토레는 3주간 고통스러운 진통을 겪었고 도움이 필요하다고 생각했다. 임신기간 동안 그녀는 매우 성실했다. 태아에게 해가 될까 봐 인공감미료가 든 껌조차 씹지 않을 정도였다. 마침내 출산을 하러 병원에 갔고 그녀는 뭔가 잘못됐음을 눈치챘다. 주변이 온통 혼란스러웠고, 의료진은 공황에 빠져 있었다. 30초 간격으로 진통이 왔다. 아기가 나왔고, 의사들은 아기에게 소생술을 실시하지 않기로 결정했다. 이들은 아기를 아버지에게 건넸다. 그리고 그는 아내에게 부드럽게 말했다. "아름다운 여자아이야."

"아이를 잃게 되리라고는 상상도 못했어요. 아무 준비도 못한 채 말이죠. 헤아릴 수조차 없는 슬픔이었어요." 아기가 죽은 후 3개월이 지났을 때 카시아토레의 몸무게는 40킬로그램이 됐다.

"내가 살 수 있을지 확신할 수가 없었어요. 죽어가는 것처럼 느꼈어요. 매일 자다가 눈을 뜨고 이렇게 말했어요. '여기 있고 싶지 않아. 더 이상 이런 식으로 살고 싶지 않아. 더 이상 견딜 수 없어' 하고요."

부검 결과는 확실치 않았다. "아기에게는 아무런 선천적인 문제도 없었어요. 내 생각에, 내 몸이 출산할 때 충분히 벌어지지 못했던 것 같아요. 내 몸이 아기를 죽인 거죠. 말 그대로 아기를 질식시켜서요. 그 후에 나는 내 몸을 아주 혹독하게 다뤘어요. 내가 비난해야 할 유일한 사람이 나였으니까요. 내가 해야 할 일은 하나였어요. 이 건강한 아기를 출산하는 것이요. 그리고 아기는 건강했어요. 그러니 아기의 문제가 아니었죠. 그건 내 문제였어요. 내 몸 안의 무엇인가가 잘못한 거예요. 나는 내 몸을 혐오했어요. 내 몸이 내 아기를, 그리고 나 자신을 배신했다고 느꼈으니까요."

사랑에 대한 모욕

그 후 몇 년간 카시아토레는 임상심리학자로서 교육을 받았다. 그리고 결국 애리조나주립대학교의 사회복지학 교수가 됐다. 전문 분야는 외상적 사별Traumatic bereavement이었다. 가장 최악의 상황에서 사랑하는 이들을 잃은 사람들을 대상으로 하는 것이었다.

자신과 같은 경험을 한 많은 사람들을 치료하면서 그녀는 희한한 점에 주목하게 됐다. 사랑하는 이의 죽음을 겪고 난 직후, 많은 환자들은 우울증을 진단받고, 매우 강한 정신과 약을 처방받았다. 이는 일반적인 과정이 되어가고 있었다. 이를테면 당신의 아이가 급작스럽게 세상을 떠났을 때, 당신은 본인이 임상적으로 건강하지 못하며 당신의 뇌를 화학적으로 고쳐야 한다는 이야기를 듣는 것이다.

카시아토레는 자신의 환자들이 이런 진단을 받을 때 '스스로의 감정에 의문을 가지고 자기 자신을 의심하기 시작하며 스스로를 감춘다'는 것에 주목했다. 이런 일이 셀 수 없을 정도로 자주 일어나는 것을 본 후, 그녀는 우울증 진단이 어떻게 이뤄지는지 조사하고 논문을 발표했다.

미국에서는 의사들이 우울증을 확인하기 위한 방식이 '정신장애 진단 및 통계 편람', 즉 DSMDiagnostic and Statistical Manual에 규정되어 있다. 정신의학자들로 구성된 집필진들이 쓴 DSM은 처음 출간된 이후 여러 차례 개정됐다. DSM은 미국에서 우울증이나 불안증을 진단할 때 쓰는 매뉴얼과 같다. 그리고 전 세계적으로 큰 영향을 끼치고 있다.

우울증 진단을 받으려면 9가지 증상 가운데 적어도 5가지 이상의 증상이 일상적으로 보여야만 한다. 예를 들어 우울한 기분,

즐거운 일에 대한 흥미 감소, 자신이 무가치하다는 느낌 같은 것들을 거의 매일 겪는 것이다. 그러나 의사들은 이 체크리스트를 적용하기 시작하면서 곤란한 부분을 발견했다. 슬픔을 겪는 사람들 대부분이 우울증의 임상적 기준에 들어맞았던 것이다. 단순히 체크리스트만 기준으로 삼는다면, 가까운 누군가를 잃은 모든 이들이 정신장애를 가졌다고 진단받게 된다.

많은 의사들과 정신의학자들은 여기에서 불편함을 느꼈다. 따라서 DSM의 저자들은 '애도 예외grief exception'라는, 빠져나갈 구멍을 고안해냈다. 이들은 우울증 증상을 보일 수 있지만, 질병으로 간주되지 않는 하나의 상황이 있다고 말한다. 그것은 환자가 최근 가까운 사람을 잃는 고통을 겪은 상황이다. 아기, 여동생, 혹은 어머니를 잃은 경우 정신병으로 분류되지 않으며, 1년 동안 이러한 증상들을 보일 수 있다. 그러나 1년이 지난 후에도 여전히 깊은 절망에 빠져 있다면 정신장애를 가진 것으로 분류될 수 있다. 시간이 흐르고 다양한 버전의 DSM이 출판되면서 그 기한은 점차 바뀌었다. 3개월로 대폭 줄어든 후 다시 1개월이 됐고 결국에는 약 2주가 되어버렸다.

"나로서는 엄청난 모욕이에요." 카시아토레가 말했다. "이는 단순히 애도와 죽은 사람과의 관계에 대한 모욕이 아니라, 사랑 자체에 대한 모욕이에요. 우리는 왜 애도할까요? 만약 길 건너 이웃이 죽었고, 내가 그 이웃을 잘 모른다면 아마 이렇게 말하겠죠. '아, 가족들이 너무 슬프겠다.' 하지만 비탄에 젖지는 않아요. 그러나 내가 그 사람을 아끼고 사랑했다면 슬퍼하고 비통해하겠죠. 우리는 사랑했기 때문에 애도하는 거예요."

그녀는 애도가 인위적인 기한을 넘어서까지 계속된다고 해서 이를 약으로 치료해야 하는 병적 문제나 질병이라고 진단하는 것은 인간이라는 존재의 핵심을 부정하는 것이라고 믿었다. 슬픔에 빠진 이에게 애도의 고통은 결코 비이성적인 것이 아니라, 필수적인 것이기 때문이다.

"저는 아이의 죽음을 극복하고 싶지 않아요."

카시아토레는 자신의 딸 샤이엔에 대해 말했다. "딸의 죽음에서 오는 고통과 여전히 연결되어 있기 때문에 나는 연민이 담긴 온전한 마음으로 내 일을 할 수 있어요."

그리고 그 덕에 그녀는 충만한 삶을 살 수 있다.

"나는 다른 이들을 도움으로써 죄책감과 수치심, 배신감을 이겨내고 있어요." 그렇게 말하는 카시아토레의 뒤에 펼쳐진 들판에서는 그녀가 학대로부터 구조한 말 몇 마리가 뛰어놀고 있었다.

"그러니까 나는 다른 이들에게 봉사하면서 사과하는 거예요. 내 방식대로 딸에게 매일 미안하다고 말하는 거죠. '네가 이 세상에 무사히 태어나게 해주지 못해서 미안하구나. 그렇기 때문에 나는 네 사랑을 이 세상에 널리 전할 거란다'라고요."

그렇게 그녀는 이전에는 알지 못했던 다른 이들의 고통을 이해하게 됐다. "나는 강해졌어요. 가장 약한 상태에서요."

고통이 우리에게 말하려는 것

DSM에 포함된 '애도 예외' 조항은 우울증 진단 방식에 있어 곤란한 무엇인가를 드러냈다. '애도 예외'를 인정하게 되면 후속 질문이 분명히 등장할 것이기 때문이다. 왜 죽음만이 우울함을 당연한 반응으로 보는 사건인가? 만약 의미 없는 일을 30년간 해야 한다면 어떤가? 갑자기 노숙자가 되어 다리 밑에서 살게 된다면? 어떤 상황에서 우울함을 느끼는 것이 타당하다면 또 다른 타당한 상황도 존재할 수 있지 않을까? 그러나 이는 DSM을 만든 정신의학자들이 오랫동안 항해해온 배의 방향타를 망가뜨리게 된다. 이는 그저 화학적 불균형의 문제가 아니게 된다. 대신 상황에 대한 반응이 되는 것이다.

조앤 카시아토레는 '애도 예외'에 대해 좀 더 자세히 연구하면서, 우리 문화가 애도를 넘어서 고통에 대해 근본적인 실수를 저지르고 있다고 말했다. "우리는 맥락을 고려하지 않아요. 인간의 절망이 우리 인생에서 동떨어진 채 체크리스트에 의해서 평가될 수 있다고 생각하죠. 그리고 여기에 뇌질환이라는 꼬리표를 붙이는 거예요."

그녀의 말이 끝난 후, 나는 오랫동안 항우울제를 복용했지만 지금까지 그 어떤 의사도 내게 그토록 절망을 느끼는 이유가 있는지 묻지 않았다고 말했다. 그녀는 나와 같은 경우가 흔하며, 이는 엄청난 불행이라고 말했다. 내 주치의가 했던 이야기, 즉 우리의 고통이 그저 고장 난 뇌에서 나오는 것이라는 이야기에 대해 그녀는 "그러한 메시지 때문에 우리는 우리 자신에게서 유리되고, 결국 다른 사람들에게서 단절된다"고 말했다.

우리가 우울과 불안을 다루면서 사람들의 진짜 인생을 고려하기 시작할 때 '전체 시스템에 대한 정비'가 시작된다고 그녀는 말했다. 그리고 이렇듯 심층적인 방식으로 생각하고 싶어 하는 한편, 우리가 현재 하는 일들의 한계를 꿰뚫어볼 수 있는 훌륭하고 존경할 만한 정신의학자들이 많다고 강조했다. 이 정신의학자들은 우리의 고통을 약으로 없앨 수 있는 비이성적인 발작이라고 보는 대신, 우리가 고통에 귀를 기울이고 그 고통이 우리에게 무엇을 말하는지 알아내야 한다고 말한다.

카시아토레는 우울증의 많은 경우가 '정신건강'이 아닌 '정서건강emotional health'에 대해 이야기해야 하는 상태라고 했다. '정신건강'은 뇌 촬영과 손상된 시냅스를 떠올리게 만든다.

"왜 그걸 정신건강이라고 부르는지 아세요? 과학적으로 다루고 싶기 때문이에요. 사람들은 과학적인 것을 좋아하니까요. 하지만 중요한 건 우리의 정서예요."

그녀는 환자들에게 체크리스트를 들이대지 않는다. 대신 이렇게 말하며 접근한다. "이야기를 들려주세요. 아, 얼마나 힘드셨을까요. 제가 그 상황에 처하게 된다면 저도 아마 그렇게 느낄 거예요. 그 맥락을 한번 살펴보죠."

때로는 그 사람을 가만히 안아주는 것이 우리가 할 수 있는 전부가 되기도 한다. 카시아토레는 말했다. "팔다리가 절단되었는데 일회용 반창고를 붙이는 격이에요. 극도로 절망한 사람이 있을 때, 겉으로 드러난 증상을 무작정 치료해서는 안 돼요. 증상은 더 깊은 곳의 문제를 바깥으로 드러내고 알려주는 역할을 해요. 그 깊숙한 곳의 문제를 꺼내어 해결해야 합니다."

계속되는 갈등에 DSM를 쓴 정신의학자들은 간단한 해결책을 내놓았다. '애도 예외'를 삭제한 것이다. 새로운 개정판에는 애도 예외가 등장하지 않는다. 애매한 주석이 달린 증상 체크리스트만 존재한다. 따라서 아기를 잃고 극도의 절망에 휩싸인 사람도 곧바로 우울증 진단을 받을 수 있다. 체크리스트의 몇몇 증상에 동그라미를 치면 정신적으로 아픈 사람이 된다. '맥락은 보지 말고 증상만 보세요. 그 사람의 인생에서 무슨 일이 벌어지고 있는지 묻지 마세요.'

나는 애도와 우울증이 동일한 증상을 가진다는 사실에서 새로운 의미를 발견할 수 있을 것이라고 생각했다. 오늘날 많은 사람들이 겪는 우울과 불안의 정서가 애도의 일종이라면? 제대로 살지 못하고 있는 우리 스스로의 삶에 대한 애도, 혹은 잃었지만 우리가 여전히 필요로 하는 그런 인연에 대한 애도의 한 형태라면?

4 장

작은 의심에서 시작된
커다란 균열

LOST
CONNEC
TIONS

✦━━━✦ 2차 세계대전이 끝난 어느 날, 출산한 지 얼마 안 된 20대 초반의 젊은 여성이 폐허가 된 거리를 걷고 있었다. 런던 서부에 위치한 이 지역은 노동자 계층이 주로 거주하는 지역으로 전쟁 중에 파괴되어 돌무더기만 남았다. 정처 없이 걷다가 강가에 다다른 그녀는 흙먼지가 내려앉은 물 위로 몸을 던졌다. 그 후 시간은 흘렀지만, 그 누구도 그녀의 우울증에 대해 이야기하지 않았다. 침묵만이 존재할 뿐이었다. 당시 절망에 빠지는 이유를 묻는 것은 금기시됐다.

멀지 않은 곳에 조지 브라운George Brown이라는 이름의 10대 소년이 살았다. 자살한 여성은 그 소년의 가까운 이웃이었다. 항생제가 없던 시절, 이 소년이 오랫동안 감염에 시달릴 때 그녀는 누추하고 비좁은 집에서 몇 달 동안이나 그를 돌봐주었다.

"그분은 정말 따뜻한 사람이었어요." 70년의 세월이 흐른 후 그는 그녀를 떠올리며 미소 지었다. "내가 어릴 적에 사람들은 우울증을 엄청나게 수치스러워했어요. 쉬쉬해야 할 문제였죠."

그에게는 이해할 수 없는 일이었다. 그러나 그가 36살 때, 실로 놀라운 발견을 하게 되기 전까지는 이에 대해 깊이 생각해보지 않았다.

1970년대 초반, 브라운은 조사를 위해 런던의 노동자들이 모여 사는 지역을 찾았다. 그가 어린 시절에 살았던 곳과 매우 흡사한 동네였다. 왜 그들은 그토록 깊은 우울함에 빠졌을까? 무엇 때문이었을까?

당시에는 희생자 개인뿐만이 아닌, 사회 전체에 대한 침묵이 지켜지고 있었다. 우울증에 대해 논의할 때 전문가들은 2가지 상반된 입장으로 나뉘었다. 먼저 프로이드 파는 이러한 절망을 환자의 사생활, 특히나 어린 시절을 통해 설명할 수 있다고 거의 100년간 주장해왔다. 그들에게 개인의 슬픔과 절망을 다룰 수 있는 유일한 방법은 일대일 치료를 통해 이를 탐구하는 것뿐이었다. 지난날 일어났던 일들을 종합해 환자가 자신의 인생에 대해 말할 수 있게끔 하는 것이다.

이러한 사고방식에 대한 반발로 다른 쪽의 정신의학자들은 우울증이 머리나 몸에서 벌어지는 문제, 즉 '내부 오작동'이라는 반대 주장을 펼치기 시작했다. 그리고 프로이드의 방식으로 인생에서 더 중요한 이유를 찾는 것은 핵심을 놓치는 일이라고 주장했다. 우울증은 '신체적 문제'라는 것이었다.

조지 브라운은 언제나 이 2가지 관점 모두 어느 정도 진실이지만, 그 어느 쪽도 온전한 설명이 되지는 못한다고 생각했다. 그는 의사도, 정신의학자도 아니었다. 인류학자였다. 즉, 외부자로서 문화를 관찰하고 그 문화가 어떻게 작동하는지를 알아내는 것이 그의 직업이었다. 그는 런던 남부의 한 정신치료센터에서 일한 적이 있는데, 그 당시 우울증에 대해 '완전히 무지한 상태'였다고 한다. 그러나 그것이 오히려 엄청난 장점이었고, 선입견이 전혀 없었기 때문에 열린 마음을 가질 수밖에 없었다.

그는 그때까지 이뤄졌던 연구들을 읽어보고, 수집된 자료가 거의 없다는 사실에 충격을 받았다. 그때까지 우울증에 대한 의학적 공식 입장은 싸움을 벌이는 두 파벌 사이에서 아기를 반으로 나누는 것이나 다름없었다.

주류 과학계는 우울증에 2가지 종류가 있다고 언명했다. 첫 번째는 지속적으로 고장을 일으키기 시작한 뇌나 몸 때문에 생기는 것이었다. 이들은 이를 '내인성 우울증endogenous depression'이라고 불렀다. 그러나 인생에서 벌어진 나쁜 일이나 큰 사건 때문에 생기는 다른 종류의 우울증 또한 존재했다. 여기에는 '반응성 우울증reactive depression'이라는 이름이 붙었다. 그러나 그 누구도 '반응성 우울증'을 지닌 사람들이 무엇에 반응하는 것인지, 이 2가지 우울증 사이에 어떻게 선을 그을 수 있는지, 납득할 만한 구분이 가능한지조차 몰랐다.

브라운은 이를 알아내기 위해서는 어느 누구도 해본 적 없는 일을 해봐야 한다고 결론 내렸다. 이를테면 콜레라가 왜 퍼지는지, 또는 어떻게 폐렴에 걸리는지 알아내기 위해 사용하는 것과 같은 방법들을 이용해 우울하거나 불안해하는 사람들을 대상으로 과학적 연구를 수행해야만 했다. 그는 계획을 세우기 시작했다.

우울을 유발하는 요인이 있을까

런던 서쪽에 있는 캠버웰은 몇 걸음을 옮길 때마다 천차만별로 달라지는 도시 변두리 지역이었다. 지역 정신의학서비스를 통해 브라운은 전례 없는 연구 프로젝트를 수행하기로 계획했다. 이 계획은 수년간 그와 그의 연구팀이 서로 다른 여성 집단을 추적하고 알아가는 것이었다.

첫 번째 집단은 정신과 의사로부터 우울증을 진단받은 여성 114명이었다. 연구팀은 이 여성들을 심층적으로 인터뷰하고 주요한 사실들을 모았다. 특히 그들이 우울해지기 전 해에 무슨 일이 벌어졌는지를 자세히 살폈다. 그 시기가 결정적인 이유는 나중에 설명하겠다.

동시에 이들은 캠버웰 지역에서 '정상적인' 여성 344명을 무작위로 뽑아 두 번째 집단을 만들었다. 동일한 소득계층이지만 우울증으로 분류되지 않은 여성들이었다. 연구팀은 반복해서 이 여성들을 심층적으로 인터뷰했고, 기준연도에 그들에게 일어난 좋은 사건과 나쁜 사건을 살펴봤다. 그리고 이 두 집단을 비교해보면 무엇이 우울증을 일으키는지 알아낼 수 있으리라고 생각했다.

하늘에서 떨어지는 유성에 맞는 것과 같이 무작위로 벌어지는 일을 연구한다고 상상해보자. 유성에 맞은 사람들에게, 이 사건이 벌어지기 전 해에 무슨 일이 있었는지 조사하고 이를 유성에 맞지 않은 사람들과 비교한다면 어떨까? 두 집단이 특별히 다르지 않을 것이다. 어떤 삶을 살았는지에 상관없이, 그들은 그저 하늘에서 떨어진 돌덩이의 희생자일 뿐이다.

당시 많은 사람들은 우울증도 마찬가지라고 생각했다. 지금도 크게 다르지 않다. 그저 임의적으로 화학적인 불운에 당첨됐을 뿐이며, 그것은 그 사람의 인생이 아닌 두개골 안에서 벌어지는 문제라는 것이다. 그 주장이 옳다면 브라운과 그의 팀은 우울증이 시작되기 전 해에 우울한 여성들과 우울하지 않은 여성들의 삶 사이에 차이가 없음을 발견할 것이었다. 그러나 차이점이 존재한다면 어떻게 되는가? 브라운은 그 차이점이 무엇인지 알게 될 때 정말로 중요한 것이 드러날 거라 생각했다. 즉, 무엇이 우울증을 유발하는지 그 단서를 얻을 수 있다.

연구팀은 여성들의 집을 모두 방문했고, 함께 그들에 대해 알아갔다. 연구팀에는 티릴 해리스Tiril Harris라는 젊은 연구원이자 치료사가 있었는데, 그는 매우 상세한 부분까지 인터뷰했다. 그리고 연구팀이 자리를 뜬 후에 여성들은 매우 조심스레 자신의 삶을 점수화했다. 매우 복잡한 데이터 수집 및 통계 방식을 통해서 그 점수가 분석되었고, 엄청난 데이터베이스를 구축했다. 우울증에 조금이라도 영향을 준다고 의심되는 모든 것들이 포함됐다.

어느 날 해리스 연구원은 트렌트라는 이름의 여성을 만나러 갔다. 그녀는 화물차 운전사와 결혼해, 3명의 어린 아이들과 함께 작은 집에서 살고 있었다. 트렌트는 해리스에게 자신이 아무것에도 집중할 수가 없다고 말했다. 신문의 기사 한 줄도 읽을 수 없을 정도였다. 그녀는 음식이나 섹스에도 흥미가 없었고, 거의 하루 종일 울었다. 몸이 바짝 긴장한 것처럼 느껴졌지만, 그 이유를 알 수 없었다. 지난 6주 동안 그녀는 밤이고 낮이고 내내 무기력하게 침대에 누워 세상이 그저 사라져버리길 바랐다.

연구팀은 그녀가 우울해지기 전 어떤 일이 벌어졌다는 것을 발견했다. 셋째 아이가 태어난 직후 남편이 일자리를 잃은 것이다. 다행히 몇 주 후에 남편은 새로운 직장을 얻었다. 그런데 얼마 못 가 남편이 뚜렷한 이유 없이 갑자기 해고됐다. 트렌트는 남편의 예전 직장 상사가 그에 대한 험담을 새 직장 상사에게 전했을 거라고 확신했다. 남편은 다시 취직하지 못했다. 당시 캠버웰은 엄마가 일하는 것을 금기시했기 때문에, 이는 곧 그 가정이 경제적으로 불안정한 상태가 된다는 것을 의미했다.

브라운이 내게 말했다. "이 여성들은 대체로 자신에 대해 이야기하는 데 익숙지 않았어요. 그런데 누군가 자신에게 관심을 보이고 이야기를 하도록 만드는 사람이 나타난 거죠. 전반적으로 그 여성들에게 의미 있는 일처럼 보였어요. 그리고 이들이 들려주는 이야기들을 이해할 수 있었죠. 그들은 자기들이 왜 고통받고 곤경에 빠졌는지 알고 있었어요."

연구팀이 만난 여성 가운데 다수는 트렌트와 비슷했다. 그리고 그때까지 존재했던 우울증의 두 모델 가운데 그 어느 것도 그녀에겐 맞지 않았다. 어쩌면 그녀의 머리나 몸에 문제가 있었을 수도 있다. 그리고 그녀의 인생에는 분명 문제가 존재했다. 그러나 브라운은 그녀의 우울증이 더 큰 이유 때문에 생겼다고 생각했다. 그러나 연구결과가 모두 나올 때까지 그것을 뭐라고 설명해야 할지 확신할 수 없었다.

절망의 그림자가 길게 드리워질 때

브라운과 그의 연구팀이 이 여성들에 대해 조사하면서 첫 번째로 알고 싶었던 것은, 우울증이 오기 전 해에 그들이 심각한 상실이나 부정적인 사건을 경험했는지 여부였다. 가끔 여성들은 다양한 종류의 끔찍한 사건들을 겪었다고 묘사했다. 아들이 감옥에 가거나 남편이 조현병 진단을 받거나 아기가 심각한 장애를 가지고 태어나는 것 같은 일들이었다. 브라운과 해리스는 데이터를 '심각함'이라고 분류할 때 엄격한 기준을 적용했다. 예를 들어 한 여성은 자신의 개를 자식처럼 생각했고 개를 중심으로 살아왔는데, 그 개가 죽어버렸다고 이야기했다. 그러나 연구팀은 애완동물의 죽음을 '심각한' 사건으로 분류하지 않았고 이를 무시했다.

동시에 이들은 누군가의 정신건강에 영향을 미친다고 의심되면서도 일회성 사건으로 간주되지 않는 여러 가지 조건들을 살펴보고 싶었다. 연구팀은 이를 2가지 카테고리로 나누었다. 첫 번째 카테고리에는 '곤경difficulties'이라는 이름을 붙였다. 이는 삶에서 만성적으로 진행되는 문제점들을 의미한다. 형편없는 결혼생활이나 낡고 엉망인 집, 공동체와 이웃으로부터 강제로 분리되는 사건 등이다.

두 번째 카테고리는 정확히 그 반대다. '안정제stabilizers'라고 이름 붙인 이 카테고리는 사람들을 격려해주고 절망에서 보호해주는 것들을 의미한다. 연구팀은 이 여성들에게 가까운 친구가 몇 명이나 있는지, 배우자와의 관계가 원만한지 등을 기록했다.

연구팀은 여성들과 차례로 인터뷰한 후, 간격을 두고 다시 만나면서 수년간 끈질기게 자료를 모았다. 마침내 연구팀은 숫자들을 분석하기 시작했다. 이들은 데이터가 무엇을 보여주는지 알아내기 위해 여러 달을 보냈다. 이런 방식으로 과학적 근거를 모은 첫 사례였기 때문에 연구팀은 책임감을 갖고 작업에 매달렸다. 10대 시절 내가 의사로부터 들은 이야기가 사실이라면 두 여성 집단 사이에는 차이가 없어야만 했다.

연구 결과, 우울증을 겪지 않는 여성들 가운데 약 20퍼센트가 그 전 해에 중대한 사건을 경험했다. 반면 우울증을 겪는 여성들의 경우, 약 68퍼센트가 중대한 사건을 경험했다. 둘 사이에는 48퍼센트 차이가 있었고, 이는 우연히 발생했다고 보기에는 큰 차이였다. 이것은 스트레스를 많이 받는 사건을 경험할 때 우울증이 발생할 가능성이 높다는 것을 의미한다.

그러나 이러한 발견은 시작일 뿐이었다. 우울증이 없는 여성들과 비교했을 때, 우울증이 있는 여성들은 발병 전 해에 심각한 장기적 스트레스 요인을 마주했을 가능성이 3배가량 높았다. 우울증은 단순히 나쁜 사건이 아니라 장기적으로 스트레스를 주는 원인이 있을 때 발병한다는 뜻이었다. 반면 안정감을 주는 긍정적인 존재가 있다면 우울증이 생길 가능성은 크게 줄어들었다. 좋은 친구들이 주변에 있을 때, 배우자가 자신을 지지하고 배려할 때 놀라울 정도로 우울증이 감소했다.

브라운과 해리스는 크게 2가지 요인이 우울증 발병 가능성을 높인다는 것을 발견했다. 하나는 심각한 부정적 사건을 겪는 것, 다른 하나는 장기적 스트레스와 불안정함을 주는 근원적인 문제를 겪는 것이었다. 그러나 가장 깜짝 놀랄 만한 결과는 이 요인들이 합쳐졌을 때 벌어지는 일이었다. 그것은 폭발적이었다. 가까운 친구도, 지지해주는 배우자도 없는 사람의 인생에 심각한 사건이 발생했을 때, 그들이 우울증을 겪을 가능성은 75퍼센트였다. 이는 그렇지 않은 경우보다 훨씬 더 높은 수치다.

연구팀은 자신들이 만난 여성들에 대해 다시 생각해보았다.

실질적으로 우울증은 뇌가 아닌, 인생과 관련된 심각한 문제라는 것이 드러났다. 이 연구가 발표된 후 한 교수는 이것이 우울증에 대한 우리의 이해를 비약적으로 발전시켰다고 평가했다.

우리는 우울증을 종종 '비이성의 궁극적 형태'라고 이야기한다. 내부적으로 어떻게 느끼는지, 그리고 외부에 어떻게 보이는지의 문제라는 것이다. 그러나 대조적으로 브라운과 해리스는 '임상적 우울증은 고난에 대한 타당한 반응이다'라는 결론에 도달했다.

트렌트의 경우를 생각해보자. 실업자 남편과의 희망 없는 결혼생활, 살아남기 위한 치열함, 더 나은 삶을 꿈꿀 수 없다는 절망감…….그녀에게 자신의 삶은 영원히 스트레스로 가득한 고난이 될 것처럼 보였다. 그녀의 우울증은 '개인'이 아닌 '환경'에 그 책임이 있다고 보는 것이 좀 더 타당하지 않을까?

그러나 나는 런던에서 가장 빈곤한 지역의 다 무너져가는 집에 살지 않았다. 우울증을 겪던 그 어느 시기에도 마찬가지였다. 내 삶은 트렌트와 달랐다. 우울증을 앓는 내 지인들도 전혀 빈곤하지 않다. 우리 같은 사람들에게 그들의 연구결과는 무엇을 의미할까?

브라운과 해리스의 데이터를 분석하면서, 나는 가난하게 사는 사람들이 우울증에 걸릴 가능성이 더 높다는 것을 발견했다. 그러나 '가난이 우울증을 야기한다'고 결론 내리는 것은 너무 억지였다. 다만 가난한 사람들은 평균적으로 좀 더 장기적인 스트레스에 노출되고, 살면서 좀 더 많은 부정적인 사건을 겪는 데다, 안정감을 주는 사람들과 주기적으로 교류하기 어려울 확률이 높았다. 그러나 스트레스나 부정적인 사건, 외로움 등은 경제적 상황과 무관하게 모든 사람에게 해당된다.

해리스는 다음과 같이 설명했다. 우리 모두는 심각한 스트레스를 받거나 끔찍한 일이 일어났을 때 희망을 잃는다. 더 나아가 스트레스나 나쁜 사건이 장기간 지속되면 우리가 얻게 되는 것은 '절망의 일반화'다. 이는 기름막처럼 우리의 인생 전반으로 퍼져나간다. 그리고 그냥 다 포기하고 싶어진다.

몇 년 후 여러 연구팀들이 브라운과 해리스가 사용했던 것과 완전히 똑같은 방법을 사용해 스페인 바스크 지역이나 짐바브웨 시골처럼 극단적으로 다른 지역에서 우울증의 원인을 조사했다. 이들이 발견한 것은 이 요소들이 어느 곳에서든 사람들을 우울증으로 몰아가는, 혹은 이를 막아주는 역할을 한다는 것이었다. 바스크에서 우울증 발병률은 극도로 낮았다. 서로를 보호해주는 강력한 공동체가 존재하고 트라우마 경험이 적었기 때문이다. 반면 짐바브웨에서는 우울증 발병률이 극도로 높았다. 그곳 사람들은 트라우마가 될 만한 일을 자주 겪었다. 예를 들어, 아이가 없는 여성이 마을에서 내쫓기는 것이다. 나는 이 책을 쓰면서 짐바브웨 시골에서 그 모습을 직접 목격했다.

연구자들은 세계 어느 곳에서든 이 요인들이 우울증 발병률에 결정적인 역할을 한다는 것을 깨달았다. 우울과 불안을 만드는 비밀 레시피의 첫 단계를 발견한 것처럼 보였다. 그러나 모든 연구를 끝마친 후에도, 브라운과 해리스는 이 그림 속에서 놓친 부분이 여전히 존재한다는 것을 알았다. 그것은 무엇이었을까?

우울과 불안의 3가지 원인

브라운과 해리스가 연구결과를 발표했을 때, 몇몇 정신의학자들은 즉각 다음과 같이 주장했다. 우리는 이미 일부 사람들이 인생에서 벌어지는 사건 때문에 우울해진다고 말해왔다. 이것이 바로 '반응성 우울증'이다. 그러니까 당신들은 우리가 알고 있는 것을 정리한 것뿐이다. 그러나 여전히 신체의 내부적인 문제 때문에 우울해하는 사람들이 속한 커다란 카테고리가 있다. 이 사람들이 바로 '내인성 우울증'을 가진 사람들이다. 이 사람들은 내면적으로 뭔가가 고장 난 것이다.

그러나 브라운과 해리스는 정신의학자들에 의해 '반응성 우울증'으로 분류된 여성들과 '내인성 우울증'으로 분류된 여성들을 내내 연구했다고 설명했다. 그리고 이들은 연구결과를 비교했을 때 둘 사이에 큰 차이가 없다는 것을 발견했다. 두 집단 모두 같은 비율로 인생에서 힘든 사건을 겪었다. 이러한 구분은 의미가 없다고 두 사람은 결론지었다. 우울증이 오직 뇌 때문에 내면에서 발생한다고 생각하는 사람들에게 그들은 이렇게 말했다. "그 어떤 유기체도 환경 없이는 존재할 수 없어요."

몇 년 후 해리스는 불안을 연구하기 위해 동일한 방법을 사용했고 비슷한 결과를 얻었다. 우울증은 잘못된 뇌 때문에 생기는 문제가 아니었다. 잘못 풀리는 인생 때문에 생기는 문제였다.

브라운과 해리스는 런던 남부의 한 동네에서 진행된 자신들의 연구가 그저 수박 겉핥기일 뿐이라고 믿었다. 더 물어봐야 할 질문들이 많았다. 이들은 우울하고 불안한 사람들의 삶에 수많은 요인이 있다는 것을 알고 있었다. 이들은 우울과 불안의 사회적 원인을 연구하는 과정에서 첫발을 내디딘 셈이었지만 곧 그들의 발자취는 아무도 따라오지 않는 허허벌판에 외로이 남겨졌다.

시간이 지나면서 우울증에 대한 과학적 논의는 새로운 항우울제의 발견, 그리고 뇌 내부에서 우울증이 생겨나지 않도록 하는 방법 쪽으로 옮겨갔다. 인생에서 무엇이 우리를 불행하게 만드는지를 알아내는 것이 아니라, 그 불행을 느끼게 하는 뇌 속의 신경전달물질을 차단하는 쪽으로 논의의 주제가 바뀌었다.

그러나 어떤 의미에서는 브라운과 해리스가 이겼다. 환경적 요인이 우울과 불안의 핵심이라는 증거가 학계에 꾸준히 쌓여갔고, 대부분의 학파가 이를 부인하지 못하게 되었기 때문이다. 이러한 발견은 곧 다양한 분야에서 정신의학교육의 기반이 됐다. 대부분의 교육과정은 우울과 불안 같은 정신장애에는 3가지 원인이 있다고 가르쳤다. 생리적, 심리적, 그리고 사회적 원인이었다. 그리고 '생물-심리-사회 모델bio-psycho-social model'로 알려지게 됐다. 이 3가지 모두 우울증과 관련이 있으며, 어떤 사람의 우울과 불안을 이해하기 위해서는 이 3가지 요인을 모두 살펴야 한다는 것이다. 그러나 이 식견들은 여전히 밝혀지지 않은 상태로 꽁꽁 숨겨져 있었다. 우울하고 불안한 사람들은 점차 늘어갔지만, 그들을 치료하는 방법에는 이것이 반영되지 않았다.

우울과 불안의 경우, 그 사람의 환경에 관심을 기울이는 것은 적어도 신체적 치료만큼 효과적이다. 브라운과 해리스가 내린 결론이었다. 그 누구도 그들에게 어떻게 해야 하는지, 환경을 어떻게 바꾸어야 불안과 우울이 줄어드는지 알려주지 않았다. 물론 이러한 질문들에 대한 대답은 너무나 혁명적으로 보인다. 하지만 나는 이 질문들이 어떤 의미를 가지는지 탐구하기 시작했다.

이제 와서 깨달은 것은 캠버웰에서 이뤄진 브라운과 해리스의 연구야말로 우울증 연구를 완전히 다른 방향으로 선회하게 만들었다는 것이다.

브라운과 긴 대화를 나누었던 어느 날, 그는 나에게 우울증의 원인들을 더 깊이 파고들기 위한 논문을 쓰려 한다고 말했다. 당시 그는 85세였다. 그는 그 논문이 자신의 마지막 연구과제가 될 거라고 말했다. 그는 멈추지 않는다. 그가 걸어가는 모습을 보면서, 나는 수십 년 전 침묵 속에서 스스로 몸을 던진 그의 이웃을 떠올렸다.

그는 내게 말했다. "여전히 우리가 알아야 할 것들이 많이 남아 있어요." 그런데 그가 어떻게 지금 멈추겠는가?

LOST CONNEC TIONS

우리가 잃어버린 것이
우리를 아프게 한다

불행과 고통을 부르는
7가지 상실에 대하여

5장

연결을 잃어버리자
행복이 사라졌다

LOST
CONNEC
TIONS

✦──✦ 나는 조지 브라운과 티릴 해리스의 연구에서 시작되어 전 세계로 뻗어나가고 있는 길을 좇기 시작했다. 또 다른 누군가가 우울과 불안의 숨겨진 차원을 연구하고 있는지, 그 연구가 우리를 절망과 슬픔에서 벗어나게 하는 방식에 어떤 의미를 부여하는지 알고 싶었다.

그 후 나는 세계 곳곳에 브라운과 해리스가 남긴 발자취를 이어받으려는 사회과학자들과 심리학자들이 있다는 것을 알게 됐고, 샌프란시스코와 시드니, 베를린과 부에노스아이레스 등지에서 이들을 만났다. 이들은 더 복잡하고 진실한 이야기를 함께 알아가고자 하는 '불안과 우울의 지하조직' 같았다. 나는 이들이 발견한 것을 살펴보다가 오늘날 전 세계에 광범위하게 퍼져 있는 깊은 외로움과 상실감, 좌절감과 무기력함, 우울과 불안의 사회적·심리학적 원인에 어떤 공통점이 있다는 것을 깨달았다. 그것은 '단절'이었다. 우리가 태생적으로 필요로 하지만 어느 순간 잃어버린, 많은 존재로부터의 단절이었다.

몇 년에 걸쳐 우울과 불안을 연구한 후, 나는 7가지 원인을 구분해냈다. 이것이 유일한 원인이라는 것은 아니다. 다른 원인들이 더 있을 것이다. 또 우울하거나 불안한 사람들이 모두 이러한 요소들을 경험했다는 것도 아니다. 나 역시 일부만을 경험했다. 그러나 연구를 진행하며 내 마음 깊은 곳에 숨겨진 감정에 대해 다르게 생각하게 됐다. 이제 7가지 원인을 하나씩 살펴보자.

6장

무의미한 노동
: 나는 왜 이 일을 하는가?

LOST
CONNEC
TIONS

✦──✦ 조 필립스는 하루가 끝나기만을 기다린다. 필라델피아의 페인트 가게에서 일하는 그의 하루는 언제나 똑같다. 손님이 페인트를 달라고 하면 차트를 보여주며 색을 고르라고 한 후 그 색의 페인트를 준비한다. 깡통에 물감을 들이붓고 그 통을 전자레인지처럼 생긴 기계 속에 집어넣는다. 기계는 그 통을 격렬하게 흔들어댄다. 잠시 후 페인트가 잘 섞여 색이 균일해지면 페인트 통을 건넨 뒤 돈을 받고 "감사합니다, 손님"이라고 말한다. 그리고 다음 고객을 기다리고, 또 같은 일을 반복한다.

그 누구도 필립스가 그 일을 잘하는지 형편없게 하는지 눈여겨보지 않았다. 그러나 그는 변화를 이끌어낼 수 있는 능력과 성장할 수 있는 힘, 내가 일하는 이 회사에 진짜 영향을 미칠 수 있는 능력을 어떻게 쌓아야 할지에 대해 고민했다. 정시출근은 아무나 할 수 있는 일이었기 때문에 자신이 그저 위에서 시키는 대로만 일해야 하는 것일까를 고민했다. 그리고 비로소 깨달았다.

필립스는 자신이 인간으로서 가지는 생각과 식견, 감정들에 결함이 있는 것처럼 느껴졌다. 그러나 그는 일 때문에 자신이 어떤 감정을 느끼는지 이야기할 때마다 곧바로 스스로를 책망했다. "이 일이 하고 싶어 죽겠다는 사람들이 있어요. 그리고 저도 그걸 잘 알아요. 감사해야 할 일이죠."

그는 적당한 돈을 받았고, 괜찮은 집에서 살았다. 그는 이 정도도 누리지 못하는 사람들이 많다는 것을 알고 있었다. 때문에 자신이 이런 식으로 생각한다는 것에 죄책감이 든다고 했다. 그러나 그 생각들은 자꾸 되살아났다. 그리고 그는 매일 똑같이 페인트를 섞었다.

"계속해서 하고 싶지 않은 일을 하고 있다고 느끼는 것은 그 일이 단조롭기 때문이에요. 기쁨은 어디 있을까요? 저는 잘 모르겠어요. 하지만 그 공허함을 채울 무엇인가가 필요하다는 느낌이 들어요. 그러한 공허함이 뭔지 딱 꼬집어 말할 수 없지만요."

필립스는 아침 7시에 집에서 나와 하루 종일 일했고 저녁 7시에 돌아왔다. 일주일에 40~50시간 정도 일하는데 그 일이 싫다면 아무런 보람도 즐거움도 없이 지루하고 무료한 삶이 계속될 뿐이었다. 그렇다면 문제는 일을 하는 목적의 부재가 아닐까? 이 일보다 좋은 자리는 분명히 있을 것이다. 그러나 그는 희망이 없다고 느끼기 시작했다.

"하지만 건강한 방향으로 도전적인 삶을 살고 싶어요. 내 목소리가 의미를 지닌다는 것을 알아야 하죠." 그는 어깨를 살짝 으쓱했다. 말하면서도 약간 부끄러운 듯했다. 그는 그런 일을 하지 못했고, 앞으로도 할 수 없을까 봐 두려워했다.

하루를 버티기 위해 깨어있는 대부분의 시간 동안 스스로를 억눌러야 한다면, 집으로 돌아가서 곧바로 일에 대한 생각을 접고 사랑하는 사람들에게 집중하기가 쉽지 않다. 주말에 그가 하고 싶은 일은 오직 술을 퍼마시고 스포츠 중계방송을 보는 것이었다.

하루는 필립스가 내게 연락을 해왔다. 인터넷에서 나의 강연을 듣다가 내가 다루고 있던 주제인 경증의 중독에 대해 함께 이야기하고 싶어졌다는 것이다. 우리는 만나서 필라델피아의 거리를 조금 걸었다. 그때 그는 내게 이야기를 들려줬다.

필립스는 어느 날 친구와 카지노에 갔다. 그곳에서 누군가가 그에게 작은 파란색 알약을 건넸다. 아편성 진통제인 옥시콘틴 Oxycontin이었다. 그 약을 먹자 기분 좋은 나른함이 느껴졌다. 그리고 며칠 후, 그는 일할 때에도 그 약을 먹었다.

"출근하기 전에 약을 챙겼는지 확인했어요. 일터에서 버틸 수 있을 만큼 충분히 가져왔는지 확인하고 잘 배분해놨죠."

재미도 보람도 없는 일의 괴로움

옥시콘틴이 그를 공허하고 무기력하게 만들었기 때문에 이런 일이 벌어진 것일까? 처음에 나는 그가 중독에 관해 이야기하는 것이라고 생각했다. 사람들은 그가 옥시콘틴에 '중독'됐다고 말하면서 약을 끊기 위해 도움을 받으라고 조언했다. 그러나 그는 대학 시절에도 술을 진탕 퍼마시고 대마초나 코카인을 했던 경험이 있었다. 그러나 그때는 가끔 열리는 파티 외에 이런 것들을 복용하고 싶은 충동을 전혀 느끼지 않았다. 그가 일상적으로 약에 취하기 시작한 것은 영혼 없는 직장에 들어가 스스로를 죄수라고 생각하게 된 후였다.

옥시콘틴을 끊고 몇 달이 지나자, 필립스는 견디기 어려운 감정을 다시 느끼기 시작했다. 페인트를 섞고 또 섞으면서 그는 도망치려 했던 그 모든 기억들을 떠올렸다.

2011~2012년 사이에 여론조사기관 갤럽은 전 세계 사람들이 자신의 일을 어떻게 생각하는지에 대해 역사상 가장 구체적인 조사를 실시했다. 142개국의 노동자 수백만 명을 연구했고, 그 가운데 13퍼센트가 직업에 '몰입engaged'하고 있음을 밝혀냈다. 이는 우리가 '일에 열정적이며, 헌신적이고 긍정적으로 조직에 기여하고 있다'는 의미이다. 이와 대조적으로 63퍼센트는 '대충하고 있다not engaged'고 대답했다. 이는 '근무시간을 몽유병 걸린 것처럼 보내면서 에너지나 열정 대신 시간을 일에 투입한다'는 의미였다. 그리고 더 나아가 24퍼센트는 '업무를 방해actively disengaged'하고 있었다. 갤럽은 이들이 직장에서 그저 불행한 정도가 아니라 그 불행을 표출하느라 분주하다고 말했다. 이 노동자들은 몰입형 동료들이 성취한 일들을 갉아먹는다. 갤럽은 업무 방해형 직원들은 자기 회사에 피해를 입히는 경우가 적지 않다고 덧붙였다.

갤럽 연구에 따르면 87퍼센트의 사람들이 필립스의 이야기를 들었을 때 적어도 자기 자신과 그가 어느 정도 비슷하다고 생각할 가능성이 있다는 의미다. 자기 일을 사랑하지 않는 사람의 수는 자기 일을 사랑하는 사람의 2배에 이른다.

나는 필립스와 식사를 마친 후, 이 모든 것이 우울증이나 불안증의 증가 추세에 기여하고 있는 것은 아닌지 궁금해지기 시작했다. 흔한 우울증 증상 가운데 '비현실감derealization'이 있다. 자신이 하는 일이 현실적이거나 진정하지 않다고 느끼는 증상이다. 나는 이것이 필립스에 대한 설명과 같다고 느꼈고, 비합리적인 것으로 들리지 않았다. 자신을 잃게 만드는 일을 한평생 해야 한다면 누구나 그렇게 반응할 것이다. 그래서 나는 이것이 사람들에게 어떤 감정을 불러일으키는지에 대한 과학적 증거를 찾기 시작했다. 우울, 불안과 연관이 있는지 살펴보기 위해서였다. 그리고 어느 저명한 과학자를 만나고 나서야 이를 이해할 수 있었다.

중요한 건 지위가 아니라 주도권

1960년대 말의 어느 날, 한 그리스계 여성이 호주 시드니 교외의 작은 외래병동에 끌려왔다. 이곳은 시드니에서 가장 가난한 지역의 병원으로 그리스 이민자들이 주로 찾아왔다. 그녀는 자신이 하루 종일 울기만 한다고 설명했다. "내 인생은 살 가치가 없는 것처럼 느껴져요."

그녀 앞에는 유럽 태생의 정신과 의사와 키가 크고 젊은 수련의가 앉아 있었다. 이 수련의는 마이클 마멋Michael Marmot이라는 이름을 가진 호주 사람이었다. 의사가 물었다.

"마지막으로 온전히 괜찮았던 때는 언제였죠?"

"선생님, 우리 남편은 항상 술을 마시고 저를 때려요. 아들은 감옥에 가 있고, 10대 딸내미는 임신을 했어요. 그리고 저는 거의 하루 종일 울어요. 힘이 하나도 없어요. 잠도 못 자고요."

마멋은 이런 환자들을 많이 봐왔다. 이민자들은 심한 인종차별을 겪었고, 특히나 이민 1세대들은 힘들고 모멸적인 삶을 살아야 했다. 그들이 눈앞의 여성처럼 완전히 쇠진하게 될 때면 의사들은 이들에게 정신적 문제가 있다고 진단했다. 때로는 일종의 플라세보로서 아주 약한 혼합약을 주기도 했지만, 때로는 좀 더 강한 약물을 처방하기도 했다.

젊은 수련의였던 마멋은 이상한 방식이라고 생각했다. 이 여성의 고통은 생활환경이 원인이라는 것이 놀라울 정도로 뻔한데, 사람들이 문제를 들고 찾아오면 병원은 그저 하얀색 알약 한 병으로 그들을 치료했다. 그는 자신들이 만난 훨씬 더 많은 문제들, 이를테면 아무 이유 없이 배가 아프다고 호소하는 남자 등의 문제가 이와 유사하게 환자들이 겪어야만 하는 인생의 스트레스에서 비롯되지 않을까 의심했다. 그는 병동을 돌아다니며 이 모든 질병과 고통이 우리 사회에 뭔가를 경고하고 있다고 생각했고, 이를 다른 의사들과 의논하려 했다. 하루 종일 울기만 한다는 그리스 여성과 같은 환자들이 겪는 우울증의 원인에 관심을 기울여야 한다고 설명했지만, 의사들은 의심쩍어하며 마멋의 말이 터무니없는 소리라고 일축했다. 심리적 절망이 신체적 질병을 야기하는 것은 불가능하다는 것이 이들의 입장이었다. 당시 전 세계 대부분의 의료인들은 그렇게 믿었다.

마멋은 이들이 틀렸다고 생각했지만 심증뿐이었다. 반박할 증거가 없었고, 아무도 그에 대해 연구할 것 같지 않았다. 그때 동료 의사 하나가 그에게 조심스레 연구를 제안했다. 그렇게 몇 년이 지난 후, 1970년대의 혼돈 속에서 마멋은 런던으로 오게 됐다. 영국 남성들이 중절모를 쓰고 출근하는 마지막 시대였다. 미니스커트를 입은 젊은 여성들이 중절모 쓴 남성들 곁을 지나갔다. 두 시대가 서로의 시선을 어색하게 피하고 있었다. 그는 살이 에일 듯이 추운 겨울날, 점차 분열되어 가는 이 나라에 도착했다. 장기간에 걸친 파업 때문에 일주일에 4번은 정전이 되던 시절이었다.

이 균열된 영국 사회의 중심부에는 낮은 소리를 내며 움직이는 미끈한 기계가 한 대 있었다. 런던 중심부를 가로지르는 거리를 따라 즐비한 관공서에 앉아 있는 영국 관료들은 스스로를 정부 관료제의 롤스로이스 정도로 여기고 있었다. 영국의 모든 것을 관리하는 엄청난 수의 관료들이 있었고, 그 조직은 군대만큼이나 **빽빽했다**. 이는 매일 수천 명의 남성들이 지하철을 타고 사무실에 도착한 후, 가지런히 줄 맞춰진 책상에 앉아 영국의 섬들을 다스린다는 뜻이었다(마멋이 처음 그곳에 갔을 때 관료의 대부분은 남성이었다).

마멋에게 이곳은 완벽한 실험실처럼 보였다. 노동이 건강에 어떤 영향을 미치는가? 매우 다른 성격의 직업들을 비교한다면 이것을 제대로 연구할 수 없다. 예를 들어 건설노동자, 간호사, 회계사를 비교한다면 너무나 많은 변수로 인해 정말로 무슨 일이 벌어지는지 분별하기 어려울 것이다. 건설노동자는 더 많은 사고를 당하고, 간호사는 더 많은 질병에 노출되며, 회계사는 더 오래 앉아 있기 마련이다. 그러니 정확히 무엇이 어떤 결과를 야기하는지 풀어내기 어려워진다.

그러나 영국의 관료들은 그 누구도 가난하지 않았다. 그 누구도 다 쓰러져가는 집으로 퇴근하지 않았다. 신체적으로 별로 위험할 일도 없었고, 모두가 책상 앞에서 일을 했다. 그러나 지위와 일에서 얼마만큼 자유를 누릴 수 있는지에 차이가 있었다. 공무원들은 여러 직급으로 나뉘고, 그에 따라 월급과 재량권이 엄격하게 구분된다. 마멋은 이러한 차이가 건강에 영향을 주는지 연구하고 싶었다. 이 연구를 통해 현대사회에 그토록 만연한 우울과 불안의 원인을 밝힐 수 있을 것이라고 추측했다. 시드니에서부터 그를 줄기차게 괴롭혀온 미스터리였다.

거대한 정부조직을 운영하는 한 남자를 떠올려보자. 그리고 그 남자의 서류를 정리하고 그 남자가 한 말을 기록하는 일을 하는, 급여체계가 11단계 낮은 또 다른 남자가 옆에 있다. 둘 중 심장마비에 걸릴 가능성이 더 높은 사람은 누구인가? 압박감을 더 많이 느끼는 사람은 누구인가? 누가 더 우울해질까?

당시 대부분의 사람들은 이 질문의 답이 명백하다고 생각했다. 당연히 지위가 더 높은 사람이리라. 그는 중대하고 어려운 결정을 자주 해야 하므로 스트레스가 더 클 것이다. 서류 정리를 하는 남자는 책임질 일이 별로 없으니 부담도 덜할 것이다. 당연히 그의 인생이 훨씬 더 편안하지 않을까?

마멋과 연구팀은 신체적·정신적 건강에 대한 데이터를 모으기 위해 공무원들을 인터뷰했다. 이 연구는 2가지 주요과제에 대해 수년간 진행됐다. 마멋은 한 사람씩 각자 하는 일에 대해 1시간 동안 이야기를 나눴다. 연구팀은 이런 방식으로 1만 8,000명의 공무원과 인터뷰했다.

연구를 진행하면서 마멋은 관료사회의 서열 차이를 단번에 눈치챌 수 있었다. 고위 공무원들은 일단 몸을 뒤로 젖히고 대화를 주도했으며 마멋에게 원하는 것이 무엇이냐고 물었다. 반면 하급 공무원들은 몸을 앞으로 숙이고 자신들이 무엇을 해야 하는지 마멋이 이야기해주길 기다렸다.

수년간 인터뷰를 실시한 후, 마멋의 연구팀은 그 결과를 종합했다. 놀랍게도, 위계질서 상에서 고위 공무원들은 하급 공무원들보다 심장마비에 걸릴 가능성이 4분의 1로 낮았다. 사람들이 예상한 것과 정반대였다.

우울증 발생 가능성도 동일했다. 그래프 상으로 지위가 올라갈수록 우울증에 걸릴 확률은 점차 떨어졌다. 우울증에 걸릴 확률과 조직에서의 위치는 매우 밀접한 관계가 있었다. 사회과학자들은 이를 '경사도gradient'라고 부른다. 정말 놀라운 일이었다. 왜 괜찮은 교육을 받고 안정적인 직업을 지닌 사람들의 심장병, 우울증 가능성이 자신보다 조금 더 교육을 받거나 조금 더 상위에 있는 사람들보다 높은 것일까?

일과 관련해 무엇인가가 사람들을 우울하게 만들고 있었다. 그 정체가 뭘까? 마멋과 연구팀이 더욱 심층적인 연구를 위해 알고 싶은 것은 바로 다음과 같은 문제였다. 조직에서 지위가 상승함에 따라, 어떤 업무의 변화가 이러한 현상을 설명할 수 있는가?

연구팀은 자신들이 본 것을 바탕으로 가설을 하나 세웠다. 이들이 궁금한 것은 고위 공무원들은 하급 공무원들보다 업무를 더 많이 주도하기 때문에 덜 우울한가였다. 합리적인 추론처럼 보였다. "당신의 인생에 대해 생각해보세요. 그리고 스스로의 감정을 살펴보세요. 일에서나 인생에서나 최악이라고 느껴질 때는 자신에게 주도권이 없는 상황이에요." 마멋은 나에게 이렇게 말했다.

이를 알아낼 수 있는 방법이 있었다. 이번에는 고위급, 중간

PART 2

없음

급, 하급을 비교하는 대신 같은 서열이지만 업무에 있어서 재량권에 차이가 있는 사람들을 비교했다. 연구팀은 같은 지위 안에서 재령권이 더 적은 사람이 재량권이 더 많은 사람보다 우울해지거나 심장마비를 일으킬 가능성이 더 높은지 알고 싶었다. 이들은 더 많은 인터뷰를 실시하고 더 상세한 데이터를 모았다.

이를 통해 발견한 결과는 처음보다 더 충격적이었다. 일에 대한 재량권을 더 많이 행사할 수 있는 사람이, 같은 지위에서 같은 수준의 급여를 받고 같은 사무실에서 일하는 다른 사람들(업무 주도권이 적은 사람)보다 우울해지거나 심각한 정서장애를 일으킬 가능성이 훨씬 낮았다.

마멋은 마조리라는 이름의 한 여성을 떠올렸다. 마조리는 하루 종일 서류를 타이핑하는 타자打字 부서의 직원이었다. 그녀 말에 따르면, 그곳은 '천국'이었다. 책상에 앉아 담배도 피고 간식도 먹을 수 있었다. 그러나 동시에 '철저히 영혼을 파괴하는 곳'이었다. 그곳에 앉아 이해할 수 없는 일들을 해야만 하기 때문이다.

"우리는 서로 이야기를 나눠서는 안 됐어요." 그녀는 말했다. 이들은 지시대로 스웨덴어로 된 문서를 타이핑했고, 모르는 사람들 사이에서 서로에게 말 한마디 걸 수 없었다. 마조리의 업무 특징은 그녀에게 무엇을 결정할 재량권이 전혀 없다는 점이다.

이와 대조적으로 고위 공무원이라면 어떤 아이디어가 떠올랐을 때 이를 실행에 옮길 가능성이 충분히 있다. 이것은 누군가의 존재 자체를 관통하는 문제다. 그리고 이 세상을 바라보는 시각에 영향을 미친다. 하지만 낮은 직급의 공무원이라면 수동적으로 사는 법을 배워야만 한다.

거대한 정부 조직의 평범한 아침을 상상해보자. 마조리가 서열상 자신보다 11계급이나 높은 상사에게 다가와 이렇게 말한다. "제가 생각해봤는데요, 비품을 인터넷으로 주문하면 훨씬 비용을 절약할 수 있을 거예요." 마멋은 이런 모습을 상상할 수 없었다.

이러한 삶을 살아가기 위해서는 스스로를 꽁꽁 싸매야 한다. 그리고 마멋은 이것이 우리의 삶 전체에 영향을 미친다는 증거들을 밝혀냈다. 그는 관료조직에서 직위가 높을수록 업무가 끝난 후 더 많은 친구들과 사교활동을 즐긴다는 것을 발견했다. 직위가 낮을수록 그 정도는 점차 줄어들었다. 지위가 낮고, 지루한 일을 하는 사람들은 집에 가서 그저 TV 앞에 눌러앉아 있고 싶어 했다. 왜일까?

"가치 있는 일을 할 때 삶은 더 풍요로워져요. 그리고 이것은 업무 이외에 삶의 모든 것들로 퍼져나가죠. 그러나 일에 활기가 없을 때는 하루일과가 끝나면 그저 기진맥진할 뿐이에요." 마멋은 내게 이렇게 말했다.

이 연구결과 덕분에 일에서의 스트레스를 구성하는 개념에 혁명이 일어나게 되었다고 마멋은 설명했다. 최악의 스트레스는 지나치게 무거운 책임감을 견디는 것이 아니다. 단조롭고, 지루하고,

영혼을 파괴하는 일을 견뎌야만 하는 것이 최악의 스트레스였다.

"사람들은 매일 출근하고 그곳에서 조금씩 죽어가요. 왜냐하면 그 일은 사람들의 내면에서 사람다운 그 어떤 것도 건드리지 않기 때문이죠."

따라서 페인트 가게에서 일하는 조 필립스는 이 기준에 따른다면 가장 스트레스가 높은 직업에 종사하는 셈이다. 신체적·정신적·정서적 건강 악화의 핵심에는 권한의 박탈이 존재한다고 마멋은 말했다.

내가 하는 일에 의미가 필요하다

마멋의 연구가 진행되고 한참이 지난 후, 영국 국세청에서 문제가 발생했다. 이들은 마멋에게 해결책을 찾아달라고 급하게 요청했다. 소득신고를 조사하는 직원들이 연달아 자살을 한 것이다. 마멋은 왜 이런 일이 벌어졌는지 알아내기 위해 영국으로 갔다.

국세청 직원들은 출근을 하고 나면 곧장 서류함의 공격을 받는 것처럼 느껴진다고 그에게 설명했다. 이들은 "서류들이 우리를 집어삼키는 것 같아요. 서류 높이가 높아질수록 물속에 잠겨 다시는 수면 위로 떠오르지 못할 것 같은 공포감이 커지죠"라고 말했다. 이들은 하루 종일 강도 높게 일했다. 그러나 하루가 끝날 때쯤 서류의 높이는 아침보다 더 높아져 있었다. 휴일에는 더 불행해졌다. 휴일이 끝난 후 돌아오면 산더미처럼 쌓인 서류가 쓰나미처럼 몰려왔다. 이들을 죽인 건 통제력의 상실이었다. 얼마나 꾸준히, 얼마나 열심히 일하는지와는 상관없이 점점 더 뒤떨어지는 것처럼 느껴졌다. 그리고 그 누구도 그들에게 고마워하지 않았다. 사람들은 절세 방법을 알게 되어도 별로 기뻐하지 않았다.

연구를 진행하며 마멋은 일에서 우울증이 발생하는 또 다른 요인을 발견했다. 아무리 열심히 일하고 최선을 다해도, 아무도 그들에게 관심이 없었다. 형편없이 일을 해놓아도 역시나 관심이 없었다. 마멋은 '노력과 보상 간에 균형이 맞지 않을 때' 절망감이 나타난다는 것을 알게 됐다. 페인트 가게에서 일하는 조 필립스의 경우도 마찬가지였다. 그 누구도 그가 얼마나 노력하는지에 관심이 없었다. 그러한 상황에서 세상으로부터 받는 신호는 뭘까? 당신이 무의미하다는 것이다. 그러니 아무도 당신이 하는 일에 상관하지 않는다.

마멋은 통제력의 상실, 노력과 보상 간의 불균형이 그토록 심한 우울증을 야기하고, 직원들의 자살로 이어진 것이라고 설명했다. 40년 전 시드니 교외의 한 병원에서 그가 처음으로 우리가 사는 방식이 우리를 우울하게 만든다고 주장했을 때 주변 의사들은 모두 코웃음을 쳤다. 오늘날 우리 중 그 누구도 그가 발견한 근거의 핵심에 대해 이의를 제기하지 않는다. 그러나 우리는 여전히 당시 의사들이 저질렀던 실수들을 반복하고 있으며, 나도 마찬가지다. 어떻게 해야 울음을 멈출 수 있느냐며 마멋을 찾아왔던 그리스 여인은 뇌가 고장 난 것이 아니었다. 그녀의 인생이 문제였다. 그러나 병원은 그저 알약 몇 알을 주고 그녀를 돌려보냈다.

다시 필라델피아로 돌아와보자. 나는 조 필립스에게 마멋의 연구와 그 외에 내가 배웠던 과학적 근거들에 대해 이야기했다. 그는 처음에는 관심을 보였으나 잠시 후 약간 초조하게 말했다.

"당신은 그 모든 주제들을 가지고 면밀하고도 지적인 결과들을 얻어냈죠. 하지만 근본적으로 저처럼 의미 없는 일을 하는 것, 아무 목적도 없는 것, 또 그 일을 계속하는 것 외엔 방법이 없다고 느끼는 것, 그게 얼마나 끔찍한지 모르잖아요."

사실 필립스와 관련해 더 의문스러운 것이 있었다. 그는 페인트 가게에서 일하는 것을 싫어했지만, 다른 사람들과 달리 그 어디에도 묶여 있지 않았다. 그에게는 아이도 없었고, 책임질 가족도 없었다. 그는 여전히 젊었고, 대안도 있었다. "저는 낚시를 좋아해요. 제 목표는 죽기 전에 미국의 모든 주에서 낚시를 해보는 거예요. 지금까지 27개 주에서 낚시를 해봤어요."

그는 그때 32세였고, 플로리다주로 내려가 낚시 가이드가 되기 위해 여러 가지를 알아보고 있었다. 지금 하고 있는 일보다 돈은 훨씬 적게 벌겠지만 그 일을 사랑할 것이다. 그리고 매일 일하러 가기를 고대할 것이다. 필립스는 그 일을 하면 어떨지 머릿속에 떠오르는 대로 말했다. "하지만 단순히 즐거운 일을 하기 위해 경제적 안정을 희생할 수 있겠어요?"

필립스는 일을 그만두고 플로리다에 가려고 몇 년 동안 고민했다. "변명을 하자면, 매일 저는 참을 수 없는 기분으로 퇴근해요. 때로는 스스로에게 이렇게 말하기도 하죠. 이봐, 일을 때려치워. 플로리다로 이사를 가. 그리고 배를 타고 낚시 가이드가 돼. 그러면 행복해질 수 있어."

나는 이렇게 물었다. "그럼 그렇게 하면 되잖아요? 왜 떠나지 않는 거죠?" 그러자 그는 "맞아요" 하고 대답했다. 그의 얼굴에 희망이 차올랐다가 다시 두려움이 떠올랐다. 그는 떠나고 싶었다. 하지만 나도 그도 이해할 수 없는 뭔가에 막혀 있었다. 그 후에 나는 그가 떠나려 하지 않는 이유를 이해하려 노력했다. 생활비를 벌어야 한다는 이유가 아닌, 뭔가가 대다수의 우리를 이러한 상황 속에 계속 가둬놓는다. 그건 대체 뭘까?

나는 필립스에게 작별인사를 했다. 멀어지는 그를 불러 세우고 이렇게 말했다. "플로리다로 가요!" 그 말을 하는 순간, 나는 바보가 된 것처럼 느껴졌다. 그는 뒤돌아보지 않았다.

7장

무관심한 개인
: 내 곁에 누가 있는가?

LOST
CONNEC
TIONS

✦── ✛ 우리 아버지는 칸더슈테크Kandersteg라는 이름의 스위스 산골마을에서 자랐다. 모든 주민들이 서로의 이름을 알 만큼 작은 마을이었다. 그리고 우리 어머니는 노동자 계층이 모여 사는 스코틀랜드의 공동주택에서 컸다. 내가 아기였을 때 부모님은 영국 런던의 에지웨어Edgware라는 곳으로 이사를 갔다. 지하철 노던라인의 마지막 정차역이 있는 곳으로, 한때 런던 변두리의 녹지대였던 곳에 단독주택이나 연립주택들이 지어지면서 커진 교외지역이었다. 지하철에서 깜빡 잠들어 종점까지 가면, 수많은 집들과 패스트푸드점 몇 곳, 공원, 그리고 그 사이를 누비는 예의 바르지만 서먹한 사람들을 볼 수 있었다.

부모님은 이곳으로 이사 온 후에 고향에서 그랬던 것처럼 이웃사람들과 친해지려 했다. 이웃들과 친하게 지내는 것은 그들에게 숨 쉬는 것만큼이나 자연스러운 본능이었다. 그러나 부모님은 당황했다. 물론 에지웨어 사람들은 적대적이지 않았다. 눈인사도 했고, 미소도 주고받았다. 그러나 그게 끝이었다. 짤막한 수다 이상으로 친해지려는 시도는 모두 거부당했다. 우리의 인생은 그저 우리 집 안에서 일어나는 일이었다. 부모님은 이를 천천히 깨달았다. 우리 어머니는 평생 익숙해지지 못하셨지만, 나는 별로 이상하지 않았다. 내가 아는 삶은 이게 전부였으니까. "다들 도대체 어디 있니?" 내가 꽤 어렸을 적에 어머니는 텅 빈 거리를 내다보며 당황스러워했다.

외로움은 오늘날 우리 사회에 짙은 안개처럼 깔려 있다. 더 많은 사람들이 그 어느 때보다도 자신들이 외롭다고 말한다. 이것이 우울과 불안의 뚜렷한 증가와 관련이 있을까? 수십 년간 외로움에 대해 연구해온 두 과학자가 있었고, 이들은 중대한 돌파구를 연달아 만들어냈다.

누구와도 연결되지 못하는 외로움

1970년대 중반, 젊은 신경과학자 존 카치오포John Cacioppo가 지도교수의 이야기를 듣고 있었다. 그 지도교수는 세계에서 가장 뛰어난 석학이었지만 카치오포로서는 도무지 이해할 수 없는 부분이 있었다. 인간의 감정이 왜 변화하는지 설명하려 할 때 이들은 오직 하나에만 초점을 맞췄다. '뇌 속에서' 무슨 일이 벌어지는가였다. 이들은 '인생에서' 무슨 일이 벌어지는지를 보거나, 그 일들이 뇌의 변화를 일으키는 것은 아닌지 묻지 않았다. 이들은 사람의 뇌를 섬처럼 취급했다. 나머지 세상과 뚝 떨어져, 그 무엇과도 전혀 상호작용하지 않는 섬 말이다.

카치오포는 궁금했다. 무인도처럼 고립된 뇌를 연구하는 대신, 다른 방식으로 접근하면 어떨까? 바깥세상과 수백 개의 다리로 연결된 섬인 것처럼 여기고 뇌를 연구해보면 어떨까?

카치오포가 이러한 질문들을 던지자 그의 멘토들은 당혹스러워했다. "그러니까 말이지, 설사 관련이 있다 해도 뇌 밖의 요인들은 우울이나 불안과 같은 변화의 본질이 아니야. 게다가 알아내기에는 너무 복잡한 문제지. 수백 년이 흘러도 이를 이해하지 못할걸세. 그러니까 우리는 거기에 초점을 맞춰서는 안 돼."

멘토들의 반대에도 카치오포는 이러한 질문들을 결코 잊지 않았다. 그는 수년간 고민하다가 1990년대의 어느 날, 마침내 이를 좀 더 상세하게 연구할 방법을 생각해냈다. 바깥세상과 상호작용할 때 뇌와 감정이 어떻게 변화하는지 알고 싶다면 그와 정반대인 상황, 즉 외롭고 단절됐다고 느낄 때 무슨 일이 벌어지는지를 살펴보는 것부터 시작하면 어떨까? 그러한 경험은 뇌를 바꿔놓을까? 신체를 변화시킬까?

그는 자신이 떠올릴 수 있는 가장 단순한 연구부터 시작했다. 우선 자신이 근무하고 있는 시카고대학교에서 동료들과 함께 100명의 피실험자들을 모집했다. 그 누구도 지금까지 시도하지 않았던 간단한 실험을 진행하기 위해서였다.

실험에 참가한 사람들은 밖으로 나가 며칠간 그저 일상적인 생활을 하라는 지시를 받았다. 단, 여기에 몇 가지 사항들이 추가됐다. 피실험자들은 심장박동수를 측정하기 위한 심혈관 모니터링 기기를 부착했고, 작은 호출기와 시험관 몇 개도 함께 받았다.

실험 첫째 날, 그들은 호출기가 울릴 때마다 하던 일을 멈추고 2가지를 기록해야 했다. 첫 번째는 자신이 얼마나 외로운지, 혹은 친밀감이나 유대감을 느끼는지를 쓰는 것, 두 번째는 모니터를 보고 심장박동수를 기록하는 것이다. 호출기는 하루에 9번 울렸다. 실험 둘째 날에 피실험자들은 동일한 과정을 거치되, 이번에는 호출기 소리를 들을 때마다 시험관에 침을 뱉고, 이를 밀봉해 연구실에 전달했다.

카치오포는 외로움이 정확히 얼마만큼의 스트레스를 주는지 알아내려 했다. 아무도 그의 의도를 몰랐지만, 사람은 스트레스를 받을 때 심장박동수가 올라가고, 침 속에 코르티솔이라는 호르몬의 농도가 짙어진다. 결국 이 실험을 통해서 외로움이 스트레스에 얼마나 큰 영향을 미치는지를 측정할 수 있었다.

카치오포와 그의 동료들은 데이터를 종합해보고 깜짝 놀랐다. 피실험자들이 외로움을 느낀다고 기록했을 때 코르티솔 농도는 급격히 치솟았다. 살면서 겪을 수 있는 가장 충격적인 일을 겪을 때와 비슷한 수준이었다. 이 연구는 극도의 외로움이 신체적 공격을 당할 때만큼 큰 스트레스를 준다는 사실을 밝혀냈다. 이는 반복해서 강조할 만한 중요한 이야기다. 깊은 외로움은 낯선 이에게 주먹으로 맞은 것만큼이나 큰 스트레스를 준다.

카치오포는 다른 과학자들이 외로움의 영향력을 연구한 적이 있는지 찾아보았다. 그러던 중 셸던 코헨Sheldon Cohen이라는 교수가 한 무리의 사람들을 선발해 각각 얼마나 많은 친구들과 사회적 관계를 맺고 있는지 기록하는 연구를 진행했다는 것을 알게 됐다. 당시 코헨 교수는 피실험자들을 실험상황으로 데려와, 동의하에 이들을 감기 바이러스에 노출시켰다. 코헨 교수가 알고 싶었던 것은 외로운 사람들이 그렇지 않은 사람들보다 더 쉽게 질병에 걸리는지 여부였다. 그 결과 외로운 사람들은 다양한 친분관계를 가진 사람들보다 감기에 걸릴 가능성이 3배 이상 높은 것으로 나타났다.

또 다른 과학자 리사 버크먼Lisa Berkman은 10년 가까운 기간 동안 외로운 사람들과 인간관계가 매우 좋은 사람들을 추적했다. 어떤 집단이 먼저 사망할 가능성이 높은지 알아보기 위해서였다. 추적 결과 외로운 사람들이 인간관계가 좋은 사람들보다 먼저 사망할 가능성이 2, 3배 높았다. 외로운 사람들은 암, 심장병, 폐질환 등 거의 모든 질병에서 더 위험했다.

카치오포는 이 모든 증거를 조합한 결과, 외로움 그 자체가 생명에 위협적이라는 것을 깨달았다. 또한 주변 사람들로부터 단절되는 것이 비만과 같은 건강 문제에도 영향을 미친다는 것을 발견했다. 외로움이 이처럼 명백하게 신체에 영향을 끼친다면, 이것이 우울과 불안을 확산시키는 데도 큰 역할을 하고 있을까?

카치오포는 설문조사를 통해 사람들에게 3가지를 물었다. 당신은 외로운가? 우울한가? 불안한가? 외로운 사람들이 우울하거나 불안할 가능성도 훨씬 높을 것이다. 그러나 여기서 더 나아가기는 어렵다. 왜냐하면 외롭거나 불안한 사람들은 가끔 세상이나 사회와 상호작용하는 걸 두려워하고 물러나는 경향이 있기 때문이다. 따라서 먼저 우울해지고 난 후 외로워질 수도 있는 것이다. 그러나 카치오포는 어쩌면 그 반대일 수 있다고 추측했다. 외로움이 우리를 우울하게 만들 수 있다는 것이었다.

그는 답을 찾기 위해 완전히 다른 2가지 연구를 진행하기로 했다. 우선 극도로 외롭다고 분류된 135명의 피실험자들을 하루 동안 시카고대학교에 있는 연구실로 불러 성격유형검사를 했다. 피실험자들은 복잡하고 광범위한 검사를 진행했다. 검사 결과는 예상과 같았다. 외로운 사람들은 불안하고 자존감이 낮으며 비관적이고, 다른 사람들이 자신을 싫어할까 봐 두려워했다. 이제 핵심은, 그들의 인생에 다른 영향을 미치는 일 없이, 그들 가운데 일부를 더욱 외롭게 만드는 방법을 찾는 것이었다. 즉, 이들을 공황상태에 빠뜨리거나, 이들이 평가받고 있다는 느낌을 받지 않게 하면서 더욱 외롭게 만들어야 했다.

그는 피실험자들을 A집단과 B집단으로 나눴다. 그리고 차례로 각 집단에 최면을 걸기 위해 심리학자 데이비드 스피겔David Spiegel을 데려왔다. 최면에 걸린 A집단은 정말로 외롭다고 느꼈던 인생의 시기를 기억하도록 유도됐다. B집단은 그 반대의 상황을 떠올리도록 유도됐다. 즉, 인생에서 다른 사람이나 집단에 유대감을 느끼던 때를 떠올리도록 했다.

최면 유도 후 두 집단 모두 다시 한번 성격유형검사를 치르게 했다. 카치오포는 우울증이 외로움의 원인이라면 사람들을 조금 더 외롭게 만든다고 해도 우울증의 정도에 차이가 없을 것이라고 생각했다. 하지만 반대로 외로움이 우울증의 원인이라면 외로움의 정도가 높아질 때 우울증의 정도도 높아질 것이었다.

이 실험결과는 후에 이 영역의 중요한 터닝 포인트가 됐다. 외로움을 느끼도록 유도된 사람들은 급격하게 더 우울해졌다. 그리고 유대감을 느끼도록 유도된 사람들은 급격하게 덜 우울해졌다.

"외로움은 분명 결정적인 역할을 맡고 있었어요."

그러나 이것이 질문에 대한 정확한 답은 아니다. 카치오포는 실험조건이 모든 방식에서 인위적일 수밖에 없다는 것을 알았다. 따라서 다른 방식으로 이 문제를 연구하기 시작했다. 콘크리트 건물들과 아스팔트 도로가 무질서하게 뻗어 있는 넓은 교외지역인 시카고 근방 쿡 카운티Cook County에서 그는 50~70대 중장년층 미국인 229명을 추적하기 시작했다. 연구를 위해 선발된 이들 중 절반은 여성, 절반은 남성이었고, 3분의 1은 라틴계, 3분의 1은 아프리카계, 그리고 나머지 3분의 1은 백인이었다. 결정적으로 이들은 연구가 시작될 무렵 우울하거나 비정상적으로 외롭지 않았다. 해마다 이들은 연구실에 와서 종합검사를 받았다. 카치오포는 이들의 신체적·정신적 건강을 모두 연구했다.

그 후 연구팀은 그들에게 외로움이나 고립감을 얼마나 느끼는지에 관해 다양한 질문을 했다. 매일 몇 명의 사람들과 접촉하는가? 몇 명의 사람들과 친밀감을 느끼는가? 인생의 즐거움을 누구와 나누고 있는가? 연구팀은 참가자들이 언제 우울증에 걸리며, 그 원인이 무엇인지 알고 싶었다. 그리고 예상대로 일부 피실험자들은 실제로 우울증에 걸렸다.

처음 5년간 조사한 데이터에 따르면, 대부분의 경우 외로움은 우울증에 선행하는 것으로 드러났다. 외로움을 느끼면 그 후에 절망감과 깊은 슬픔, 우울함이 뒤따라왔다. 그리고 그 영향력은 매우 컸다. 외로움의 정도를 0퍼센트부터 100퍼센트까지 일직선으로 세워보았을 때, 50퍼센트에서 65퍼센트로 15퍼센트 높아질 때 우울 증상이 발현할 가능성은 8배 증가했다.

두 연구를 통해 발견한 사실과 그 외에 다양하게 수행한 연구들을 통해 카치오포는 핵심적인 결론에 도달하게 됐다. 그는 외로움이 우리 사회에서 상당한 정도의 우울과 불안을 야기한다고 결론 내렸다. 이러한 발견을 하게 되면서 그는 다음과 같은 의문을 가졌다. 왜 외로움이 그토록 많은 우울과 불안의 원인이 되는가? 그는 타당한 이유가 있을 것이라고 생각했다.

인류는 아프리카의 초원에서 진화했다. 그곳에서 인간은 수백명으로 구성된 작은 수렵채집사회를 이루고 살았다. 인간은 원시인류가 어떻게 협동하는지를 알아냈기 때문에 현존한다. 자연 상태에서 연대와 사회적 협력은 굳이 도입될 필요가 없었다. 자연 자체가 연대였다.

지나치게 오랜 시간 홀로 있을 때 느끼는 두려움과 각성은 매우 당연한 이유로 진화됐다. 이 감각 때문에 사람들은 무리로 되돌아가야만 했다. 그리고 이는 사람들이 무리에서 내쳐지지 않도록 다른 이들에게 친절히 대해야 하는 동기가 됐다.

"연대하고 싶은 강렬한 충동이 그야말로 생존을 위한 더 나은 결과를 내놓는 거죠." 카치오포가 설명했다. 그가 전에 이야기했듯, '외로움'은 우리를 연대하기 위해 노력하게 만드는 고통스러운 단계이다.

이는 외로움이 왜 그토록 자주 불안을 수반하는지 이해할 수 있도록 도와준다. 우리는 다른 이들과 연대할 때 기분이 좋아질 뿐 아니라 안정감을 느끼도록 진화됐다. 고립됐을 때 기분이 나빠질 뿐 아니라 불안정해지도록 진화됐다. 이는 중요하고 당연한 결과다. 그러나 어떻게 이를 실험해볼 수 있을까?

사회의 진화와 별개로, 여전히 어떤 사람들은 인류의 초기 방식을 그대로 유지하며 살아가고 있다. 카치오포는 미국 다코타주에 극도로 폐쇄적이면서 종교적인 농업공동체인 후터파Hutterite가 있다는 것을 알게 됐다. 이들은 땅에 의지해서 살았다. 함께 일하고, 먹고, 예배하고, 휴식을 취했다. 모든 이들은 언제나 협동해야 했다.

카치오포는 수년간 후터파를 연구해온 인류학자들과 팀을 꾸려 이들이 얼마나 외로운지 알아보기로 했다. 이를 실험해볼 수 있는 명쾌한 방식이 하나 있었다. 외로운 사람들은 잠을 자는 동안 '미세각성micro-awakening'을 경험한다. 잠에서 깬 뒤에는 기억하지 못하지만, 수면 도중 각성하는 짧은 순간들을 의미한다. 모든 사회적 동물들은 고립됐을 때 동일한 모습을 보인다.

미세각성이 일어나는 이유로 가장 유력한 이론이 있다. 외롭다면 그 시간을 안전하게 느끼지 못해 잠을 안정적으로 잘 수 없다는 것이다. 왜냐하면 원시인들은 무리에서 떨어져 잠을 자야 하는 경우 말 그대로 안전하지 않았기 때문이다. 아무도 자신을 지켜주지 않는다는 것을 알기 때문에 뇌는 신체가 완전한 수면상태로 돌입하도록 내버려두지 않는다. 미세각성을 측정하는 것은 외로움을 측정하기에 좋은 방식이다. 따라서 카치오포의 연구팀은 후터파 사람들과 접촉해 그들이 매일 미세각성을 얼마나 경험하는지 살펴봤다.

놀랍게도, 이곳의 사람들은 미세각성을 거의 경험하지 않는 것으로 드러났다. 심지어 이 세상 어느 곳보다도 낮은 수준이었다. 앞에서 말한 가정대로라면 이들은 세상에서 가장 덜 외로운 사람들이었다. 이는 외로움이 죽음과 같이 불가피한 인간의 비애가 아니란 것을 보여줬다. 외로움도 우리가 지금 살고 있는 방식의 산물이다.

군중 속에서 외로움을 느끼는 이유

언젠가 코미디언 세라 실버먼Sarah Silverman이 라디오 인터뷰에서 처음으로 우울증이 자신을 덮쳤던 때에 대해 이야기하는 것을 들었다. 당시 그녀는 10대 초반이었다. 부모님이 무슨 일이냐고 물었을 때, 그녀는 그 상황을 설명할 단어를 찾을 수가 없었다. 그러다 마침내 여름캠프에 갔을 때처럼 향수병을 앓고 있다고 설명했다. 집에 있으면서 향수병을 앓았던 것이다.

오늘날 우리가 집에 대해 이야기한다면, 그것은 주변을 둘러싼 벽과 핵가족을 의미하는 것이다. 그러나 우리 이전 세대의 사람들에게 집은 그런 의미가 아니었다. 그들에게 집은 공동체였다. 우리를 둘러싼 촘촘한 인간들의 망, 바로 무리였다. 그러나 이제 무리는 거의 사라졌다. 집에 대한 감각은 너무나도 멀리, 그리고 너무나도 빠르게 사그라져서 더 이상 소속감에 대한 사람들의 욕구를 충족시켜주지 못한다. 그래서 우리는 집에 있을 때조차 향수병을 앓게 된 것이다.

카치오포가 외로움이 인간에게 어떻게 작용하는지를 증명하는 동안, 다른 과학자들은 이것이 다른 동물들에게 어떻게 작용하는지 연구했다. 마사 매클린톡Martha McClintock 교수는 실험실의 쥐들을 분리시켰다. 한쪽 그룹은 혼자 길러졌고, 다른 그룹은 무리지어 함께 길러졌다. 연구 결과, 고립된 쥐들의 유방암 발병 가능성은 무리에 섞여 있던 쥐들보다 84퍼센트나 높았다.

여러 해 동안 실험과 연구를 거듭하면서 카치오포는 이 이야기가 얼마나 가혹하게 전개되는지 발견했다. 뇌를 촬영했을 때, 외로운 사람들은 잠재적 위협을 0.15초 안에 잡아냈다. 사회적인 교류가 있는 사람들은 동일한 위협을 인식하는 데 그 2배인 0.3초가 걸렸다. 이 결과가 말하는 것은 오랜 외로움이 사람을 사회와 단절시켜 폐쇄적으로 만들고, 그 어떤 사회적 접촉에 대해서도 좀 더 의심하게 만든다는 것이다. 극도로 예민해지면, 의도하지 않은 상황에서 기분이 상하고 낯선 이들을 두려워한다. 자신에게 꼭 필요한 바로 그 대상을 두려워하기 시작하는 것이다. 카치오포는 이를 '눈덩이 효과'라고 부른다. 단절이 뭉치고 뭉쳐 더 큰 단절이 되기 때문이다.

외로운 사람들은 위협에 대해 유심히 살핀다. 그 누구도 자신을 돌봐주지 않고, 그래서 자신이 다쳤을 때 아무도 도와주지 않을 것임을 알기 때문이다. 카치오포는 우울하거나 심각하게 불안한 사람들을 그 상태에서 벗어나도록 돕기 위해서는 맨 처음에 이들에게 필요했던 것 이상으로 많은 사랑과 격려를 주어야 한다는 것을 알게 됐다. 또한 우울하고 불안한 사람들에게 사랑이 부족할 수밖에 없다는 비극적인 사실도 깨달았다. 이들은 점점 더 주변 사람들과 친밀한 관계를 갖기가 어려운 사람이 되어가기 때문이다. 비판과 비난은 이들을 더욱 움츠러들게 만들고, 결국 이들은 더욱더 차가운 곳으로 눈덩이처럼 굴러간다.

외로움이란 무엇인가? 대답하기 어려운 질문이었다. 카치오포가 피실험자들에게 '당신은 외로운가?'라고 물었을 때 사람들은 그가 무엇에 대해 말하는지 알았을 것이다. 그러나 이를 정확히 짚어내기는 어렵다. 처음에 나는 이 문제에 대해 깊이 생각하지 않고, 외로움이란 그저 육체적으로 홀로 있으면서 다른 사람들과의 접촉이 박탈된 상태를 의미한다고 추측했다. 즉, 너무 허약해서 집을 떠날 수 없고, 또 아무도 찾아오지 않는 노파의 모습을 떠올렸다.

그러나 카치오포는 연구를 통해 외로움을 느끼는 것이 단순히 혼자 있는 것과는 다르다는 것을 밝혀냈다. 놀랍게도 '외롭다'는 감각은 우리가 매일 혹은 매주 얼마나 많은 사람들과 이야기를 나누는지와는 거의 관계가 없었다. 그의 연구에 참여한 사람들 가운데 가장 외롭다고 느끼는 이들은 실제로 매일 많은 사람들과 이야기를 나누고 있었다. 객관적인 연결과 인지된 연결 간의 상관관계는 비교적 낮다고 그는 말했다.

처음 이 이야기를 들었을 때, 나는 얼떨떨했다. 카치오포는 내게 아는 사람이 거의 없는 어느 대도시에 홀로 있는 모습을 상상해보라고 했다. "넓디넓은 광장으로 가세요. 뉴욕 타임스스퀘어 같은 곳 말이에요. 그곳에서 당신은 혼자가 아니에요. 그곳은 사람들로 넘쳐나니까요. 하지만 당신은 외로움을 느낄 거예요. 그것도 아주 절절하게 외로울 거예요."

만약 당신이 사람들로 붐비는 어느 병동의 침대에 혼자 누워 있다면? 온통 환자들로 둘러싸여 있으니 당신은 혼자가 아니다. 호출 버튼을 누르면 간호사도 달려온다. 그러나 거의 모든 이들이 이런 상황에서 외로움을 느낀다. 왜일까? 이에 대해 조사하면서 카치오포는 외로움을 느끼는 것과 외로움에서 회복하는 것 사이에는 결여된 요소가 하나 있다는 것을 발견했다.

외로움을 끝내기 위해서는 다른 사람들이 필요하다. 그리고 타인이나 집단과 뭔가를 공유한다고 느끼는 것이 필요하다. 단, 그것이 양쪽 모두에게 의미 있는 것이어야 한다. '그것' 안에 함께 속하되 '그것'은 양쪽 모두에게 의미와 가치를 가져야 한다.

만약 뉴욕에 도착한 첫날 타임스스퀘어에 간다면 당신은 혼자가 아니지만 외롭다고 느낄 것이다. 그 누구도 당신을 신경 쓰지 않고 당신 역시 아무에게도 신경 쓰지 않기 때문이다. 즐거움도 절망도 나누지 않는다. 당신은 의미 있는 존재가 아니고, 주변 사람들 역시 당신에게 의미 있는 존재가 아니다. 마찬가지로 병원 침대에 누워 있는 환자일 때 당신은 혼자가 아니지만 도움은 오직 한 방향으로만 이뤄진다. 간호사가 당신을 돕기 위해 존재하지만 당신은 간호사를 돕기 위해 존재하지 않는다. 당신의 도움은 거부당할 것이다. 이처럼 일방향의 관계는 외로움을 치유해주지 못한다. 오직 쌍방향, 혹은 그 이상의 관계만이 외로움을 치유해준다.

"외로움은 다른 사람들의 부재에서 오는 것이 아니에요. 다른 사람들에게 중요한 무엇인가를 자신이 공유하지 못한다는 느낌이죠." 카치오포는 말했다.

주변에 아무리 많은 사람이 있어도, 설령 남편이나 아내, 가족, 직장동료가 있다 하더라도 그들에게 중요한 무엇인가를 공유하지 못한다면 여전히 외로울 수밖에 없다. 외로움을 끝내기 위해서는 적어도 한 사람, 이상적으로는 더 많은 사람들과의 '상호간 협력과 보호'가 필요하다.

진정한 연결이 필요하다

카치오포와 마지막으로 대화를 나눈 후 몇 달 동안, 나는 사람들이 서로에게 하는 말과 SNS에 끊임없이 올라오는 진부한 자조의 말들을 지켜봤다. 우리는 서로에게 이렇게 말한다.

"너 말고 너를 도와줄 사람은 없다."

개인화가 극심해진 오늘날 사람들은 무슨 일이든 혼자 하는 것이 인간의 자연스러운 모습이고, 발전할 수 있는 유일한 방법이라고 믿기 시작했다. 그리고 실제로 여러 가지 일을 혼자 하고 있다. 우리는 '나는 나 자신을 돌봐야 해. 다른 사람들은 자기 스스로를 돌봐야 하고. 나 말고 그 누구도 나를 도울 수 없어'라고 생각하게 됐다. 이러한 생각은 울적한 사람들에게 기운을 돋워주는 위로의 말이 되어버렸다. 그러나 카치오포는 이것이 인간의 역사와 본성을 부인하는 생각임을 증명했다. 우리는 가장 기본적인 본능을 잘못 이해했고, 인생에 대한 이러한 접근은 우리를 비참하게 느끼도록 만들었다.

카치오포가 이러한 질문을 처음 떠올렸던 1970년대에 그의 지도교수들은 인간의 기분과 상태가 바뀔 때 사회적 요소들은 거의 관련이 없거나 연구하기에 지나치게 복잡하다고 믿었다. 그 후 몇 년 동안, 카치오포는 정반대로 이러한 요소들이 결정적인 역할을 한다는 것을 증명해냈다. 그는 뇌에 대해 다르게 생각하는 학파를 개척했고, 이 학파는 '사회신경과학social neuro-science'으로 알려지게 됐다.

우리의 뇌는 우리가 어떻게 사용하는지에 따라 달라진다. 카치오포는 내게 이렇게 말했다. "뇌가 고정적이며 변치 않는다는 개념은 정확하지 않아요. 뇌는 변합니다."

외로움은 우리의 뇌를 바꿔놓는다. 그리고 외로움에서 벗어나는 것 역시 우리의 뇌를 바꾼다. 따라서 우리의 뇌, 그리고 우리의 뇌를 바꾸는 사회적 요소, 2가지를 다 살펴보지 않는다면 실제로 무슨 일이 벌어지는지 이해할 수 없다. 과거에도 지금도 우리의 뇌는 섬이 아니다.

그럼에도 이에 대한 반론이 존재한다. 나는 속으로 이런 생각을 멈출 수 없었다. '그래, 우리는 어떤 종류의 연결을 잃었지. 하지만 완전히 다른 종류의 연결을 이루게 되었잖아?'

노트북을 켜는 순간, 우리는 역사상 그 어느 때보다 가장 많은 이들과 연결된다. 온라인에서 보내는 시간이 우리의 기분을 좌우한다는 것에 대한 수많은 글들이 쏟아져 나오고 있다. 그러나 우리는 가장 중요한 점을 놓치고 있다. 넓은 범주의 모든 단절이 최고조에 달한 바로 그 순간에, 인터넷은 연대를 약속하며 등장했다는 점이었다. 나는 미국 최초의 인터넷 중독 치료센터를 방문하고 나서야 이것이 무슨 의미인지 진정으로 이해할 수 있었다. 왜 이러한 치료센터가 문을 열게 됐는지 이해하기 위해서는 우선 한걸음 물러나 생각해봐야 한다.

1990년대 중반의 어느 날, 25세의 한 남자가 워싱턴주 마이크로소프트 본사 근처에 있는 힐러리 캐시Hilary Cash 박사의 진료실로 들어왔다. 남자의 이름은 제임스였다. 멀쑥하게 옷을 차려입은 젊고 잘생긴 이 남성은 간단한 인사 후 자신의 문제를 털어놓기 시작했다.

제임스는 작은 마을 출신이었고, 언제나 학교에서 가장 잘나가는 스타였다. 시험마다 1등을 했고 운동부 주장을 맡기도 했다. 그는 아이비리그에 진학했고, 자랑스럽게 마을을 떠났다. 그러나 세계적인 수준의 대학교에 입학한 후로 그는 끔찍한 기분을 느꼈다. 난생처음으로, 자신이 가장 똑똑한 학생이 아니었던 것이다. 그는 사람들이 말하는 방식, 자신이 참여해야 하는 행사들, 여기 저기서 만들어지는 알 수 없는 사교모임들을 지켜봤고, 본질적으로 혼자라는 생각을 하게 됐다. 다른 사람들이 함께 어울릴 때 그는 홀로 방으로 돌아와 컴퓨터를 켜고 '에버퀘스트'라는 게임을 시작했다. 사이버공간 어딘가에서 이름도 모르는 다수의 사람들과 동시에 즐길 수 있는 전략 게임 중 하나였다. 이런 식으로 그는 다른 이들과 함께했다. 사이버공간은 명쾌하고도 깔끔한 규칙이 존재하는, 그리고 다른 누군가로 새로 태어날 수 있는 곳이었다.

제임스는 게임을 하기 위해 수업과 교습을 건너뛰기 시작했다. 시간이 흐르면서 그의 인생에서 에버퀘스트가 차지하는 비율은 점점 커졌다. 그는 사이버 세상으로 사라지고 있었다. 대학은 그에게 더 이상 이런 식으로는 학교에 다닐 수 없다고 경고했다. 그러나 그는 계속해서 게임세계로 되돌아갔다. 그는 에버퀘스트에 사로잡힌 포로 같았다.

결국 제임스는 제적을 당했다. 그가 대학을 그만두고 고향으로 돌아오자 사람들은 모두 의아해했다. 그는 고등학교 시절부터 사귀던 여자친구와 결혼했고, 게임을 끊겠다고 약속했다. 그는 컴퓨터로 일하는 직업을 구했고, 점차 제자리로 되돌아가는 것처럼 보였다. 그러나 외로움이나 혼란스러움을 느낄 때마다 그는 게임을 하고 싶은 강렬한 욕망을 느꼈다. 결국 아내가 잠들 때까지 기다렸다가 몰래 아래층으로 내려가 에버퀘스트에 열을 올렸다. 얼마 지나지 않아 이는 습관이 되었고, 아무도 몰랐지만 중독적인 게이머가 됐다. 결국 대학 때와 마찬가지로 그는 직장에서 해고되었고, 그 사실을 아내에게 말할 수 없어 신용카드로 생활비 돌려막기를 시작했다. 스트레스를 받을수록 점점 더 게임에 빠져들었다. 그가 캐시의 진료실에 들어설 즈음 모든 것이 망가지고 있었다. 아내는 그가 게임 때문에 해고를 당한 데다 엄청난 빚까지 졌다는 사실을 알게 되었고, 그는 자살 충동을 느꼈다.

이런 사례를 접했던 당시에 캐시는 인터넷 중독 전문가가 아니었다. 1990년대에는 어디에도 그런 전문가가 없었다. 그러나 그녀는 온라인 세계에서 인생을 보낼 수밖에 없게 된 이러한 환자들을 점점 더 많이 만나게 됐다. 가령 온라인 채팅에 중독된 한 여성이 있었다. 그 여성은 동시에 6개 이상의 채팅창을 띄워 놓고 채팅창 너머의 사람들 모두와 로맨틱한 사랑에 빠졌다고 상상하고 있었다. 또 다른 남성은 온라인 게임 '던전앤드래곤'에 중독됐다. 환자들은 계속 찾아왔다.

처음에 캐시는 어떻게 해야 할지 몰랐다. 당시에는 인터넷 중독을 치료할 규정집도 없었다. 초창기 환자들을 회상하며 그녀는 이렇게 말했다. "둑이 터지기 전, 졸졸 새어나오는 물줄기를 보는 기분이었어요. 그리고 이 물줄기는 곧 쓰나미가 됐죠."

어느 날 나는 미국 최초의 인터넷 및 게임 중독자 전문치료센터 앞에 서 있었다. 캐시가 공동창립한 이 센터의 이름은 '리스타트 라이프reSTART Life'였다. 의도한 것인지 우연인지, 휴대전화 신호가 잡히지 않았다. 터무니없게도 약간 짜증이 났다.

처음에 나는 2명의 환자를 만났다. 매튜는 비쩍 마른 20대 중반의 중국계 미국인이었다. 그리고 미첼은 그보다 5살 많은 남자로, 머리가 벗겨지기 시작한 잘생긴 남성이었다. "여기는 우리가 역기를 드는 체육실이에요. 여기는 우리가 마음챙김 명상을 하는 명상실이고요. 여기는 부엌이에요. 요리를 배워요." 이들은 나에게 시설 내부를 안내했다. 그런 후, 우리는 센터 뒤쪽 숲에 앉아 이야기를 나눴다.

매튜는 내게 언제 자신이 혼자임을 느끼는지 이야기했다. "저는 그런 기분을 숨겼어요. 그리고 일종의 탈출구로 컴퓨터를 사용했죠." 10대 이후 그는 온라인 게임에 집착했다. "5대 5 게임이었어요. 한 팀은 5명이에요. 공통의 목표를 위해 함께 작업하고, 또 모두에게는 각자의 목표가 있어요. 정말 복잡하죠. 저는 오직 게임에만 집중하며 행복감을 느꼈어요."

그는 센터에 오기 전 하루 14시간씩 게임을 했다. 원래도 마른 몸이었지만 몸무게가 13킬로그램이나 더 줄었다. 먹기 위해 자리를 뜨는 것조차 싫어했기 때문이었다.

미첼의 경우는 약간 달랐다. 그는 복잡한 가정사에서 비롯된 고립에서 벗어나기 위해 흥미가 느껴지는 것이라면 무엇이든 정보를 모았다. 어린 시절 그는 베개 밑에 엄청난 양의 종이들을 모아놓았다. 그 후 12세가 되자 그는 인터넷에 접속하는 법을 알게됐고, 읽을거리들을 어마어마하게 출력했다. "거의 까무러칠 때까지 그랬죠."

그는 정보를 찾는 자신의 능력을 통제할 수 없었다. 그는 소프트웨어 개발자로 취직했고, 자신이 압박감이 느껴지는 업무를 받을 때면 인터넷에서 끝도 없이 딴짓을 한다는 것을 깨달았다. 동시에 300개의 인터넷 창을 열어놓을 정도였다.

매튜와 미첼의 이야기는 내게 매우 익숙하게 들렸다. 21세기를 살아가는 전형적인 현대인은 6.5초마다 휴대전화를 확인한다. 10대들은 하루 평균 100여 개의 메시지를 보내고, 42퍼센트는 한 순간도 전화기를 끄지 않는다. 왜 이런 변화가 일어났을까?

사람들은 주로 과학기술 그 자체가 가진 무엇 때문이라고 말한다. 새로운 이메일이 편지함에 도착할 때마다 도파민이 어떻게 분비되는지 말이다. 스마트폰 자체에 중독적인 요소가 있다며 비난하는 것이다. 그러나 인터넷 치료센터에 와서 시간을 보내고 나 자신의 인터넷 사용을 반추하다보니, 좀 더 실제적인, 이제까지 생각하지 못했던 다른 진짜 이유가 궁금해졌다.

캐시는 이 치료센터에 오는 모든 사람들이 가진 분명한 공통점이 있다고 말했다. 이들은 강박이 생기기 전에 모두 불안하거나 우울했다. 환자들에게 '인터넷 중독'이란 '주의를 다른 곳으로 돌림으로써 불안에서 벗어나는' 방법이었다. 캐시는 90퍼센트가 그렇다고 말한다. 인터넷에 중독되기 전, 이들은 갈피를 잃고 고립되는 느낌을 받았다. 그러다가 만난 온라인 세상은 이들이 너무나 갈망하지만 주변에서는 사라져버린 것들, 즉 중요한 목표, 지위, 무리 같은 대상을 제시했다.

"정말 인기 있는 게임들은 멀티 플레이어용이에요. 팀을 의미하는 '길드guild'의 일원이 되고 그 길드 안에서 자신의 지위를 확보하죠. 여기에서 긍정적인 측면은, 이 사람들이 '나는 팀 플레이어야. 나는 우리 팀과 협동하는 법을 알아'라고 생각한다는 점이에요. 본질적으로 이는 같은 부족이라는 의식이죠."

캐시는 말했다. 그리고 일단 그런 의식을 가지게 되면 가상현실에 푹 빠져들면서 지금 자신의 위치에서 완전히 벗어나게 된다고 말했다. 가상현실 속에서의 도전, 협동, 공동체, 지위에 대해 보상을 받는 느낌을 얻기 때문이다. 현실세계에서보다 더 많은 주도권을 가지는 것이다.

어떻게 인터넷 중독보다 우울이나 불안이 먼저 생겨나게 된 걸까? 캐시는 중독적인 인터넷 사용이 환자들이 이미 겪고 있는 고통을 해결해보려는 잘못된 시도라고 말했다. 인터넷은 많은 사람들이 서로에 대한 연대감을 잃기 시작한 세상에 태어났다. 웹세상은 사람들이 잃어가던 대상에 대해 일종의 패러디를 제공하며 등장했다. SNS 친구들이 실제 이웃을 대체하고, 비디오 게임은 의미 있는 일을 대체했으며, 상태 업데이트는 진짜 세상에서의 지위를 대체했다. 코미디언 마크 마론Marc Maron은 "모든 상태 업데이트는 '거기 누구 나 좀 알아봐줄래요?'라는 요청을 변형된 모습으로 바꿔놓은 것에 불과하다"라고 말하기도 했다.

캐시는 내게 말했다. "우리가 속한 문화가 건강하지 못할 때, 결국 우리는 건강하지 못한 개인이 돼요. 최근 그 부분에 대해 많이 생각해봤어요. 그리고 나서는…… 의욕을 잃었죠."

그녀는 우리가 건강한 인간이 되기 위해 필요한 관계를 얻지 못하는 문화 속에서 살고 있으며, 이것이 바로 스마트폰을 내려놓거나 인터넷에서 로그아웃할 수 없는 이유라고 했다.

"최악이죠." 엄밀히 말해, 그녀는 과학기술에 반대하는 것이 아니다. 그녀 역시 페이스북을 하고 이를 좋아한다. "그러나 이것이 우리가 본질적으로 필요로 하는 것은 아니란 이야기예요. 우리에게 진짜 필요한 관계는 이런 식의 관계거든요."

그녀는 손으로 자신과 나를 잇는 시늉을 했다. "얼굴과 얼굴을 맞대는 관계요. 서로를 볼 수 있고, 만질 수 있고, 냄새를 맡고, 이야기를 들을 수 있는 그런 곳에서요. 우리는 사회적 존재예요. 서로를 배려하는 방식으로 안전하게 연결되어야 해요. 화면이 매개체가 될 때 그곳에는 아무런 관계도 존재하지 않는 거죠."

그렇다면 온라인에 연결되어 있는 것과 오프라인에서 사람들 사이에서 연결되어 있는 것은 어떻게 다를까? 포르노그래피와 섹스의 차이와 약간 비슷하다는 생각이 들었다. 기본적인 욕망을 자극하지만 절대 충족시켜주지는 못한다.

내가 인터넷 중독 치료센터를 떠나기 직전, 미첼은 내게 뭔가를 보여주고 싶다고 했다. "내가 매일 눈여겨보고 있는 건데 진짜 멋진 일이에요." 그는 나와 함께 걸어가면서 말했다. "나무에 거미가 알을 낳았는데 그게 부화했어요. '샬롯의 거미줄'이라는 만화영화를 봤다면 알 수 있어요. 마지막에 새끼거미가 부화해서 거미줄을 뽑아내고는 이를 타고 날잖아요. 여기서 그런 일이 생긴 거예요! 강한 바람이 불 때마다 꼭대기에서 거미줄이 날아오르는 걸 볼 수 있어요."

그는 치료센터의 다른 환자들과 함께 서서 몇 시간이고 이 거미줄에 대해 토론했다고 말했다. 나는 이 이야기가 너무 감상적이라고 생각했다. 인터넷 중독자가 진짜 거미줄, 진짜 사람들과 얼굴을 맞대는 관계에서 즐거움을 찾다니! 그러나 미첼의 얼굴은 정말로 즐거워 보였고, 이는 나를 멈칫하게 만들었다.

우리는 한동안 거미줄을 바라봤다. 그는 거미줄을 바라보며 속삭였다. "이건 정말, 내가 이전까지 경험하지 못했던 흥미로운 일이에요." 그의 말에 나는 감동했다. 그리고 이 순간에서 교훈을 얻을 수 있겠다고 생각했다.

치료센터에서 나와 10분가량 운전하던 나는 갑자기 외로움이 밀려옴을 느꼈다. 그리고 내 휴대전화의 신호가 돌아왔음을 알게 됐다. 나는 곧바로 이메일을 확인했다. 연결된 기분을 느끼려고. 앞에서 언급한 우리 부모님은 다시 고향으로 돌아가셨다. 당신들이 어린 시절에 경험한 공동체 문화가 그리웠기 때문이다. 하지만 그곳 역시 또 다른 에지웨어가 되어 있었다. 서로에게 가벼운 목례는 했지만 곧장 문을 닫았다. 단절은 전 세계에 퍼져버렸다.

우리에게 외로움이 무엇인지 알려준 존 카치오포는 생물학자 에드워드 윌슨Edward Wilson의 말을 좋아한다.

"사람은 반드시 무리에 속해 있어야 한다."

무리를 잃은 벌이 죽듯이 인간은 무리와의 연결을 잃어버릴 때 죽을 수 있다. 카치오포는 우리가 자기 손으로 자신이 속한 집단을 해체해버리는 첫 인류가 될 것임을 알았다. 그 결과 우리는 낯선 초원 위에 홀로 남겨져 스스로의 슬픔에 당혹스러워하게 됐다.

8장

무가치한 경쟁

: 나는 무엇을 열망하는가?

LOST
CONNEC
TIONS

＋——＋ 20대 후반에 나는 정말 뚱뚱해졌다. 복용하던 항우울제의 부작용도 있었지만, 그보다 더 큰 문제는 프라이드치킨의 부작용이었다. 나는 아직도 런던 동부에 있는 모든 치킨집의 특징과 장점을 읊을 수 있다. 그 시절 치킨은 내 주식이었다. 그러던 중 사건이 일어났다.

어느 크리스마스이브에 나는 동네 KFC에 갔다. 카운터 뒤에 있던 점원이 나를 보더니 활짝 웃었다.

"요한! 우리가 준비한 게 있어요!"

또 다른 점원이 몸을 돌리고는 기대에 가득 차서 나를 바라봤다. 조리대 뒤편에서 그가 크리스마스카드를 꺼냈다. 점원들의 신나는 표정 때문에, 나는 어쩔 수 없이 카드를 열어봐야 했다. '최고의 고객님께'라는 말 옆으로 모든 점원들이 직접 쓴 인사말이 있었다. 그날 이후, 나는 KFC에 가지 않았다.

사람들은 대부분 자신의 식습관에 문제가 있다는 것을 안다. 점점 더 많은 사람들이 잘못된 음식을 섭취하고 있으며, 그 때문에 건강이 악화된다. 우울과 불안에 대해 연구하면서 나는 유사한 상황이 우리의 '가치'에도 벌어지고 있으며, 이 때문에 우리가 정서적으로 병들어가고 있음을 알았다. 팀 캐서Tim Kasser라는 이름의 미국 심리학자가 이를 발견했다. 나는 설명을 듣기 위해 그를 찾아갔다.

어린 소년이었던 캐서는 길게 뻗은 습지대와 탁 트인 해변 한가운데에 도착했다. 그의 아버지는 보험회사의 매니저였는데, 1970년대 초에 플로리다 서부해안에 있는 피넬러스 카운티Pinellas County로 발령을 받았다. 당시 그 지역은 대부분이 개발되기 이전이었고, 덕분에 아이들이 뛰어놀 만한 넓은 공간이 많았다. 그러나 얼마 지나지 않아 이곳은 미국에서 가장 빨리 성장하는 지역이 됐고, 순식간에 변해갔다.

"마을은 외형적으로 완전히 다른 곳이 되었어요. 더 이상 해변도로를 따라 달리면서 바다를 볼 수 없었죠. 아파트와 고층건물들이 빼곡히 들어찼거든요. 악어와 방울뱀들이 살던 들판은 조각조각 구획이 나뉘어서 쇼핑몰이 됐어요."

캐서는 해변과 습지 대신 쇼핑몰로 끌려들어갔다. 다른 아이들과 마찬가지였다. 거기에는 오락실이 있었고, 그는 친구들과 몇 시간이고 게임을 했다. 그는 곧 뭔가를 갈망하게 됐다. TV 광고에서 본 장난감들이었다.

내가 살던 에지웨어와 비슷한 구석이 있는 이야기다. 에지웨어에 처음 쇼핑센터가 문을 열었을 때 나는 9살이었다. 번쩍이는 상점들 앞을 서성이며 넋이 나간 채로 상품들을 뚫어지게 들여다보던 기억이 난다. 나는 초록색 플라스틱 장난감인 그레이스컬 성

Castle Grayskull과 케어어랏Care-a-Lot을 사달라고 졸랐다. 그레이스 컬 성은 만화 주인공 히맨이 사는 요새고, 케어어랏은 케어 베어 Care Bears라는 만화 주인공이 사는 구름 속의 집이었다. 크리스마스에 어머니는 내가 보낸 힌트를 알아차리지 못하고 케어어랏을 사주지 않았다. 나는 몇 달 동안 의기소침했다. 그 플라스틱 덩어리 때문에 마음이 아프고 슬펐던 것이다.

당시 대부분의 아이들처럼 나는 하루에 몇 시간씩 TV를 보며 하루를 보냈다. 유일하게 TV와 떨어지는 시간은 오직 쇼핑센터에 다녀올 때였다. 누구도 내게 이를 명쾌하게 설명해주지 않았지만, 당시 나에게 행복은 쇼핑센터에 전시된 물건들을 잔뜩 살 수 있다는 의미처럼 보였다.

한편 캐서는 레이건 대통령 재임 시절에 남부에 있는 매우 보수적인 밴더빌트대학교에 입학했고, 그에게는 좀 더 깊이 생각할 기회가 생겼다. "저는 방황했어요. 그냥 모든 것에 의문을 품었던 것 같아요. 이러한 가치들에 대해서만 의문을 가진 것이 아니었어요. 나 자신에 대해 많은 것을 물었고, 현실의 본질과 사회의 가치에 대해 많은 질문을 던졌어요."

그는 사방에 피냐타Pinata가 매달려 있다고 느꼈다. 피냐타는 장난감과 사탕이 가득 들어 있는 통으로, 아이들은 눈을 가리고 막대기로 허공에 매달린 통을 쳐서 터트리며 놀았다. 캐서가 보기에 사람들은 다들 그 피냐타를 무지막지하게 쳐대고 있었다. "솔직히 말하자면 그러한 상태를 아주 오랫동안 겪었던 것 같아요.”
그는 덧붙였다.

대학원에 진학한 그는 심리학에 관한 많은 것을 읽었다. 그리고 그제야 뭔가 이상하다는 것을 깨달았다. 수천 년의 시간 동안 철학자들은 우리가 돈과 소유에 지나치게 높은 가치를 매기거나, 주로 다른 사람들에게 어떻게 보이는지의 관점에서 인생을 생각할 때 불행해질 것이라고 주장해왔다. 그러나 그 누구도 이 철학자들이 옳았는지 확인하기 위한 과학적 연구를 진행하지는 않았다. 이러한 깨달음을 바탕으로 그는 그 후 25년 동안 이끌어갈 프로젝트에 착수하게 됐다. 그 프로젝트를 통해 그는 왜 우리가 이런 식으로 느끼는지, 그리고 왜 그 증상이 점차 심각해지는지에 대한 세밀한 근거들을 발견하게 됐다.

이는 모두 대학원 시절의 간단한 설문조사와 함께 시작됐다. 캐서는 사람들이 가족과 시간을 보낸다거나 세상을 더욱 발전시키는 것과 같은 다른 가치들과 비교해 돈과 물질의 소유에 얼마나 많은 가치를 두는지 측정하는 방식을 고안해냈다. 그는 이를 ‘열망지수Aspiration Index’라고 불렀다. 방법은 간단했다. 사람들에게 ‘비싼 물건을 가지는 것은 중요하다’ 같은 문장에 얼마나 동의하는지, 그리고 ‘다른 사람들을 위해 세상을 발전시키는 것은 중요하다’ 같은 완전히 다른 문장에는 얼마나 동의하는지 묻는 것이다. 동시에 다른 종류의 질문들도 많이 던진다. 그 가운데는 이들이 불행한지, 우울이나 불안으로 고통받은 적이 있거나 현재 고통받는지를 묻는 질문도 있다. 그 후 첫 단계로 두 결과가 일치하는지 확인한다.

캐서는 연구를 위해 시험 삼아 316명의 학생을 대상으로 설문조사를 실시했다. 그리고 그 결과에 충격을 받았다. 물질주의적인 사람들, 즉 행복은 소유와 우월한 지위의 축적에서 나온다고 생각하는 사람들은 우울과 불안에 시달리는 정도가 훨씬 더 높았다. 그는 이 결과가 첫발에 불과하다는 것을 알았다. 그는 곧장 18세 청소년 140명을 대상으로 심층조사를 해줄 임상심리학자들을 구했다. 임상심리학자들은 청소년들이 열망지수 상에서 어디에 위치하는지, 그리고 우울하거나 불안하지 않은지 측정했다. 결과는 마찬가지였다. 물질을 소유하고, 소유를 추구할수록 아이들은 우울과 불안에서 고통받을 가능성이 높았다.

젊은이들에게만 해당되는 현상이었을까? 이를 알아내기 위해 캐서는 뉴욕주 북부에 있는 로체스터에서 100명의 시민들을 대상으로 조사했다. 다양한 연령대와 경제적 배경을 지닌 이들을 대상으로 한 조사결과 역시 동일했다.

캐서는 다음 단계로, 이러한 가치들이 시간의 흐름에 따라 어떠한 영향을 미치는지 추적하기 위해 좀 더 세분화된 연구를 실시했다. 그는 192명의 학생을 모집해 상세한 '기분일기'를 쓰도록 했다. 하루에 2번, 행복이나 분노 같은 9가지 정서를 어느 정도 느끼는지, 그리고 요통 등의 9가지 신체적 증상을 어느 정도 경험하는지 기록하는 것이었다. 결과들을 종합했을 때, 그는 다시 한번 물질주의적인 학생들이 그렇지 않은 학생들보다 더 많은 우울감을 경험한다는 것을 발견했다.

그러나 그보다 더 중요한 결과가 있었다. 실제로 물질주의적인 사람들은 모든 영역에서 더 나쁜 시간을 보내고 있는 듯 보였다. 이들은 더 아팠고 더 화가 나 있었다. 캐서는 '물질적 소유에 대한 강렬한 욕망과 관련한 무엇인가가 피실험자의 일상에 실질적으로 영향을 미치고 일상적인 경험의 질을 저하시킨다'라고 믿기 시작했다. 이들은 덜 즐겁고 더 절망적이었다. 왜 이런 일이 벌어질까? 무슨 일이 벌어지고 있는 것일까?

행복은 어디에서 비롯되는가

1960년대 이후 심리학자들은 우리가 아침에 침대에서 일어나도록 동기를 부여하는 것에는 2가지 방식이 있음을 알았다. 하나는 '내재적 동기intrinsic motive'이다. 이는 뭔가를 얻기 위해서가 아니라 그 자체에 가치를 두고 순수하게 행하는 것들이다. 가령 아이들은 단지 즐겁기 때문에 논다. 이럴 때 아이들은 완전히 내재적 동기에 의해 행동하는 것이다. 언젠가 나는 내 친구의 5살 난 아들에게 왜 놀이를 하는지 물었다.

"저는 노는 게 좋거든요." 아이가 대답했다. 곧이어 "바보 같아요!"라고 말하고는 배트맨 흉내를 내며 달려갔다. 이러한 내재적 동기는 유년기를 지난 후에도 인생 전반에 걸쳐 지속된다.

동시에 이와 필적하는 다른 가치가 존재한다. 바로 '외재적 동기extrinsic motive'이다. 이는 진짜로 하고 싶어서 하는 것이 아니라 그 대가로 뭔가를 얻을 수 있기 때문에 하는 것들이다. 그 대가란 돈이나 인기가 될 수도 있고, 명예나 우월한 지위가 될 수도 있다. 앞에서 만난 조 필립스의 경우 순전히 외재적 이유로 매일 페인트 가게에 출근했다. 그는 자신의 일이 싫었지만, 집세를 내고 하루 종일 멍한 정신으로 버틸 수 있게 해주는 옥시콘틴을 사야 했다. 사람들로부터 존중받기 위한 차와 옷도 필요했다. 우리 모두는 그와 같은 동기를 어느 정도 갖기 마련이다.

당신이 피아노를 친다고 상상해보자. 피아노를 사랑하기 때문에 자의로 연주한다면 내재적 가치에 의해 움직이는 것이다. 반면 지금 살고 있는 아파트에서 쫓겨나지 않게 해줄 돈을 벌기 위해, 단순히 그 목적만으로 당신이 싫어하는 싸구려 술집에서 피아노를 친다면 외재적 가치에 의해 움직이는 것이다. 누구나 이러한 경쟁적인 구도의 두 가치를 내면에 지닌다. 어느 누구도 한쪽에 의해서만 움직이지 않는다.

캐서는 이러한 갈등을 좀 더 깊이 들여다봤을 때, 뭔가 중요한 것을 발견할 수 있을지 궁금해졌다. 따라서 200명으로 구성된 집단을 상세히 연구하기 시작했다. 그는 피실험자들에게 미래의 목표를 계획하도록 했다. 그 후 이러한 목표들이 승진이나 더 넓은 아파트와 같은 외재적 목표인지, 아니면 더 좋은 친구가 되어주거나 가족을 더 사랑하게 되거나 더 훌륭한 피아노 연주가가 되는 것 같은 내재적 목표인지 논의했다. 그런 후, 피실험자들에게 기분일기를 자세히 적도록 요청했다.

캐서가 알고 싶었던 것은 외재적 목표를 달성하는 것이 사람들을 행복하게 해주는지, 그리고 이를 어떻게 내재적 목표의 달성과 비교할 것인지였다. 그가 산출해낸 결과는 꽤 놀라웠다. 외재적 목표를 달성한 사람들은 일상의 행복이 전혀 증진되지 않았다. 이러한 목표를 좇아 엄청난 양의 에너지를 쏟았지만, 그 목표를 성취했을 때 이들은 처음과 동일한 기분을 느꼈다. 승진, 비싼 차, 새 아이폰, 비싼 목걸이, 그 어느 것도 소유자의 행복을 늘리지 못했다. 그러나 내재적 목표를 달성한 사람들은 분명 더 행복해졌으며 우울과 불안이 눈에 띄게 감소했다. 그 변화는 추적이 가능했다. 그러나 우리 대부분은 대부분의 시간 동안 외재적 목표를 좇으며 시간을 보낸다. 우리 사회의 문화 전체는 우리가 이런 방향으로 생각하도록 만들어졌다.

어떻게 해야 품위 있고 만족스러운 삶을 살 수 있는지에 대해 오늘날의 문화가 말해주는 것은 거의 다 거짓이었다. 캐서가 발견한 것은 바로 이 부분이었다. 그 이후 추가적으로 이뤄진 22건의 연구들은 물질주의적이고 외재적인 동기를 부여받을수록 사람들이 우울해진다는 것을 밝혀냈다. 또 다른 12건의 연구들은 물질주의적이고 외재적인 동기를 부여받을수록 불안해진다는 것을 밝혀냈다. 캐서의 연구로부터 영향을 받은 유사한 연구들이 미국, 영국, 덴마크, 독일, 인도, 러시아, 루마니아, 오스트레일리아, 캐나다 등에서 진행되었다. 그리고 동일한 결과를 보여주었다.

양질의 음식을 먹는 것에서 정크 푸드를 먹는 것으로 변한 것처럼, 캐서는 사실상 우리가 의미 있는 가치를 추구하는 것에서 싸구려 가치를 추구하는 것으로 변했음을 발견했다. 대량생산된 프라이드치킨은 음식처럼 보인다. 그리고 일부 사람들에게 매력적으로 비친다. 그러나 프라이드치킨은 우리가 음식에서 얻어야 할 것, 즉 좋은 영양분만 주지는 않는다. 지나치게 흡입하거나 이것만 흡입할 경우 독이 될 수도 있는 물질도 주입한다.

이 모든 물질주의적 가치는 진짜 가치처럼 보인다. 그러나 만족스러운 인생으로 가는 길을 보여주지 못한다. 정크 푸드처럼 싸구려 가치는 우리 마음을 망가뜨린다.

캐서는 이 주제에 대해 깊이 연구하며 싸구려 가치가 우리의 감정을 상하게 만드는 주요 원인에 적어도 4가지가 있음을 알아냈다. 첫 번째 원인은 피상적으로 생각하는 것이 다른 사람과의 관계를 망친다는 것이다. 그는 리처드 라이언Richard Ryan 교수와 다시 팀을 구성해 200명을 심층적으로 연구했다. 그리고 물질만 능주의에 젖을수록 인간관계의 유지 기간이 짧아지고 관계의 질 도 떨어진다는 것을 알게 됐다.

우리는 사람을 외모나 평판으로 평가하고, 누군가 더 멋지거 나 나에게 더 이로워 보이는 사람이 나타났을 때 기꺼이 그 이전 의 사람을 버리는 광경을 쉽게 볼 수 있다. 우리의 관심이 사람의 외양에만 쏠릴 경우 주변에 좋은 사람들이 오래 머물 가능성은 낮 다. 우리가 타인을 쉽게 버리는 만큼 우리 역시 쉽게 버려질 수 있 다. 이런 일이 계속된다면 우리에겐 적은 수의 친구와 얄팍한 인 맥만이 남을 뿐이고, 그마저 오래 가지 않을 것이다.

캐서와 라이언 교수팀이 발견한 두 번째 원인은 우리가 싸구 려 가치에 의해 움직일 때 일어나는 또 다른 변화와 관련이 있다. 다시 피아노 이야기를 해보자. 캐서는 매일 적어도 30분 동안 피 아노를 친다. 가끔은 그의 아이들도 함께 연주한다. 그가 피아노 를 치는 이유는 오직 하나, 피아노를 사랑하기 때문이다. 그는 피 아노를 치며 만족감과 즐거움을 느낀다. 자아는 소멸하고 그 순간 에 순수하게 존재하게 됨을 느낀다. 이는 좋아하는 뭔가를 하면서 주의를 집중하고, 그 순간에 휩쓸려버리는 몰입상태flow state를 의 미한다. 이럴 때 우리는 순수한 내재적 동기를 유지할 수 있다.

그러나 캐서는 고도로 물질중심적인 사람들을 연구하면서 이들이 상당히 낮은 몰입상태를 경험한다는 것을 발견했다. 그 이유는 무엇일까? 캐서는 그 답을 찾았다. 상상해보자. 만약 그가 매일 피아노를 연주하면서 이렇게 생각한다면 어떨까?

'나는 일리노이에서 가장 피아노를 잘 치는 사람일까? 사람들은 내 연주에 갈채를 보낼까? 나는 이걸로 돈을 벌 수 있을까? 얼마나 벌 수 있을까?'

갑자기 그의 즐거움은 소금에 절인 오이처럼 쪼글쪼글해질 것이다. 그리고 자아는 소멸하는 것이 아니라 상처 입게 된다. 물질 만능주의가 확산될수록 우리의 머릿속은 그렇게 변하기 시작한다. 어떤 일을 할 때, 일 자체가 아닌 성과를 노린다면 느긋하게 그 순간을 즐길 수 없게 된다. 우리는 끊임없이 스스로를 감시하게 된다. 결국 자아는 비명을 질러댈 것이다.

이것은 싸구려 가치가 왜 우리의 감정을 상하게 만드는지에 대한 세 번째 이유로 이어진다. 캐서는 내게 설명했다. "극도로 물질만능주의에 빠지면, 스스로에게 늘 이렇게 묻습니다. '사람들은 나를 어떻게 평가할까?' 그렇게 되면 다른 사람들의 의견이나 칭찬에만 초점을 맞추게 되죠. 그러고는 다른 사람들이 자신에 대해 어떻게 생각하는지, 그리고 자신이 원하는 보상을 해줄 수 있는지 걱정하는 일에 매몰되어버려요. 견딜 수 없는 일이에요. 스스로 흥미로워하는 일을 하거나 있는 모습 그대로를 사랑해주는 사람들과 함께하며 살아가는 것과는 달라요."

캐서는 우리의 자존감과 자존심이 재산과 옷, 집의 크기에 달렸다면 끊임없이 외적인 비교에 시달리게 될 것이라고 말한다. 언제나 나보다 더 좋은 집, 더 멋진 옷, 더 많은 돈을 가진 사람이 나타날 것이기 때문이다. 세상에서 가장 돈이 많은 사람이라면 괜찮을까? 하지만 그가 영원히 세계에서 가장 부유한 사람일 수는 없다. 설령 그렇게 된다 해도, 분명히 다른 어떤 부분에서는 그 사람보다 뛰어난 점을 지닌 누군가가 등장한다. 이 경우 우리는 통제권 밖에 있는 세계로부터 끊임없이 상처를 받는다.

그리고 마지막으로 결정적인 네 번째 원인이 있다. 이번 원인은 좀 더 깊이 생각해볼 가치가 있다. 가장 중요한 원인이기 때문이다. 우리 모두는 내적 욕구를 지닌다. 유대감을 느끼고 싶고 자신이 가치 있다고 느끼길 원한다. 안정감을 느끼고, 우리가 세상을 바꿔놓는다고 느끼고 싶다. 그러나 물질만능주의는 이러한 욕구를 충족시키는 것에 적합하지 않는 삶의 방식이다.

우리에게 정말로 필요한 것은 유대감이지만, 현대사회의 문화가 강요하는 욕구는 물질과 우월한 지위 같은 것들이다. 자기 자신과 사회가 보내는 신호 간의 간극에서 우리의 진정한 욕구가 충족되지 못할 때 우울과 불안이 자란다.

당신이 인생을 살아가는 이유가 파이 한 판에 모여 있다고 상상해보자. 영성 한 조각, 가족 한 조각, 돈 한 조각, 쾌락 한 조각 등이다. 우리는 모두 자신의 조각들을 가지고 있다. 당신이 물질주의와 사회적 지위에 집착하게 될 때 그에 해당하는 조각은 커진다. 하나의 조각이 커질수록 다른 조각들은 작아져야 한다. 따라서 인간관계나 삶의 의미를 찾는 것, 세상을 바꿔나가는 것과 관련된 조각은 줄어들 수밖에 없다.

"금요일 6시, 사무실에 남아 일을 더 할 수도 있고 집에 가서 아이들과 놀 수도 있어요. 둘 다 할 수는 없어요. 이것 아니면 저것이죠. 물질주의적 가치가 더 크다면 사무실에 남아 일을 할 거예요. 가족적 가치가 더 크다면 집에 가서 아이들과 놀 거구요." 캐서가 덧붙였다.

오늘날의 세상은 압도적으로 한쪽 방향을 지지한다. 더 많이 소비하고 더 많이 일하라는 것이다. 그러한 시스템은 인생에 있어서 정말 중요한 것들로부터 우리를 멀어지게 만든다. 우리는 스스로의 기본적인 심리적 욕구를 충족시키지 못하는 방식으로 살도록 세뇌당하고 있다. 그리하여 우리는 영속적이고 곤혹스러운 불만을 안은 채 살아간다.

천년의 세월 동안 인간은 '황금률Golden Rule'이란 것에 대해 이야기해왔다. 황금률이란 당신이 대접받고 싶은 대로 남을 대접해야 한다는 개념이다. 내 생각에 캐서는 '내가 원하는 황금률I-Want-Golden-Things Rule'이란 것을 발견한 것 같다. 물질과 우월감을 가지고 이를 과시하는 것이 중요하다고 생각할수록, 사람들은 더욱 불행해지고 우울해지며 불안해진다.

싸구려 가치를 강요하는 사회

어째서 인간은 스스로를 덜 행복하고 더 우울하게 만드는 쪽으로, 그토록 극적으로 방향을 틀게 됐을까? 그토록 비합리적으로 행동했다는 것은 믿기 어렵지 않은가? 캐서는 연구 후반부에 이 문제에 대해 파고들기 시작했다. 그 누구의 가치도 완전히 고정되어 있지는 않다. 그는 피실험자들을 추적하면서 싸구려 가치의 정도는 평생에 걸쳐 바뀔 수 있다는 것을 발견했다. 조금 더 물질을 추구하면서 조금 더 불행해진다. 또는 조금 덜 물질을 추구하면서 조금 덜 불행해진다. 따라서 캐서는 '누가 물질주의적인가?'라고 물어서는 안 된다고 믿는다. 다만 '언제 사람들은 물질주의적이 되는가?'라고 물어야 한다. 캐서는 무엇이 그 변화를 만드는지 알고 싶었다.

여러 사회과학자 집단이 실시했던 한 실험은 우리에게 단서를 제시해준다. 1978년 캐나다의 사회과학자들은 4, 5살가량의 어린이들을 모집해 두 집단으로 나누었다. 첫 번째 집단에는 아무런 광고도 보여주지 않았고, 두 번째 집단에는 장난감 광고를 보여줬다. 그 후 어린이들에게 선택권을 주었다. "너는 이제 여기에 있는 두 아이 가운데 한 친구와 놀 거야. 하나는 광고에 나온 장난감을 가지고 있지만 착한 친구는 아니야. 다른 하나는 장난감을 가지고 있지 않지만 정말 착한 친구야. 누구랑 놀고 싶니?"

장난감 광고를 본 어린이들은 대부분 장난감을 가진 못된 친구를 선택했다. 광고를 보지 않은 아이들은 대부분 장난감을 가지고 있지 않은 착한 친구를 택했다. 광고가 어린이들이 긍정적인 관계 대신 부정적인 관계를 선택하도록 이끈 것이다. 이 아이들은 TV 속 플라스틱 덩어리가 착한 친구보다 중요하다고 생각하게 되었다. 겨우 1번의 광고로 그렇게 된 것이다. 오늘날 대부분의 사람들은 훨씬 더 많은 광고에 노출된다.

18개월 된 아기들도 맥도널드 햄버거의 M을 알아본다. 평범한 아이는 36개월이 될 무렵 이미 100개의 브랜드 로고를 알게 된다. 캐서는 우리가 가치체계를 선택하는 일에 있어서 광고가 주요한 역할을 한 것이라고 추론하고, 진 트웬지Jean Twenge라는 또 다른 사회과학자와 함께 1976년부터 2003년 사이에 미국 전체가 광고에 얼마를 지출했는지 추적했다. 그리고 광고에 쓰인 돈이 늘어날수록 청소년들이 더욱 높은 강도로 물질만능주의를 추구하게 된다는 것을 발견했다.

몇 년 전 광고인 낸시 샤렉Nancy Shalek이 이를 시인했다. "최고의 광고는 그 물건이 없는 사람을 스스로가 패배자인 것처럼 느끼게 한다. 아이들은 그것에 더욱 민감하다. 따라서 아이들을 대상으로 하는 것은 매우 쉬운 일이다. 감정적으로 가장 취약한 존재이기 때문이다."

가혹하게 들릴지 모르지만, 논리적으로 생각해봐야 한다. 광고가 이렇게 말한다고 상상해보자. "요한, 너는 지금 그대로도 괜찮아. 멋져 보여. 좋은 향기를 뿜어. 유쾌한 사람이야. 모두가 네 주위에 있고 싶어 해. 가질 만큼 가졌잖아. 더 이상 아무것도 필요 없으니까 그냥 인생을 즐겨봐."

광고업계의 관점에서 이는 최악의 광고다. 외재적 가치들을 채우기 위한 행동을 독려하지 않기 때문이다. 이 광고는 내재적 가치를 좇고 싶게 만든다. 돈을 조금 쓰는 대신, 훨씬 더 많은 행복을 찾게 된다.

1920년대 이후 광고업계 종사자들의 임무는 사람들이 부족함을 느끼도록 만드는 것이었다. 자신들의 제품을 자신들이 만들어낸 부족함을 채워줄 해결책으로 제시하는 것이다. 광고는 궁극의 '프레너미Frenemy', 즉 친구friend를 가장한 적enemy이다. 이들은 언제나 이렇게 말한다.

"세상에, 나는 네가 멋져 보였으면/좋은 향이 났으면/유쾌하면 좋겠어. 지금 네가 못생겨서/냄새가 나서/비참해서 나는 슬퍼. 자, 이 물건은 너를 너와 내가 원하는 사람으로 만들어줄 거야. 아, 돈을 좀 내야 한다고 이야기했던가? 나는 네가 그럴 만한 가치가 있는 사람이라고 생각해. 몇 달러가 대수야? 넌 소중한데."

이러한 메시지는 문화 전반에 걸쳐 방출된다. 그리고 우리는 광고가 없을 때조차 서로에게 이를 강요한다. 이러한 시스템은 우리가 늘 부족함을 느끼도록 유도한다. 돈과 지위, 소유물에 초점을 맞출 때 소비사회는 언제나 "더 많이! 더 많이! 더 많이!"라고 말한다. 자본주의는 계속해서 '다다익선'의 교훈을 설파한다. 당신의 상사는 당신에게 더 많이 일할 것을 주문하고, 당신은 이를 내면화하여 생각한다. '아, 일을 더 해야겠어. 나 자신은 내 지위와 성과에 달렸으니까.' 이는 일종의 내재화된 억압이다.

다른 사람들의 눈에 비친 모습으로 존재하게 되면 불안해진다. 우리 모두가 이 부분에 취약하다. "내재적 가치는 우리가 인간으로서 어떤 존재인지 말해주는 근본적인 부분이에요. 하지만 깨지기 쉽고, 멀어지기도 쉬워요. 소비지상주의라는 사회적 모델을 강조할 때 사람들은 외부적인 가치로 옮겨가게 됩니다." 그리고 우리의 경제체계는 정확하게 이를 노리고 세워졌다.

이 모든 사실을 깨닫게 된 캐서는 더 이상 이를 위해 과학적 연구를 하지 않았다. 그리고 자신의 발견과 일관된 삶을 추구했다. "물질주의적인 환경에서 벗어나야만 합니다. 물질적 가치를 강요하는 그런 환경 말이에요."

이런 환경은 우리의 내적 만족에 심각한 손상을 입힌다. 이를 방지하기 위해서는 우리의 행동들을 내적 만족을 제공하고, 내재적 목표를 장려하는 행동들로 대체해야 한다.

캐서는 이러한 깨달음 뒤에 아내와 두 아들을 데리고 일리노이에 있는 평화롭고 목가적인 농장으로 이사했다. 지금 그는 당나귀, 염소 떼와 함께 산다. 지하에 작은 TV가 있지만 어떤 방송국이나 케이블 TV와도 연결되어 있지 않다. 가끔 옛날 영화를 볼 때만 튼다. 최근에는 가족들의 요청으로 마지못해 인터넷을 연결했지만 많이 사용하지는 않는다. 그는 파트타임으로 일하고 아내도 마찬가지다.

"덕분에 우리는 더 많은 시간을 아이들과 보낼 수 있고, 정원에서 오래 머물 수 있어요. 자원봉사도 하고 사회운동도 합니다. 그리고 더 많은 글을 쓸 수 있게 됐어요." 모두 그들에게 내적 만족을 안겨주는 일들이다.

나는 오랜 세월 매몰되어 있던 물질주의적 세계에서 멀어진 후 금단현상을 겪었는지 물었다. "전혀요." 그는 단호하게 대답했다. "사람들은 계속 물어봐요. '이게 그립지 않아요? 이거 가지고 싶지 않아요?' 아뇨, 전혀요. 내가 그걸 원해야 한다고 강요하는 메시지에 노출되지 않기 때문이에요. 나는 그런 것들에 스스로를 노출하지 않아요. 그러니까, 금단증상도 없어요."

이렇듯 오염된 가치를 배제한 삶을 살며 캐서는 비밀을 발견했다. 이런 식의 인생이 물질만능주의보다 더 즐겁다는 것이다. "아이들과 보드게임을 하는 것이 인터넷에서 몇 시간을 보내는 것보다 훨씬 재미있어요. 온전히 내가 하고 싶어서 하는 봉사활동이 그저 직장에 나가 하고 싶지 않은 일을 하는 것보다 훨씬 즐거워요. 사람들이 나를 지금 모습 그대로 사랑한다는 것을 느끼게 되니 훨씬 행복하죠."

대부분의 사람들이 이를 알고 있다고 그는 믿는다. "사람들은 내재적 가치를 통해 더 나은 삶을 살 수 있다는 것을 어느 정도 알고 있어요."

캐서가 설문조사를 하면서 인생에서 가장 중요한 것이 무엇이냐고 물었을 때, 많은 사람들이 개인적 성장과 인간관계를 가장 중요한 2가지로 꼽았다. 하지만 사람들이 우울해지는 이유 중 하나는 우리 사회가 내재적 가치를 지지하는 방식으로 인생을 살 수 있도록 도와주지 않기 때문이다. 캐서가 어렸을 때 플로리다에서 목격했던 변화, 바닷가가 쇼핑몰로 변하고 사람들의 관심이 그곳으로 옮겨갔던 변화는 이제 거의 모든 문화에서 일어났다.

그는 사람들이 이러한 통찰력을 스스로 자신의 인생에 적용할 수 있다고 말한다. "가장 처음 해야 할 일은 스스로에게 묻는 거예요. '나의 내재적 가치를 추구할 수 있는 기회를 놓치지 않도록 내 인생을 만들어가고 있는가? 나는 내게 맞는 사람들과 어울리고 있는가? 이 사람들은 이 관계가 내가 억지로 만들어낸 것이라고 느끼지 않도록, 내가 사랑받고 있다고 느끼도록 해주는가?' 물론 때때로 이런 것들이 어려운 선택이 될 때도 있어요."

가끔 우리는 문화적 한계에 맞부딪히게 될 것이다. 개선을 이뤄낼 수도 있지만, 캐서가 보기에 개인적인 수준에서, 진료실에서, 약에 의해서 문제가 쉽게 해결되지 않을 수 있다. 추가적인 무엇인가가 필요하다.

그와 인터뷰를 하면서, 나는 캐서가 어느 정도 미스터리를 해결해줬다고 느꼈다. 나는 줄곧 페인트 가게의 필립스가 왜 그토록 싫어하는 직장을 그만두고 플로리다로 가서 낚시꾼이 되지 않는지 이해할 수 없었다. 그곳에서의 인생이 훨씬 더 행복할 것임을 알면서도 말이다. 아마도 우리 대다수가 비참함과 좌절감을 느끼면서도 그 상황에서 벗어나지 못하는 이유와 같을 것이다.

이제 그 이유를 알겠다. 필립스는 자신이 원하는 일이 자신을 안정적이고 만족스럽게 만들어줄 것임을 알면서도 그렇게 해서는 안 된다는 메시지에 끊임없이 휩싸였다. 현대사회는 그가 소비 지상주의의 러닝머신 위에서 끊임없이 달리도록 재촉한다. 기분이 엉망일 때 쇼핑을 가고, 싸구려 가치를 좇도록 만든다. 그는 태어난 그 순간부터 이러한 메시지에 담금질 당했다. 자기 자신의 가장 현명한 본능을 무시하도록 훈련받은 것이다. 내가 그의 등에 대고 "플로리다로 가요!"라고 외쳤을 때, 나는 정확히 그 반대의 뜻을 지닌 메시지들의 폭풍에 대고 소리를 지른 셈이다.

9장

무의식적인 회피
: 나의 고통은 언제부터인가?

LOST
CONNEC
TIONS

✦── ✦ 빈센트 펠리티Vincent Felitti 박사의 진료실을 처음 찾은 여성 환자들 중에는 문을 통과하기 어려울 정도로 비만인 사람들도 있었다. 이 환자들은 단순한 비만이 아니었다. 이들은 당뇨를 비롯해 온갖 합병증으로 장기가 망가지고 있었다. 그럼에도 도무지 스스로를 절제할 수 없었다. 때문에 마지막 기회라 생각하고 펠리티의 병원에 찾아온 것이었다.

당시는 1980년대 중반이었다. 캘리포니아주 샌디에이고의 비영리 의료보험기업인 카이저 퍼머넌트Kaiser Permanent는 보험금이 가파르게 증가하던 비만에 대한 연구를 펠리티 박사에게 요청했다. 그때까지 시도했던 그 어떤 해결책도 효과가 없었다. 따라서 그에게는 아무런 자료도 주어지지 않았다. 처음부터 다시 시작하라고 이들은 말했다.

"완전히 새로운 생각을 제시해보세요. 우리가 이에 대한 문제를 처리하기 위해 무엇을 할 수 있는지 알아내세요. 환자들이 찾아올 수 있게요."

그러나 그가 여기서 밝혀낸 결과는 전혀 다른 분야에서의 눈부신 성과로 이어졌다. 우리가 우울과 불안에 대해 어떻게 생각하는지에 관해서였다.

치유되지 않은 상처의 후유증

펠리티는 비만을 둘러싼 모든 가정들을 조사하는 와중에 말도 안 되게 단순한 생각을 바탕으로 새로운 다이어트 방식을 떠올렸다. 만약 고도비만 환자들이 단순히 먹는 것을 그만두고 정상 몸무게 가 될 때까지 몸에 저장해둔 지방에 의지해서 살면 어떻게 될까? 무슨 일이 벌어질까?

몇 년간 북아일랜드에서는 아일랜드 공화국군Ireland Republic Army, IRA의 무장활동에 참가했다는 혐의로 체포될 경우, 그 사람을 정치범으로 분류했다. 이는 그가 다른 범죄자, 이를테면 은행털이 범과는 다르게 취급받는다는 의미였다. 죄수복을 입을 필요가 없었고 다른 수감자들과 동일하게 노동을 할 필요가 없었다. 그리고 영국 정부는 그러한 차별을 없애기로 결정했다. 정치범들은 평범한 범죄자이며, 더 이상 '차별대우'를 받아서는 안 된다는 것이다. 정치범들은 단식 투쟁을 통해 항의하기로 했다. 이들은 점차 쇠약해지기 시작했다.

새로운 다이어트 방식의 창안자들은 단식 투쟁을 하는 북아일랜드 정치범들에 대한 의학적 증거를 연구해 무엇 때문에 이들이 쇠약해지는지 알아보기로 했다. 단식 투쟁을 하는 사람들이 직면한 첫 번째 문제는 칼륨과 마그네슘 부족인 것으로 밝혀졌다. 이 2가지 영양소가 없을 때 심장은 제대로 뛰지 못한다. 그렇다면 이들에게 칼륨과 마그네슘 보충제를 주면 어떨까?

'체내에 충분한 지방을 가지고 있다면, 단백질 부족 때문에 목숨을 잃게 될 때까지 몇 달은 더 살 수 있을 거야.' 단식 다이어트의 창안자들은 생각했다. 충분한 지방을 가지고 있다는 전제 하에 인간은 1년은 더 살 수 있다는 것이 밝혀졌다. 그 후, 사람들은 비타민C 부족으로 인한 괴혈병이나 다른 결핍으로 죽게 된다. 좋다, 그렇다면 사람들에게 그것을 방지해줄 영양제까지 함께 준다면 어떨? 펠리티는 의학문헌을 통해 그럴 경우 사람들이 건강하게 생존할 수 있으며, 1년에 136킬로그램을 감량하게 된다는 사실을 알게 됐다. 그 후 그들은 다시 건강한 수준으로 식사를 시작할 수 있게 된다.

이 같은 문헌들은 이론상 아무리 심각한 수준의 비만인일지라도 이 방식으로 정상 몸무게를 찾을 수 있다고 주장했다. 물론 목숨이 붙은 채로. 펠리티의 진료실을 찾아오는 환자들은 무엇이든 시도할 준비가 되어 있었다. 따라서 세심한 관찰과 감독 하에 이들은 단식 프로그램을 시작했다. 몇 달 후, 환자들의 몸무게는 확실하게 줄었다. 아프지도 않았고, 실질적으로는 다시 건강해지고 있었다. 끊임없이 먹느라 아무것도 하지 못했던 사람들은 자신의 몸이 변해가는 것을 몸소 체험하기 시작했다. 이들의 친구와 가족들은 열광했다. 이들을 알고 있던 사람들은 감탄했다.

펠리티는 극단적인 비만을 해결할 방법을 찾았다고 믿었다.

그런데 얼마 후 전혀 예상치 못했던 일이 발생했다.

프로그램이 진행되면서 몇 명의 스타가 탄생했다. 말도 안 되게 많은 체중을, 말도 안 되게 빠르게 뺀 사람들이었다. 의료진들과 지인들은 참가자들이 곧 기쁨에 차서 건강을 회복할 것이라고 기대했다. 그러나 그렇지 않았다. 최선을 다해 몸무게를 감량한 사람들은 종종 끔찍한 우울증이나 공황장애, 또는 분노장애를 겪었다. 심지어 이들 중 일부는 자살 충동을 느끼기도 했다. 일부는 몸집이 크지 못하면 아무것도 할 수 없다는 무력감을 느꼈다. 그리고 자신이 취약하다고 느꼈다. 때로는 프로그램에서 도망쳐 나와 패스트푸드를 잔뜩 먹어치우고는 급속도로 몸무게를 회복하기도 했다.

펠리티는 당황했다. 도대체 왜? 그는 거만하고 권위적인 의사가 되어 환자들 위에 군림하고, 손가락을 흔들어대며 그들에게 스스로 인생을 망치고 있다고 비난하고 싶지 않았다. 그답지 못한 일이었다. 그는 진심으로 환자들이 스스로를 구할 수 있도록 돕고 싶었다. 그는 절실해졌다. 그래서 이 분야에서 지금까지 어느 과학자도 해보지 않은 일을 시도했다. 먼저 환자들에게 무엇을 해야 하는지 지시하는 것을 그만뒀다. 대신 환자들의 말에 귀를 기울이기 시작했다. 그는 몸무게를 줄이면서 공황장애에 시달리게 된 환자들을 불러 이렇게 물었다. "몸무게가 줄어들 때 무슨 일이 생긴 건가요? 어떤 감정을 느꼈나요?"

환자 중에 28세의 여성이 있었다. 편의상 수잔이라고 칭하겠다. 51주 동안 펠리티 박사는 수잔이 185킬로그램에서 60킬로그램까지 살을 빼도록 도왔다. 남들 눈에는 그가 수잔을 구해준 것처럼 보였다. 그러나 갑자기, 그 누구도 알 수 없는 이유로 그녀의 몸무게는 3주간에 걸쳐 다시 17킬로그램이 늘어났다. 그리고 또 얼마 지나지 않아 다시 180킬로그램 이상 나가게 되었다. 따라서 펠리티는 부드러운 목소리로 그녀에게 몸무게를 빼기 시작했을 때 무엇이 바뀌었는지를 물었다. 이는 둘 모두에게 이해할 수 없는 문제였다. 둘은 오랫동안 이야기를 나눴다.

그리고 마침내 수잔은 자신의 문제를 털어놨다. 그녀가 고도비만일 때는 그 어떤 남자도 그녀를 건드리지 못했다. 그러다가 그녀가 건강한 몸무게를 회복하자, 어느 날 한 남자가 그녀에게 같이 자자고 했다. 직장동료였다. 수잔은 그 남자가 유부남이라는 것을 알고 있었다. 그녀는 뛰쳐나왔고, 강박적으로 음식을 입에 쑤셔 넣었다. 그리고 멈출 수가 없었다.

그때부터 펠리티는 지금껏 환자들에게 묻지 않았던 질문들을 하기로 마음먹었다. 언제부터 살이 찌기 시작했나요? 만약 13살부터, 혹은 대학에 가서부터 살이 쪘다면, 왜 그런 건가요? 왜 그보다 1년 전에, 아니면 1년 후에 살이 찌지 않았죠?

수잔은 그 질문에 대해 곰곰이 생각했다. 그리고 11살이 되던 해부터 몸무게가 늘기 시작했다고 답했다. 펠리티가 다시 물었다.

"당신이 11살일 때 특별한 일이 있었나요?"

수잔이 머뭇거리다 대답했다. "글쎄요…… 그때부터 할아버지가 저를 강간하기 시작했어요."

그 후 펠리티는 모든 환자에게 다음의 단순한 3가지 질문을 하기 시작했다. 살이 빠질 때 어떻게 느꼈는가? 언제부터 살이 찌기 시작했는가? 그 당시 무슨 일이 벌어졌는가? 프로그램에 참여한 183명의 사람들과 이야기를 나누면서, 그는 그것에 어떤 패턴이 존재함을 주목했다. 한 여성은 23살부터 갑자기 체중이 불기 시작했다. 그녀는 강간을 당했다. 그녀는 이 사실을 고백한 후 조용히 말했다. "뚱뚱하면 아무도 거들떠보지 않아요. 그리고 저는 그렇게 되길 바라요."

"믿을 수 없었어요." 펠리티는 샌디에이고에서 나와 마주앉아 이렇게 이야기했다. "내가 질문을 던졌던 모든 사람들이 그러한 과거를 털어놓았어요. 저는 계속 생각했죠. '말도 안 돼. 왜 의대에서 아무도 이런 이야기를 해주지 않았지?'"

더 많은 인터뷰를 하기 위해 5명의 동료가 투입됐다. 알고 보니 프로그램에 참여한 환자들 중 약 55퍼센트가 성적으로 학대받은 경험이 있었다. 일반적인 경우보다 훨씬 많은 숫자였다. 이 환자들 중 다수는 무의식적인 이유로 자진해서 뚱뚱해졌다. 자신들을 해칠지도 모르는 잠재적 가해자들의 관심으로부터 스스로를 보호하기 위해서였다. 실제로 이 방어책은 효과가 있었다.

펠리티는 훗날 내게 말했다. "우리가 문제라고 인식하는 고도 비만이, 실제로는 다른 문제들의 해결책이 되는 경우가 아주 빈번했던 거예요."

펠리티는 자신의 프로그램을 포함해 모든 비만 치료 프로그램들이 영양학적 조언 따위를 해주면서 잘못 진행되고 있는 것은 아닌지 궁금해졌다. 사실상 비만 환자들은 펠리티 자신보다 영양학적 조언에 대해 더 빠삭했다. 정보가 없어서 다이어트에 실패한 게 아니란 뜻이었다. 이들에게는 어떻게 먹으라고 조언하는 사람들이 아니라, 왜 자신이 먹는지를 이해해주는 누군가가 필요했다. 강간을 당했다던 한 환자와 만나고 난 후 펠리티는 이렇게 말했다. "어떻게 먹는 게 올바른지 알려주겠다며 이 환자를 영양사에게 보내는 것만큼 터무니없는 일은 없을 거예요."

그는 이들이야말로 정말 무슨 일이 벌어지고 있는지 가르쳐줄 수 있는 사람이라는 것을 깨달았다. 그는 환자들을 15명씩 묶어 모임을 만든 후 물었다. "왜 사람들이 뚱뚱해진다고 생각하세요? '어떻게'가 아니라요. 어떻게 뚱뚱해지는지는 상관없어요. 저는 이유를 묻는 겁니다. 뚱뚱해지면 뭐가 좋죠?"

환자들은 이런 질문을 받아본 적이 처음이라고 말했다. 질문에 대한 답은 3가지 카테고리로 나뉘었다. 첫 번째는 자신을 성적으로 보호하기 위해서였다. 여성 환자들의 응답이 특히 높았다. 즉, 남자들이 자신에게 관심을 덜 가지니 안전하다는 것이었다.

두 번째는 신체적 안전을 위해서였다. 프로그램에 참가한 사람 중에는 2명의 교도관이 있었다. 이들은 각각 45킬로그램, 70킬로그램 가량을 감량했다. 하지만 갑자기 몸집이 줄어들면서 재소자들 사이에서 위협을 느꼈다. 이들은 교도소 복도를 자신 있게 걸어가기 위해서는 냉장고만한 몸집이 필요하다고 설명했다. 세 번째 카테고리는 사람들의 기대를 낮추기 위해서였다. "180킬로그램의 몸무게로 취업원서를 내면 사람들은 당신이 멍청하고 게으르다고 생각해요." 펠리티가 말했다.

비단 성적 학대를 당했을 때뿐 아니라 세상에 크게 상처를 입었을 때 우리는 가끔 세상에서 도망치고 싶어진다. 살이 많이 찐다는 것은 역설적으로 많은 사람들 사이에서 눈에 띄지 않는 방법이 될 수 있다.

"집에 불이 났을 때 가장 먼저 보이는 징후는 뿜어져 나오는 연기예요."

펠리티의 말처럼, 우리는 그 연기가 문제라고 생각하기 쉽고, 연기를 처리해야 문제가 해결될 것이라고 생각하기 쉽다. 그러나 감사하게도 소방수는 뿜어져 나오는 연기가 아닌, 그 안의 불꽃이 문제라는 것을 안다. 연기를 날려 보내기 위해 바람을 일으킨다면 집은 더 빨리 불에 타버리게 된다. 비만은 불이 아닌 연기였다. 우리는 불을 꺼야 한다.

그 상처는 당신의 잘못이 아니다

펠리티는 자신이 발견한 것을 발표하기 위해 의료학회에 참석했다. 그가 발표를 끝냈을 때 한 의사가 관중석에서 일어나더니 이야기했다. "이러한 문제에 더 익숙한 사람들은 이 환자들의 진술이 기본적으로 거짓말이라는 걸 잘 압니다. 그들은 단지 실패한 인생을 감추려는 겁니다." 그러고는 환자들이 겪은 성적 학대를 예로 들었다. 비만을 치료하는 사람들은 비만환자 가운데 불균형적으로 많은 사람들이 학대를 당했다고 이야기한다는 것을 이전부터 알고 있었다. 하지만 이들은 환자들이 그저 변명을 하는 것이라고 치부했다.

그 의사의 주장에 펠리티는 충격을 받았다. 그는 조사를 통해 많은 환자들의 주장이 사실이라는 것을 확인했다. 환자의 친척들이나 이들을 조사했던 경관들과 이야기를 나누면서였다. 그러나 그는 이런 사람들의 의견에 반박하기에는 아직 과학적 증거가 부족하다는 것을 알고 있었다. 환자 개개인과 이야기를 나누면서 받은 인상은 아무리 그가 실험집단 안에서 자료를 수집했다 하더라도 그리 명백한 증거가 되지 못했다.

펠리티는 적절한 과학적 데이터를 모으고 싶었다. 그래서 로버트 안다Robert Anda 박사와 팀을 이뤘다. 로버트 안다 박사는 왜 사람들이 흡연과 같은 자기 파괴적 행동을 하는지에 대한 연구를 몇 년간 진행해왔다. 의학연구에 자금을 지원하는 미국정부기관인 질병통제예방센터Centers for Disease Control, CDC의 도움을 받아 두 사람은 실험 계획을 세웠다.

펠리티와 안다는 이를 아동기의 부정적 경험Adverse Childhood Experiences, 약어로 ACE 연구라고 불렀다. 방식은 꽤나 단순하다. 어린 시절 겪을 수 있는 끔찍한 일들을 10가지 카테고리로 나눠 질문하는 것이다. 성적 학대부터 정서적 학대, 유기 등이 포함된다. 그리고 현재 비만이나 중독처럼 잘못되어가고 있는 부분이 있는지 알아보기 위한 상세한 의학적 질문지가 주어진다. 펠리티와 안다는 마지막에 다음과 같은 질문을 덧붙였다. "당신은 우울증에 시달리고 있습니까?"

이 설문조사는 갖가지 이유로 의료 서비스가 필요한 1만 7,000명의 사람들을 대상으로 샌디에이고에서 진행됐다. 결과가 나오자 연구팀은 수치를 합산했다. 어떤 상관관계가 있는지 살펴보기 위해서였다. 유년기의 외상 경험은 어느 카테고리에서든, 성인이 된 후 우울증에 걸릴 가능성을 극도로 높이는 것으로 드러났다. 어린 시절 6가지 카테고리에 해당되는 외상 사건을 겪은 사람은 성인이 되었을 때 우울증에 걸릴 가능성이 아무런 경험도 하지 않은 사람보다 5배 이상 높았다. 어린 시절에 7가지 카테고리에 속하는 외상 경험을 했다면 성인이 됐을 때 자살 시도를 할 가능성이 무려 31배나 높았다.

"결과가 나왔을 때 믿을 수가 없었어요. 이럴 리가 없다고 생각했죠." 안다 박사가 내게 말했다. 의학에서는 이런 수치를 얻는 것이 흔한 일이 아니다. 이들은 단순히 외상 경험과 우울증이 동시에 발생하는 것에 '상관관계'가 있다는 증거를 발견한 것이 아니었다. 이들은 외상 경험이 이러한 문제들의 '원인'이 된다는 증거를 발견한 것처럼 보였다. 어떻게 알 수 있을까? 외상이 심할수록 우울, 불안 혹은 자살의 위험성이 커진다는 사실을 말이다.

이를 설명하는 기술적 용어는 용량반응 효과dose-response effect 이다. 예를 들어, 더 많은 담배를 피울수록 폐암에 걸릴 위험성은 높아진다. 이는 담배가 암을 일으킨다는 것을 알 수 있는 이유가 된다. 마찬가지로, 어린 시절 더 많은 외상을 겪을수록 우울증에 걸릴 위험성은 높아진다면 외상 경험이 우울증을 일으킨다고 추측할 수 있다. 신기하게도 정서적 학대는 다른 종류의 외상, 심지어 성적 학대보다도 우울증을 일으킬 가능성이 높았다. 부모로부터 잔인하게 취급받은 경우는 모든 카테고리 중에서 가장 큰 우울증의 요인이 됐다.

자금을 지원한 질병통제예방센터를 비롯한 다른 과학자들에게 연구결과를 공개하자 못 믿겠다는 반응이 압도적이었다. 안다 박사는 내게 말했다. "그 연구는 사람들에게 충격을 줬어요. 사람들은 믿고 싶어 하지 않았어요. 질병통제예방센터 사람들도 믿으려하지 않았죠. 내가 데이터를 들고 나타났을 때 그 안에서 반대가 있었어요. 그리고 의학저널들도 처음에는 믿지 않았어요. 의심이 갈 정도로 놀라운 일이었거든요. 이는 사람들이 어린 시절에 대해 생각하는 바에 이의를 제기하는 셈이었으니까요. 한번에 너무 많은 것들에 대해 도전한 셈이에요."

그 후 몇 년간 연구는 여러 번 반복됐다. 그리고 언제나 비슷한 결과가 도출됐다. 그러나 우리가 그 영향력에 대해 이제 겨우 생각하기 시작한 것뿐이라고 펠리티는 말했다. 그는 사람들이 이전에 비만에 대한 실수를 저질렀듯, 우울증에 대해서도 동일한 실수를 저지르고 있다고 믿게 되었다. 우리는 치료가 필요한 더 심오한 대상으로서 우울증 증상을 보지 못했다. 많은 과학자들과 심리학자들은 우울증의 원인이 우리의 뇌나 유전자에서 일어난 비합리적인 고장이라고 설명해왔다. 그러나 펠리티는 스탠퍼드대학교의 내과 전문의 앨런 바버Allen Barbour가 우울증은 질병이 아니라 '비정상적인 인생 경험에 대한 정상적인 반응'이라고 말했다는 것을 알게 됐다.

"저는 그게 굉장히 중요한 개념이라고 생각해요. 이 관점은 내가 우울한 이유가 세로토닌 불균형이나 도파민 불균형 같은 것들 때문이라는, 거짓 위안과 제한적 사고를 넘어서게 해줍니다. 당신이 우울할 때, 머릿속에서 어떤 일이 벌어지는 것은 사실입니다. 하지만 이는 원인에 대한 설명이 아니에요. 그저 필연적인 중재 메커니즘이죠." 펠리티는 내게 말했다.

어떤 사람들은 이를 인정하려 하지 않는다. 펠리티는 이에 대해, 뇌 속의 변화로 인해 모든 일이 벌어진다고 생각하는 것이 '더 위안이 되기 때문'이라고 말한다. "경험적 방식을 지워버리고 기계론적 방식을 내놓게 된 거죠."

이는 사람들의 고통을 약물로 제거할 수 있는 신의 장난으로 바꿔 놓는다. 그러나 펠리티는 약이 궁극적으로 문제를 해결하지는 못한다고 말했다. 그것은 비만환자들의 문제를 해결하기 위해 그들에게 금식을 시키는 것과 마찬가지다.

펠리티는 비만환자들이 과도하게 음식을 먹는 진짜 이유에 대해 토의하고 지금까지 어떤 경험을 했는지에 대해 이야기를 나눌 수 있도록 지원단을 만들었다. 그러자 훨씬 더 많은 사람들이 금식 프로그램에 계속 참여하면서 안정된 몸무게를 유지할 수 있었다. 그는 이 놀라운 결과들을 가지고 우울증을 해결할 수 있는 방식을 탐구하려 했다.

그와 헤어진 후, 나는 그가 말한 내용을 곱씹으며 분노했다. 그리고 스스로에게 물었다. '너는 왜 그렇게 화가 났어?' 이상한 일이었다. 정말로 이해할 수가 없었다.

나의 우울과 불안이 오직 잘못된 뇌 때문이라고 믿으면, 인생에 대해서 혹은 누군가가 나에게 한 짓에 대해서 생각할 필요가 없다. 모든 것이 생물학적 문제라는 믿음은 한동안 자신을 보호해준다. 그렇지만 이렇게 다른 차원의 이야기를 받아들이려면 생각해봐야 할 것들이 생긴다. 그리고 그렇게 상처를 입는다.

나는 펠리티에게 왜 어린 시절에 입은 외상이 우울하고 불안한 성인을 만들어낸다고 생각하는지 물었다. 그리고 그는 솔직히 잘 모르겠다고 대답했다. 그는 훌륭한 과학자였고, 추측하지 않았다. 과학적으로 증명할 수 없었지만, 나는 그 답을 알 것 같았다.

아이들은 심한 외상을 주는 경험을 하게 될 때, 그것이 자신의 잘못이라고 생각한다. 그 이유는 상당히 합리적이다. 내가 어렸을 적 어머니는 매우 편찮으셨고, 아버지는 대부분 외국에 계셨다. 그러한 혼란 속에서, 나는 어떤 어른이 행하는 극단적인 폭력에 노출됐다. 그는 언젠가 전깃줄로 내 목을 조른 적도 있다. 16살이 되던 해, 나는 집을 떠나 다른 도시에서 살게 되었고 그 어른으로부터 멀어지게 됐다. 그리고 그곳에서 나는 내가 그런 식의 위험한 상황들을 찾아내려 한다는 것을 발견했다. 인격이 형성되는 나이에 이런 식으로 취급받았던 사람들의 모습과 동일했다.

37세의 어른이 된 지금도 나는 이런 글을 쓰고 이런 이야기를 하는 것이 그들에 대한 배신처럼 느껴진다. 그들이 내게 폭력을 행사하거나 방관했는데도 말이다. 내 글을 통해서는 그 어른이 누구인지 알아챌 수 없다는 것을 안다. 또한 전깃줄로 아이의 목을 조르는 어른을 봤을 때, 나는 그것이 그 아이의 잘못이라고 여기지 않을 것이다. 그것은 그 어른의 잘못이라는 것을 안다. 나는 이런 상황을 어떻게 대해야 하는지 이성적으로는 알고 있다. 그러나 여전히 나는 그런 불편한 기분을 느낀다. 그런 기분은 항상 내가 이 이야기를 하지 못하도록 가로막는다.

유년기에 폭력을 경험한 많은 사람들이 나와 동일하게 느낄까? 왜 이 가운데 다수가 비만이나 심각한 중독, 또는 자살처럼 자기 파괴적인 행동을 하게 될까? 나는 오래도록 생각했다. 어린 아이들에게는 환경을 바꿀 능력이 거의 없다. 도망갈 수도, 그 사람이 자신을 해치지 않게 저지할 수도 없다. 따라서 어린 아이들은 2가지 선택을 하게 된다. 하나는 자신의 나약함을 인정하는 것이다. 그리고 몹시 아픈 그 순간에 자신이 할 수 있는 것이 아무것도 없다는 것을 인정하는 것이다.

혹은, 이 모든 것이 다 자신의 잘못이라고 말할 수도 있다. 그렇게 하면 실질적으로 어느 정도 권력을 가지게 된다. 적어도 자기 마음에 관해서는 그렇다. 자기 잘못이라고 생각한다면 상황을 바꾸기 위해 할 수 있는 일이 생긴다. 즉, 핀볼기계 안에서 사방에 부딪히며 돌아다니는 구슬이 아니라, 핀볼기계를 조종하는 사람이 되는 것이다. 또한 위험한 상황에 당길 수 있는 레버를 손에 쥐고 있는 셈이 된다. 강간당할까 봐 두려운 여성들이 스스로를 보호하기 위해 비만을 택하듯, 이런 식으로 어린 시절 외상에 대해 자기 탓을 하면 자신이 얼마나 취약한 존재였고 지금도 얼마나 취약한지 알지 못하도록 스스로를 보호할 수 있다. 자신의 실수이기 때문에 자신이 제어할 수 있다.

그러나 여기에는 대가가 따른다. 상처 입은 것이 자신의 탓이라고 여기기 위해서는 자신이 당할 만해서 당했다고 생각해야만 한다. 어렸을 적, 자신이 상처 입어 마땅했다고 생각한 사람은 어른이 되어서도 스스로를 훨씬 더 무가치하게 평가한다.

이러한 우울과 불안의 원인이 지금까지 내가 논의해왔던 것들과 조금 다르다는 것을 이미 눈치 챘을지도 모른다. 그리고 이것은 내가 앞으로 이야기할 대상들과도 다르다. 앞서 이야기한 대로 과학적 증거를 연구한 대부분의 사람들은 우울과 불안에는 3가지 원인이 있다고 주장했다. 바로 생리적, 심리적, 사회적 원인이다. 이 중에서 내가 지금껏 논의해왔고, 곧 다시 언급하게 될 원인은 사회적 원인이다. 그리고 생리적 요소들에 대해서도 다루려고 한다. 그러나 유년기 외상은 다른 카테고리에 속한다. 이는 심리적 원인이다.

나는 다른 많은 심리적 원인들이 유년기 외상으로 대표될 수 있길 바란다. 우리 마음이 상처받는 이유는 끝이 없다. 내 지인은 자신의 아내가 몇 년 동안 자신의 절친한 친구와 바람을 폈다는 사실을 알게 되었을 때 심각한 우울증에 걸리기도 했다. 테러 공격을 받고 10년이 지난 후에도 여전히 불안에 시달리는 사람도 알고 있다. 어떤 지인의 어머니는 아이를 학대하지는 않았지만 언제나 아이들에게 다른 사람들의 단점을 찾고 그 사람들을 멀리 하도록 가르쳤다. 이런 경험들을 딱 떨어지는 카테고리로 분류하는 것은 어려운 일이다. 우울과 불안의 원인에 '불륜'이나 '테러 공격' 또는 '냉담한 부모'라는 이름을 붙이는 것은 타당하지 않다.

그러나 심리적 상처가 아동 학대만큼 반드시 극단적인 영향을 미치는 것은 아니다. 또한 절친한 친구와 아내가 바람을 핀 것은 뇌가 고장 난 것과는 다른 경험이다. 이는 깊은 심리적 절망의 원인이 되며 우울과 불안을 야기한다. 당신의 개인적 심리를 언급하지 않는 이런 문제들에 대한 이야기를 들었다면, 심각하게 받아들이지 않길 바란다. 이러한 연구의 선구자라 할 수 있는 안다 박사는 말했다. "이런 문제를 가진 사람들에게 무엇이 잘못된 건지 묻지 말아야 해요. 대신 원인이 될 만한 일이 있었는지 물어야 해요."

10장

무력화시키는 사회
: 나의 위치는 어디인가?

LOST
CONNEC
TIONS

✦──→ 극심한 우울과 불안이 어떤 느낌인지 묘사하기는 어렵다. 이는 우리가 말로 표현할 수 있는 범위를 넘어선 혼란스러운 상태다. 그러나 진부한 표현이 몇 있기는 하다. 예를 들어 우리는 '가라앉는' 느낌을 안다. 비유처럼 들리지만 꼭 비유만은 아니다. 나는 우울해질 때 실제로 몸이 아래로 눌리는 것 같은 느낌을 받는다. 머리를 꼿꼿이 세우고 싶지만 몸은 바닥까지 늘어진다. 우울증을 겪은 다른 사람들도 동일한 이야기를 한다. 한 과학자가 이 점에 주목해 중요한 발견을 했다.

1960년대 말의 어느 오후, 뉴욕 자연사박물관에서 로버트 새폴스키Robert Sapolsky라는 11살의 유대인 소년은 유리 상자 안에 든 엄청나게 큰 실버백 고릴라 박제를 들여다보고 있었다. 소년은 동물에 완전히 홀려 있었다. 10년쯤 지난 후 소년은 마침내 꿈을 이뤘다. 그는 대초원에 홀로 서서 개코원숭이처럼 행동하는 방법을 알아내려 하고 있었다. 개코원숭이들은 케냐를 가로지르는 길고 너른 초원에서 50~150마리 규모로 무리 지어 살았다.

새폴스키는 자신이 품은 수수께끼를 풀기 위해 아프리카에 온 것이었다. 그는 우울증을 이해하기 위한 핵심이 바로 여기, 우리 친척들에게 있을 것이라 추측했다.

불평등한 위계질서의 부당함

새폴스키는 아프리카에 도착한 지 얼마 되지 않아 처음으로 우두머리 개코원숭이를 보았다. 그가 그 후 20년 동안 추적했던 개코원숭이 무리의 꼭대기에는 나무와 나무를 넘어 다니는 이 원숭이들의 왕이자 밀림의 VIP가 존재했다. 새폴스키는 구약성서에 나오는 가장 지혜로운 왕의 이름을 따서 이 우두머리 원숭이를 '솔로몬'이라고 부르기 시작했다. 개코원숭이는 철저하게 서열에 따라 생활했고 모두가 자신의 위치를 알고 있었다. 최상층에 있는 솔로몬은 무엇이든 하고 싶은 일을 할 수 있었다. 누군가가 무언가를 입으로 씹고 있다면 그것을 낚아채 먹어버릴 수 있었다. 원한다면 아무 암컷하고나 짝짓기를 할 수 있었다. 무리 전체에서 벌어지는 성적 활동의 절반에 솔로몬이 끼어 있었다. 암컷 개코원숭이의 경우, 태어나서부터 어미의 서열을 물려받는다. 중세시대의 영국귀족과 같다. 그러나 수컷 개코원숭이들은 잔인한 다툼 끝에 우두머리가 정해진다.

물론 하위층에 있고 싶은 원숭이는 없을 것이다. 이 무리에는 허약하고 비쩍 마른 원숭이가 있었다. 새폴스키는 성서에 나오는 가장 불운한 사나이의 이름을 따서 이 원숭이를 '욥'이라고 불렀다. 욥은 항상 벌벌 떨었고 발작 같은 것을 일으켰다. 때로는 털이 우수수 빠지기도 했다. 이 무리에 속한 원숭이들은 일진이 좋지 않을 때, 욥에게 화풀이를 했다. 욥은 늘 음식을 빼앗겼고 해가 내리쬐는 자리로 밀려났으며 두들겨 맞곤 했다. 온몸에 물린 자국이 있었다. 솔로몬과 욥 사이에서 수컷들 간에는 지휘와 통제 계통이 존재했다. 위계질서 상의 지위는 먹이와 짝짓기를 비롯해 인생의 모든 순간을 결정지었다.

매일 아침 5시 반 새폴스키는 개코원숭이 한 마리를 마취총으로 쏜 후 혈액 샘플을 채취했다. 이 혈액 샘플은 여러 실험에 쓰일 목적이었는데, 그 가운데 하나는 원숭이들에게 스트레스 호르몬인 코르티솔이 얼마나 분비됐는지를 알아보는 것이었다. 그는 어떤 원숭이가 가장 큰 스트레스를 경험하는지 알고 싶었다.

그가 채취한 혈액 샘플을 분석한 결과, 우두머리 자리를 두고 싸움이 일어났을 때 가장 큰 스트레스를 받는 개코원숭이는 가장 꼭대기에 있는 원숭이인 것으로 드러났다. 그러나 사람들은 대부분의 경우 서열에서 아래쪽에 위치할수록 더 큰 스트레스를 받는다. 그리고 욥처럼 무리에서 가장 바닥에 있는 개코원숭이는 끊임없이 스트레스를 받았다.

무지막지한 공격을 피하기 위해 서열이 가장 낮은 개코원숭이들은 자신들이 패배자임을 스스로 알고 있다는 것을 마지못해 드러내야만 했다. 이들은 소위 복종의 자세를 보여준다. 머리를 조아리고 배로 기는 것이 신호다. '그만 공격하세요. 저는 이미 두들겨 맞았어요. 저는 당신을 위협하지 않아요. 항복이에요.'

그리고 여기에 충격적인 사실이 있다. 개코원숭이가 이런 식으로 행동할 때 주변의 그 누구도 이 원숭이를 존중하지 않고, 서열의 가장 마지막으로 밀려난 이 원숭이는 마치 우울증에 걸린 인간처럼 끔찍해 보인다는 것이다. 이들은 머리와 몸을 축 내려뜨린다. 움직이려 하지 않는다. 입맛을 잃는다. 에너지를 잃는다. 누군가 다가오면 뒤로 물러선다.

솔로몬이 우두머리가 되고 1년쯤 지났을 때, 어린 개코원숭이 '우리아'가 충격적인 행동을 했다. 솔로몬이 무리 중 가장 섹시한 암컷과 바위 위에 누워 있을 때 그 사이에 끼어들더니 그 암컷과 짝짓기를 하려 한 것이다. 우두머리 앞에서 말이다. 격분한 솔로몬이 우리아를 공격했고 우리아의 윗입술을 물어뜯었다. 우리아는 도망쳤다. 그러나 다음날 우리아는 돌아왔다. 그리고 그다음 날에도, 또 그다음 날에도. 그는 계속 솔로몬에게 얻어맞았다. 그러나 시간이 갈수록 솔로몬은 점점 더 지쳐갔고 우리아를 경계하게 됐다.

그러던 어느 날 우리아의 공격에 솔로몬이 약간 뒤로 물러섰다. 물론 순간적이었다. 1년이 채 지나기도 전에 우리아는 무리의 왕이 됐고 솔로몬은 서열 9위까지 내려갔다. 과거에 솔로몬이 괴롭힌 원숭이들이 그에게 복수하기 시작했다. 무리 전체가 솔로몬을 괴롭혔고, 그의 스트레스는 최고조에 다다랐다. 어느 날 솔로몬은 자포자기해서 무리를 떠났고, 다시 돌아오지 않았다.

새폴스키는 무리의 개코원숭이가 2가지 상황에서 가장 큰 스트레스를 받는다는 것을 발견했다. 지위를 위협받을 때(솔로몬이 우리아의 공격을 받았을 때), 그리고 지위가 낮을 때(불쌍한 욥이 늘 그랬듯이)였다. 그가 이러한 연구결과를 발표한 이후에, 이러한 궁금증들에 대한 추가적인 조사들이 이어졌다. 그는 스탠포드대학교에서 가장 중요한 생물학 및 신경학 교수로 등극했다.

그가 중요한 돌파구를 마련하고 몇 년이 지난 후, 우울증을 앓는 사람들에게서 서열이 낮은 수컷 개코원숭이들과 동일한 수준의 스트레스 호르몬이 분비된다는 사실이 발견됐다. 이러한 의문에 대해 파고들수록 그는 더 많은 것을 발견했다. 그는 개코원숭이들의 뇌와 뇌하수체, 부신에서 일어나는 변화의 형태가 우울한 사람들과 유사하다고 설명했다. 그 후 일부 과학자들은 우울증이 어느 정도 우리의 동물적 본성 깊은 곳에 자리하고 있는 반응이라고 의심하기 시작했다. 심리학자 폴 길버트Paul Gilbert는 인간에게 우울증이란 어느 정도 '항복의 반응'이라는 주장을 하기 시작했다. 개코원숭이 서열의 맨 밑바닥에 있던 욥처럼 말이다.

이를 알게 된 후, 우울증이 어느 정도는 현대사회가 우리에게 안겨준 패배감과 수치심, 좌절에 대한 반응이 아닐까 궁금해지기 시작했다. TV를 보다 보면 이 세상에서 의미 있는 사람들이 오직 연예인과 재벌뿐인 것 같다. 그리고 우리는 둘 중 어느 한쪽에도 낄 가능성이 거의 없다는 것을 이미 알고 있다. 인스타그램 피드

나 화려한 패션잡지들을 훑다 보면 자신의 평범한 몸매가 역겹게 느껴진다. 직장에서는 나보다 훨씬 많은 월급을 받는, 쌀쌀맞은 상사의 비위를 맞춰야 한다. 어느 순간 지위를 빼앗길 것 같다. 중산층조차, 아니, 상류층조차 불확실성을 느낀다. 새폴스키는 심지어 불안정한 지위를 가지는 것은 낮은 지위를 가지는 것보다 더욱 고통스럽다고 말한다.

우울과 불안이 오늘날 우리가 안고 있는 지위에 대한 끊임없는 불안에 대한 반응이라는 이론은 일리가 있어 보인다. 그러나 이러한 이론을 어떻게 검증할 수 있을까?

보다 평등한 사회의 선택권

케이트 피킷Kate Pickett과 리처드 윌킨슨Richard Wilkinson 부부는 이러한 의문들을 파고들었고 전 세계에서 가장 영향력 있는 사회학자들로 손꼽히게 됐다. 그 연구는 이들의 저서《평등이 답이다》에 잘 나와 있다.

개코원숭이들의 서열은 거의 고정되어 있다. 그러나 인간들의 경우는 조금 다르다. 하나의 종種으로서 우리는 함께 살기 위한 아주 다양한 방식들을 발견해왔다. 미국에는 상류층과 하류층 사이에 엄청난 차이가 존재한다. 소수의 사람들만이 꼭대기에 오르고, 나머지는 밑바닥에 남는다. 그러나 노르웨이 같은 사회는 조금 다르다. 생활방식이 비교적 평등하고, 꼭대기와 밑바닥 간의 거리가 상대적으로 가깝다. 그런 문화 속에서는 최상층도 최하층도 찾기 힘들다. 대부분의 사람들은 중간층에서 살아간다.

월킨슨과 피킷은 로버트 새폴스키 교수의 통찰을 인간에게 적용했을 때 극도로 불평등한 사회는 매우 높은 강도의 정신적 피로를 겪는 반면에, 상대적으로 평등한 사회는 낮은 강도의 정신적 피로를 겪는다는 사실을 발견했다. 이들은 이를 검증하기 위한 대규모 연구 프로젝트에 착수했고, 방대한 양의 데이터를 분석했다. 마침내 그 결과를 그래프로 표시해보니, 그 상관관계가 놀라울 정도로 밀접했다. 사회가 불평등할수록 모든 형태의 정신장애가 만연해졌다.

또 다른 사회과학자들은 특별히 우울증에 대해 살피기 위해 이 연구를 더욱 세분화했다. 그리고 불평등이 심해질수록 우울증도 많아진다는 것을 발견했다. 서로 다른 국가들을 비교했을 때, 그리고 미국 내 다른 주들을 비교했을 때 이는 명확한 사실이었다. 이는 우울과 불안을 야기하는 원인으로 불평등이 큰 역할을 하고 있음을 강력하게 시사했다.

소득과 지위의 격차가 큰 사회는 몇 사람만이 중요하고 나머지는 전혀 중요하지 않아 보일 수 있다고 월킨슨은 설명했다. 이는 하위층의 사람들에게만 영향을 미치는 것이 아니었다. 매우 불평등한 사회에서는 모두가 자신의 지위에 대해 깊이 생각해야만 한다. '나는 내 자리를 유지하고 있는가? 누가 나를 위협하는가? 나는 얼마나 끌어내려질 수 있을까?' 불평등이 심해지면서 이러한 질문들을 해야만 할 때, 점차 심한 스트레스가 우리 인생에 파고든다. 이는 더 많은 사람들이 무의식중에 이런 스트레스에 반응하고 있다는 의미다. 사람들은 머리를 아래로 수그리고 패배한 듯 느낀다.

"우리는 이런 것들에 유난히 민감해요. 신분 격차가 클 때 우리는 그 신분에서 벗어날 수 없을 거라는 패배감을 느낍니다." 윌킨슨은 말했다. 오늘날 우리는 역사상 그 어느 때보다 큰 신분 격차를 안고 살아간다. 예전에는 회사의 사장이 평사원의 20배 정도 많은 돈을 벌었다면 이제는 300배 이상이다. 월마트 재산을 물려받는 6명의 상속자들은 하위 1억 명의 미국인들보다 더 많은 돈을 가진다. 8명의 억만장자들은 인류의 하위 50퍼센트보다 더 많은 부를 소유한다.

이 모든 것을 이해한다면, 우리 중 다수가 느끼는 절망이 그저 뇌의 화학물질이 잘못 분비되어 생기는 것이 아니라는 것을 알 수 있다. 윌킨슨은 설명했다. "그건 당신이 많은 사람들과 공유하는 증세예요. 우리 모두가 살고 있는 환경에 대한 흔한 인간적 반응이죠. 당신을 이 세상과 분리하는 증세가 아니에요. 실질적으로 수도 없이 많은 사람들과 이 감정들을 공유하고 있어요." 우리는 이것이 그저 개인적 문제가 아니라는 것을 생각할 필요가 있다고 그는 덧붙였다.

케냐의 대초원에서 야생 개코원숭이 무리들과 살다가 돌아온 로버트 새폴스키는 같은 꿈을 반복해서 꿨다. 그는 뉴욕 지하철을 타고 있다. 갱들이 그를 위협하며 때리려고 다가온다. 그는 겁에 질려 갱들을 바라본다. 이 꿈속에는 서열이 존재하고 그는 서열의 가장 밑바닥에 있다. 이제 그는 먹이가 될 것이다. 그러나 꿈속에서 새폴스키는 기대치 못한 행동을 한다. 그는 폭력적인 갱에게 말을 건다. 그리고 이것이 말도 안 되는 상황이며, 꼭 이럴 필요는 없다고 설명한다. 어떤 날엔 폭력배들에게 그들이 고통을 느끼는 원인에 대해 이야기한다. 왜 누군가를 때리고 싶은지를 설명하고 그들이 느끼는 절망에 대해 강조한다. 그 후 즉흥적으로 간단한 치료를 제안하기도 한다. 다른 때엔 새폴스키가 농담을 하고 갱들이 웃음을 터뜨린다. 매번 이들은 새폴스키를 해치지 않는다.

나는 이 꿈이 우리가 어떻게 해야 하는지를 보여주는 것이라고 생각한다. 개코원숭이들은 그들만의 위계질서에 갇혀 있다. 원숭이들은 때리고 창피를 줄 아래서열이 필요하다. 피라미드의 마지막 층을 차지한 개체, 즉 불쌍한 욥은 농담을 하거나 치료를 제안하며 자신에게 잘해달라고 우두머리인 솔로몬을 설득할 수 없다. 그리고 욥은 좀 더 평등한 방식으로 살아가자고 다른 원숭이들을 설득할 수 없다. 그러나 인간에게는 선택권이 있다. 우리는 위계사회를 해체할 수 있는 실용적인 방법도 있다.

만약 오늘날 우리가 그러하듯 서열을 만들고 위계를 강화한다면, 대부분의 사람들은 밑으로 밀려나는 느낌을 받게 될 것이다. 그리고 대부분의 사람들은 항복의 신호를 보낼 것이다. 우리는 머리와 몸을 납작 낮추고 이렇게 속삭일 것이다.

"저를 내버려두세요. 저는 당신을 이길 수 없어요. 저는 더 이상 권력을 가질 생각이 없어요."

무감각한 환경
: 나의 세계는 무슨 색인가?

LOST
CONNEC
TIONS

✦───✦ 이사벨 벤키Isabel Behncke는 산그늘에 서서 나를 바라봤다. "나는 이제부터 당신에게 자연세계로부터 단절되는 것이 어떻게 우울증을 일으키는지 설명할 거예요. 지금 함께 산을 오른다면 말이에요."

그녀는 캐나다 밴프Banff에 있는 한 마을 위로 우뚝 솟아 있는 산을 향해 팔을 흔들었다. 나는 낮게 기침을 한 후, 최대한 공손하게 자연을 즐기지 않는다고 설명했다.

벤키가 대답했다. "산을 타지 않으면 인터뷰도 없어요. 빨리요." 나는 마지못해 터덜터덜 걷기 시작했다.

그녀는 어린 시절 칠레 시골에 있는 농장에서 자랐다고 했다. "언제나 희한할 정도로 야생이 편했어요. 10살 때는 혼자 말을 탔어요. 그러다가 떨어졌죠. 아버지에게는 독수리가 있었어요. 집 안에서 자유롭게 풀어놓고 키우는 독수리가 3마리였어요."

벤키의 가족은 유목민과 같았고, 자연 속을 방랑했다. 며칠이고 바다로 항해를 나가기도 해서, 8살의 나이에 벤키는 두 눈으로 직접 목격한 범고래를 그리기도 했다. 머지않아 그녀는 처음으로 열대우림을 탐험하기 시작했다.

자연과 분리된 생활의 답답함

20대 초반에 벤키는 진화생물학을 공부하기 시작했다. 이에 대해 그녀는 인간 본성의 본질을 연구하는 것이라고 설명했다. 옥스퍼드대학교에서 시작된 벤키의 임무는 인간이 어떻게 지금의 모습을 갖추게 됐는지 알아내는 것이었다. 이를 위해 부분적으로는 인류의 진화론적 선조와 친척을 연구해야 했다. 첫 연구는 영국 남부에 있는 트와이크로스Twycross 동물원에서 침팬지와 보노보 간의 차이에 대해 연구하는 것이었다.

보노보는 날씬한 침팬지처럼 생겼고, 재미난 모양으로 머리털이 난다. 중간가르마를 탄 머리털은 마치 하늘로 떠오르려는 비행기처럼 양쪽 끝이 위로 솟아 있다. 보노보는 자라면서 몸집이 커지는데, 다 자란 보노보는 12살가량의 어린이 몸집만 하다.

벤키는 이들을 관찰하면서 보노보에 관해 가장 잘 알려진 사실을 곧 알게 됐다. 이들은 매우 자주 집단 짝짓기를 하며 유대를 쌓았다. 그리고 대부분은 동성애였다.

벤키는 정말로 이 종을 이해하고 싶다면 보노보의 자연 서식지인 아프리카로 가야 한다는 것을 깨달았다. 몇 년간 아무도 하지 못한 일이었다. 막바지에 이르긴 했으나 끔찍한 전쟁이 콩고공화국을 파괴하던 시점이었다. 그런 곳으로 가겠다고 하니 모든 사람들이 그녀를 미친 사람처럼 바라봤다. 그러나 벤키는 엄청난 노력 끝에 드디어 3년간 콩고 우림의 중심부로 갈 수 있게 됐다.

그곳에서 그녀는 진흙으로 만들어진 집에 살며 매일매일 보노보 무리만 쫓아 다녔다. 하루에 평균 17킬로미터를 걸었고, 야생 돼지의 공격을 받기도 했다. 이 시기에 그녀는 이 세상 누구보다도 보노보에 관해 잘 이해할 수 있게 되었다. 그리고 우리에게도 해당되는 무엇인가를 깨달았다.

3년 후 다시 돌아온 그녀는 정상이라고 받아들였던 많은 것들이 사실은 매우 비정상적이었다는 것을 깨달았다. 보노보는 때때로 자신이 속한 그룹에서 왕따를 당했고, 그럴 때면 매우 다르게 행동하기 시작했다. 이들은 스스로를 매우 심하게 강박적으로 긁어댔다. 그리고 무리의 끄트머리에 앉아 딴청을 피웠다. 자신의 털을 고르는 일이 훨씬 줄어들었고, 다른 보노보의 손길도 거부했다. 벤키는 그 행위가 보노보식의 우울증이라고 믿었다. 내가 앞의 장에서 설명한 것과 동일한 이유에서 비롯된 것이었다. 이들은 부당하게 대우받았고 이 때문에 슬퍼하고 절망한 것이다.

여기에는 이상한 점이 있었다. '야생의 보노보'에게는 우울증이 심해지는 것에 어느 정도 한계가 있었다. 그러나 '동물원의 보노보'는 점점 더 상태가 심각해졌다. 자연에서는 일어날 수 없는 방식이었다. 동물원에서 사육되는 보노보들은 피가 날 때까지 자신의 몸을 긁어대고 울부짖었다. 틱 증상을 보이고 강박적으로 몸을 흔들었다. 자연 서식지에서는 이러한 '완전한 만성 우울증'이 관찰되지 않았다. 그러나 동물원에서는 꽤 흔했다.

이는 보노보에만 국한된 문제가 아닌 것으로 드러났다. 동물들은 자연 서식지를 떠날 때 극단적인 증상들을 보였다. 앵무새들은 자신의 깃털을 모두 뽑았다. 말들은 쉴 새 없이 머리를 흔들어댔고, 코끼리들은 야생에서 자신의 힘과 자긍심을 보여주는 엄니를 자신이 갇힌 우리의 벽에 대고 갈기 시작했다. 그리고 그것이 그루터기처럼 될 때까지 멈추지 않았다. 동물원에 갇힌 어떤 코끼리들은 심하게 외상을 입고는 몇 년 동안이나 서서 자면서 줄곧 신경증적으로 몸을 움직였다. 이러한 생물들 가운데 그 어느 종도 자연 상태에서는 이런 식으로 행동하지 않는다. 사람에게 잡힌 많은 동물들은 성욕을 잃는다. 동물원에서 동물들을 짝짓기 하도록 만들기 어려운 이유다.

벤키는 궁금해졌다. 왜 동물들은 자연 서식지에서 벗어났을 때 훨씬 더 우울해지는가?

이는 그녀가 옥스퍼드대학교에서 논문을 쓰면서 갖게 된, 자전적인 질문이 되어버렸다. 하루 종일 갇혀서 일하던 벤키는 난생처음 우울증을 겪었다. 마치 우리에 갇힌 보노보처럼. 일단 밤에 잠을 잘 수가 없었다. 그리고 끔찍한 고통에서 벗어날 수 없었다. 항우울제를 복용했지만 약을 먹는 대부분의 사람들처럼 여전히 우울했다. 그녀는 스스로에게 묻기 시작했다.

'우리에 갇힌 보노보와 나의 상황은 비슷한 걸까? 인간 역시 자신이 진화해온 풍광에서 떨어져 살게 됐을 때 더욱 우울해지는 것이 아닐까? 그래서 나 역시 이토록 기분이 나빠진 것일까?'

정신증이나 조현병 같은 심각한 질환들을 포함한 모든 종류의 정신건강 문제가 시골보다는 도시에서 더 심각하다는 사실은 이미 알려진 지 오래다. 그러나 자연세계와 단절되는 것이 심리에 미치는 영향력을 올바로 연구한 지는 고작 20년 정도 됐을 뿐이다. 영국의 에섹스대학교 연구팀은 지금까지 이 문제를 다뤘던 연구 중 가장 구체적인 연구를 진행했다. 이들은 3년이 넘는 기간 동안 5,000가구 이상을 대상으로 정신건강을 추적했다. 이들은 특히 2가지 유형의 가구들을 살펴보고 싶었다. 한쪽은 나무가 우거진 녹지가 있는 시골에서 도시로 이사 간 경우이고, 다른 한쪽은 도시에서 푸른 녹지가 있는 시골로 이사 간 경우였다. 연구팀은 두 경우에서 사람들이 겪는 우울증의 정도가 변화를 일으키는지 보고 싶었다.

결과는 명료했다. 녹지로 이사 간 사람들은 우울증 정도가 엄청나게 감소했고, 도시로 이사 간 사람들은 우울증 정도가 매우 증가했다. 그리고 이는 비슷한 결과를 도출한 여러 연구 가운데 하나일 뿐이었다. 물론 이 연구를 진행한 과학자들은 여기에 영향을 미치는 다양한 요소들이 있음을 알고 있었다. 아마도 시골지역은 공동체가 더 끈끈하고 범죄와 환경오염이 적었을 것이며, 그점이 도시보다도 사람들의 기분을 더 좋게 해주는 이유가 됐을지

도 모른다. 따라서 또 다른 연구팀은 그러한 효과를 배제해보기로
했다. 이들은 녹지대가 있는 도심빈민지역을 매우 유사한 수준의
도심빈민지역 중 녹지대가 없는 곳과 비교했다. 그 외에 사회적
연대를 비롯한 나머지 다른 부분들은 같았다. 결과적으로 녹지가
더 많은 지역에서 스트레스와 절망감이 더 적은 것으로 나타났다.

이 모든 연구들 중에서 나에게 가장 충격적이었던 연구는 가
장 단순한 연구였다. 도시에 사는 사람들을 모아 자연에서 산책을
하게 한 후 기분과 집중력을 측정한 연구였는데, 여기에는 우울증
을 앓고 있는 사람과 그렇지 않은 사람 모두가 포함되었다. 당연
하게도 모든 피실험자들의 기분이 더 좋아졌고 집중력도 높아졌
다. 그러나 그 효과는 우울증을 앓고 있던 사람들에게 드라마틱할
정도로 컸다. 이들의 개선 정도는 다른 피실험자들의 5배 이상 높
았다. 왜일까? 무슨 일이 벌어진 것일까?

경외감이 자아의 고통을 줄인다

우리가 산을 반쯤 올랐을 때, 벤키는 저 멀리 보이는 호수들을 응
시했다. 나는 그 광경을 온전히 즐기지 못했다. 솔직히 이야기하
자면, 그 풍경이 마치 컴퓨터 화면 보호 이미지처럼 보였기 때문

이다. 그것도 아주 근사한. 나는 그 풍경을 바라보며 알 수 없는 울렁임을 느꼈다. 노트북 컴퓨터 앞에 앉아 오랫동안 자판을 누르지 않은 것 같은 느낌이었다.

내 말을 들은 벤키는 웃음을 터뜨렸다. 그러나 씁쓸한 웃음이었다. "이게 화면 보호기처럼 느껴진다면 개인적으로 책임감이 느껴지네요! 그게 내 임무처럼 느껴져요. 자연에 대해 이야기하고선 다시 '자, 이제 모니터 앞으로 돌아갑시다'라고 이야기하는 것엔 전혀 진실성이 없는 것 같거든요."

나는 그녀를 따라 다시 느릿느릿 산을 오르기 시작했다. 더 많은 이야기를 나누며, 나는 벤키가 근본적으로 이 주제에 대한 생각들을 3가지 이론으로 압축했음을 깨닫게 됐다. 그녀는 그 모든 이론들이 어느 정도는 겹쳐 있다며, 이를 더 자세히 연구해봐야 할 필요가 있다고 털어놨다. 이렇게 멋진 풍경 속에서 우리 기분이 더 좋아지는 이유를 이해하기 위해서는 기본적인 것부터 시작해야 한다고 그녀는 말했다. "문제는 우리가 동물이라는 거예요. 우린 그 사실을 잊곤 하죠." 그러고는 자신의 몸을 가리키며 "그리고 동물로서 우리 몸은 움직이도록 만들어졌어요"라고 말했다.

벤키는 우리가 나쁜 기분을 해결해줄 방법을 찾을 때, 하나의 생물로서 우리가 만들어낸 언어와 상징 속에서 찾아야 한다고 말했다. 그러나 이런 상징들은 영겁과도 같은 시간 안에서 매우 최근에서야 등장한 것이었다.

"우리는 지금까지 거의 5억 년의 시간을 무척추동물로 살았어요. 2억 5,000년에서 3억 년의 시간 동안은 포유동물이었죠. 그리고 6,500년 동안 영장류로 살았어요."

콩고의 우림에서 보노보와 함께 먹고 자고 살며 보낸 시간 동안 그녀는 우리가 서로에게 어떻게 가까워질 수 있는지를 배웠다. "우리는 말하고 개념을 전달할 수 있는 동물이기 훨씬 이전부터 움직이는 동물로 존재해왔어요. 그러나 우리는 여전히 우울증을 개념적인 수준에서 치유할 수 있다고 생각하죠. 저는 그 첫 답이 훨씬 단순하다고 생각해요. 생활을 바꿔야 해요. 밖으로 나가세요. 움직이세요."

그녀는 동물이 무리 내에서 괜찮은 지위를 확보한 채 자연 서식지 안에서 움직일 수만 있다면 우울해질 리 없다고 말했다.

운동이 우울과 불안을 확실하게 줄여준다는 과학적 증거는 분명하다. 벤키는 운동이 우리를 좀 더 자연에 가까운 상태로 되돌려주기 때문이라고 생각했다. 우리를 포용하는 곳에서 움직인다면 엔도르핀이 솟구칠 것이다. 그녀가 보기에 충분한 시간 동안 움직이지 않거나 자연 속에 머무르지 않는 아이(혹은 어른)가 완전히 건강한 동물이 될 수는 없었다.

그러나 그보다 더 심오한 무엇인가가 분명 존재한다고 벤키는 말했다. 과학자들은 체육관에서 러닝머신 위를 뛰는 사람들과 자연 속에서 뛰는 사람들을 비교했을 때, 정도의 차이는 있었지만

둘 다 우울증이 감소했다는 사실을 발견했다. 그렇다면 운동 외에 다른 요인들에는 무엇이 있을까?

잠시 휴식을 취하는 사이, 얼룩다람쥐 한 마리가 망설이며 우리에게 다가왔다. 내 발에서 겨우 몇 걸음 떨어진 거리였다. 나는 그날 아침 일찍 마을에서 산 육포 한 조각을 땅에 내려놨다. 그때, 자연 속에 있는 것이 왜 많은 사람들을 부정적 상태에서 해방시켜 주는지에 대해 과학자들이 지지하는 이론이 또 하나 있다고 벤키가 설명했다.

생물학자 에드워드 윌슨은 자신이 속한 분야에서 20세기 들어 가장 중요한 사람으로 꼽힌다. 윌슨은 모든 인간이 '바이오필리아 biophilia'라고 부르는 자연적 감각을 가졌다고 주장했다. 바이오필리아는 자연에 대한 동경, 즉 우리가 살고 있는 환경에 대한 선천적인 사랑을 의미한다. 또한 그것은 우리를 둘러싸고, 우리가 존재할 수 있게 만들어주는 자연의 생물망에 대한 사랑을 의미하기도 한다.

거의 모든 동물들은 자신이 살아남기 위해 진화한, 그 환경을 빼앗기게 될 때 절망한다. 양서류인 개구리는 육지에서도 살 수 있다. 그러나 그것이 지옥처럼 비참해서 결국 포기하게 될 뿐이다. 벤키는 왜 인간이 이러한 원칙에서 예외가 되는 것인지 궁금했다. "주위를 둘러보세요. 맙소사, 우리가 살 곳은 바로 여기라고요."

과학적으로 실험하기에는 어려운 개념이지만 이를 시도해본 사람들이 있다. 사회과학자 고든 오리언스Gordon Orians와 주디스 히어웨건Judith Heerwagen은 전 세계의 다양한 문화권에 사는 사람들을 연구했다. 이들은 피실험자들에게 사막이나 도시, 대초원 같은 매우 다른 풍경사진을 광범위하게 보여줬다. 그 결과, 소속 문화의 차이와 상관없이 사람들은 아프리카 대초원처럼 보이는 풍경에 대한 높은 선호를 보였다. 여기에는 선천적인 이유가 존재한다고 이들은 결론 내렸다.

이는 벤키가 우울하거나 불안한 사람들이 자연 속에 묻힐 때 기분이 개선될 수 있다고 생각하는 또 다른 이유였다. 벤키 역시 경험한 일이지만, 우울할 때 우리는 모든 문제가 자기 때문이라고 느낀다. 그럴수록 나만의 이야기와 생각에 갇히게 되고, 머릿속은 몽롱하고 쓰라린 생각으로 가득해진다. 우울하거나 불안해지는 것은 우리가 자아라는 감옥에 갇히는 과정이다. 그 감옥은 바깥공기가 전혀 들어오지 못하는 곳이다. 여러 과학자들은 자연세계에 머물 때의 공통적인 반응이 이러한 느낌의 정반대, 즉 경외감이라고 말한다. 멋진 경관과 마주했을 때 우리는 지금껏 나를 괴롭혀온 걱정들이 매우 사소하며, 반대로 세상은 매우 크다는 느낌을 받는다. 그러한 감각은 자아를 감당하기 쉬운 크기로 줄인다.

"당신 자신보다 큰 존재죠." 벤키는 주위를 둘러보며 말했다. "그러한 느낌에는 매우 건강한 뭔가가 있어요. 사람들은 그런 감정이 일어나는 때를 즐겨요. 잠깐 스쳐가는 그 순간을요."

이는 나 자신이 내 주변의 모든 것들과 연결되어 있다는, 더 심오하고 폭넓은 사고를 할 수 있도록 도와준다. 즉, 장엄한 체계에 속해 있음을 보여주는 비유 같은 것이다. 우리는 미처 깨닫지 못하는 순간에도 어떤 네트워크에 속해 있으며, 그 거대한 모자이크 안에서 당신은 그저 '작은 조각' 하나일 뿐이다.

벤키는 우리가 이 모든 것에서 분리된 채 봉인될 때 우울해지기 쉽다는 것을 발견했다. 콩고 우림지역에서 보노보와 함께 살면서 그녀는 우울해질 수 없음을 깨달았다. 물론 때때로 절망적인 생각을 하기도 했다. "자연을 즐긴다라…… 전 그렇게 생각 안 해요. 대초원에서 야영을 하는데 사자가 포효하는 소리가 들려요. 그러면 이렇게 생각하게 되죠. '아, 망했다. 나는 한 입 거리도 안 되겠구나.'"

그녀는 이렇게 자아 속에 갇혀버린 자신을 풀어주고 절망에서 벗어날 수 있다고 설명했다.

얼룩다람쥐는 내가 내려놓은 육포 냄새를 킁킁 맡아보았다. 그리고 역겨워하는 듯 보이더니 멀리 도망가버렸다. 그제야 나는 육포 봉지를 살펴봤다. 그리고 내가 그 다람쥐에게 '연어육포'를 줬음을 깨달았다. 분명 캐나다 사람들은 기꺼이 즐길 간식이었다.

"다람쥐 입맛이 까다롭네." 벤키가 봉투 뒷면을 읽어보더니 말했다. 그러고는 나를 다시 산 아래로 끌고 내려가기 시작했다.

1970년대 남부 미시건의 주립교도소에서 실험이 이뤄졌다. 교도소가 지어진 방식 때문에 수감자들의 반은 감방 안에서 창을 통해 구릉으로 이뤄진 농장과 나무를 내려다볼 수 있었다. 그리고 나머지 반은 아무것도 없는 벽만 볼 수 있었다. 건축가 어니스트 무어Ernest Moore는 이러한 차이를 지닌 수감자 집단의 의료기록을 연구했다. 수감자들은 그 외의 조건에서는 차이가 없었다. 그 결과, 자연풍경을 볼 수 있는 수감자들은 그렇지 못한 수감자들보다 신체적·정신적으로 아플 가능성이 24퍼센트나 낮았다.

환경 및 보건학 분야의 유명한 전문가인 하워드 플럼킨Howard Flumkin 교수는 이 연구가 자금 지원을 받기가 쉽지 않다고 말했다. 현대 생체의학 연구의 형태는 대부분 제약산업에 의해 결정 내려지기 때문이었다. 또한 자연과의 접촉을 상업화하는 것은 매우 어렵기 때문에 기업들은 이것에 관심이 없었다. 팔 수 없는 것은 알고 싶지도 않은 것이다.

그렇다면 도대체 나는 왜 평생 자연을 그토록 꺼려했는가? 몇 달간 이를 고민해보고, 벤키와의 산악 인터뷰를 듣고 또 들은 후에야 뭔가를 깨달을 수 있었다. 자연에서 나는 벤키가 말한 대로 내 자아가 오그라든다고 느끼고, 나와 비교해 이 세상이 매우 크다고 생각했다. 그러나 나는 그런 기분을 위안이 아닌 불안으로 받아들였다. 이 책을 위한 여정에 이르러서야 나는 이를 올바르게 이해할 수 있었다. 이에 대해서는 뒤에서 다시 설명하겠다.

"인간으로서 우리는 다양한 현대적 형태의 감금을 경험하고 있어요." 벤키가 말했다. 우울증에 걸린 보노보는 우리에게 '감금되어 살지 말 것', '감금에서 탈피할 것'이라는 교훈을 줬다. 우울증의 가장 잔인한 점은 온전히 살아가려는 욕망을 앗아가는 것이라고 그녀는 말했다. 우울증은 경험 자체를 앗아가버린다.

"우리는 살아 있음을 느끼고 싶어요."

우리는 너무나 간절히 이를 바라고 필요로 한다. 후에 벤키는 말했다. "분명 우리는 죽음을 목전에 두고 있었어요. 하지만 살아 있음을 느꼈잖아요, 그렇죠? 겁에 질렸을지는 몰라도 우울한 건 아니었어요."

그래, 나는 우울하지 않았다.

12장

무방비한 미래
: 나는 어떻게 살 것인가?

LOST
CONNEC
TIONS

✦──✦ 나는 내 우울과 불안에 또 다른 문제가 있음을 알았다. 나는 가끔 희한하게도 극단적 근시안 상태가 됐다. 그럴 때면 오직 몇 시간에 관해서만 생각할 수 있었다. 이 우울한 기분이 앞으로 얼마나 오래 지속될 것인지, 얼마나 고통스러울 것인지 같은 것들이었다. 마치 미래가 사라져버리는 것만 같았다. 우울증이나 불안 장애를 겪는 많은 사람들 역시 매우 흡사한 기분을 묘사했다.

한 친구는 자신의 시간감각이 확장된다고 느껴질 때 우울증이 사라진다는 것을 알았다고 말했다. 현시점으로부터 1달 후, 혹은 1년 후에 대해 생각할 수 있게 된다는 것이다. 나는 이런 기이한 상태를 이해하고 싶었고, 뛰어난 과학연구들을 만나게 됐다. 내가 알고 있던 우울과 불안의 이유들 가운데 이해하느라 가장 오랜 시간이 걸렸던 부분이었다. 그러나 일단 이해하게 되자 여러 미스터리들을 말끔히 풀 수 있었다.

'수많은 승리'라는 의미의 이름을 가진 북미 원주민 추장 '플렌티 쿱스Plenty Coups'는 사망하기 전 미국 몬태나주의 평야에 있는 집에 앉아 한때 자신의 부족이 버펄로를 몰고 누비던 그 땅을 바라보고 있었다. 이제 더 이상 아무것도 남지 않은 땅이었다. 그는 크로족Crow族이 사냥하는 유목민의 삶을 살 수 있던 마지막 시대에 태어났다. 하루는 백인 카우보이가 나에게 이 추장의 이야기를 들려주고 싶다고 했다. 후대를 위해 추장의 목소리로 충실히 기록한 이야기였다. 세상의 종말에 대한 이야기였다.

추장은 자신이 어렸을 적 그의 부족이 2가지 중요한 활동을 중심으로 조직되어 있었다고 설명했다. 우선 이들은 사냥을 했다. 그리고 그 지역의 라이벌 원주민 부족에 대항하는 전쟁에 대비했다. 그들이 하는 모든 일들은 이렇게 조직된 인생의 두 기둥 가운데 하나를 준비하도록 계획됐다. 음식을 만들 때 이는 사냥을 위해서거나 싸움을 위해서였다. 북미 원주민들은 매해 여름에 태양을 보며 춤을 추는데, 이 선댄스Sun Dance 의식을 치르는 것 역시 사냥이나 전쟁에서 힘을 얻길 비는 과정이었다. 심지어 부족원의 이름조차 사냥이나 전쟁에서 맡은 역할을 바탕으로 지어졌다. 이것이 그들의 세상이었다.

플렌티 쿱스 추장은 자신의 잃어버린 세계에 대해 매우 세세하게 설명을 이어갔다. 그는 자신의 인생과 부족의 정신적 가치, 그리고 버펄로나 다른 라이벌 부족들과의 관계에 주술을 걸었다. 이는 유럽이나 중국, 인도의 문명만큼이나 복잡한 세계였다. 그리고 원칙과 의미, 비유로 잘 구성된 세계였다. 그러나 나에게 추장의 이야기를 들려준 백인 카우보이는 이 이야기에 이상한 구석이 있다는 것을 발견했다. 유럽인들의 침략, 야생 버펄로들의 죽음을 지나 크로족이 학살되어 생존자들이 보호구역에 갇혀버리게 됐을 때, 추장은 겨우 10대였다. 그러나 추장의 이야기는 언제나 그 시점에서 끝나버렸다. 그의 인생에서 그 뒤로 남은 세월이 훨씬 길었음에도 그에겐 아무런 이야기도 남지 않았다. 추장은 크로족이 보호구역에 갇히게 된 시점에 도달해 이렇게 마무리했다.

"이 이후에는 아무 일도 벌어지지 않았어요."

물론 카우보이를 비롯한 모든 사람들은 추장이 이후의 인생에서 더 많은 일들을 해냈음을 알고 있었다. 많은 일들이 벌어졌다. 그러나 사실상 그와 그의 부족에겐 이 세상이 그 시점에 끝나버린 것이다.

미래에 대한 감각이 단절된 사람들

한 세기 이후 심리학 교수인 마이클 챈들러Michael Chandler는 뜻밖의 발견을 했다.

캐나다 전역에는 196개의 퍼스트네이션First Nation이 흩어져 살았다. '퍼스트네이션'이란 유럽인들의 침략에서 살아남은 캐나다 원주민들을 부르는 용어다. 물론 보호구역 내에서였지만 이들은 플렌티 쿠스 추장과 크로족처럼 혼란에 빠져 있었다. 미국에서와 마찬가지로, 캐나다 정부는 연이어 몇 년간 원주민들의 문화를 파괴하려 했다. 어린 아이들을 빼앗아 고아원에서 양육하고, 원주민들의 언어를 사용하지 못하도록 했으며, 삶의 방식에 대해 그 어느 것도 이야기하지 못하게 했다. 이는 몇십 년 전까지 계속됐다.

그 결과 이 모든 일을 겪은 원주민과 아이들은 캐나다 내에서 가장 높은 자살률을 보였다. 2016년 캐나다에서는 하룻밤에 한 보호구역에서만 11명의 퍼스트네이션이 자살한 사건이 헤드라인을 장식했다. 챈들러는 1990년대부터 원주민들의 자살에 대한 통계를 찾아보기 시작했다. 그들이 무엇 때문에 자살을 하는지 알아보기 위해서였다.

그러다가 그는 흥미로운 부분을 발견했다. 다른 민족들이 극단적으로 높은 자살률을 보일 때, 특정 토착민족은 그런 현상이 보이지 않았다. 무슨 이유였을까? 그 차이를 어떻게 설명할 수 있을까? 이 부족들에게는 자살률이 높은 부족들에게 해당되지 않은 어떤 일이 벌어졌을까?

챈들러는 무언가를 예감할 수 있었다. "역사적으로 정부는 토착민족을 어린 아이처럼 취급했고, 부모처럼 이들의 삶을 통제하려 했습니다. 그러나 지난 세월 토착민족들은 이러한 접근법에 맞서 싸웠고 자립적인 삶을 다시 세우려 노력했죠."

그의 말대로 어떤 부족은 대대로 살아온 지역에 대한 지배권을 되찾았고, 그들만의 언어를 되살렸으며, 학교와 보건서비스, 경찰에 대한 통제권을 획득해 스스로 선거를 치루고 운영할 수 있도록 했다. 어떤 경우에는 자치정부가 퍼스트네이션 원주민들의 조직에 항복해 일정 부분 자유를 내주기도 했다.

그러나 그렇지 못한 부족도 존재했다. 이는 캐나다 정부의 결정에 휘둘려 여전히 통제를 당하는 퍼스트네이션 원주민들, 그리고 문화를 재건할 수 있는 자유를 획득해 자기들의 관점에서 세계를 세우려 시도하는 다른 토착민족들 간에 커다란 격차가 있다는 의미였다.

챈들러와 그의 동료들은 몇 년에 걸쳐 신중하게 통계자료를 모으고 연구했다. 이들은 부족이 지닌 주도권을 측정하기 위한 9가지 방식을 개발했고 천천히 이를 자살률에 대입했다. 이들이 알고 싶은 것은 이 둘 사이에 어떤 연관관계가 있는지였다. 그 후 이들은 결과를 취합했다. 그 결과, 주도권을 많이 쥐고 있는 부족들은 가장 낮은 자살률을 보이는 반면 주도권이 거의 없는 부족들은 가장 높은 자살률을 보이는 것으로 드러났다. 이 2가지 요인을 적용해 196개 부족들을 그래프로 그리자 놀라울 정도로 정확한 직선을 보였다. 공동체 권한의 정도를 보고 자살률을 예측할 수 있을 정도였다.

물론 이것이 퍼스트네이션 원주민들의 고뇌를 야기한 유일한 요인은 아닐 것이다. 그러나 챈들러는 공동체 권한의 결여가 크고 중대한 요인임을 증명했다. 이 발견은 그 자체로 폭발적이었다. 그 후 챈들러는 더욱 깊은 고민에 빠졌다.

퍼스트네이션 원주민들에 대한 연구결과를 살펴보다 챈들러는 예전에 자신이 진행했던 다른 연구를 떠올렸다. 정체성은 어떻게 수립되는가에 대한 문제였다. 당신이 유아용 과자를 입 밖으로 뱉어내던 어린 아이 시절부터 지금 이 책을 읽고 있는 시점까지, 그 연결의 끈은 무엇인가? 당신은 항상 동일한 사람이었는가? 우리는 본능적으로 자신이 일생에 걸쳐 똑같은 사람이라고 느낀다. 그러나 그 이유를 설명하기는 쉽지 않다. 또한 그 이유를 찾는 것이 불가능한 것처럼 보이는 한 무리의 사람들이 있다.

몇 년 전 챈들러는 밴쿠버에 있는 10대 청소년들을 위한 정신 병원을 찾아갔다. 그리고 그곳에서 몇 달간 아이들과 인터뷰를 했다. 이들은 벙커침대에서 자면서 치료를 받고 때로는 수치심을 느끼며 팔에 난 흉터들을 감추곤 했다. 챈들러는 이들의 인생에 대해 다양한 질문들을 했다. 어떤 질문들은 이들이 진행하는 토론의 중심이 됐다. '어떻게 정체성을 형성할 수 있는가'라는 질문을 그는 다양한 방식으로 제시했다.

챈들러는 보호시설 청소년들을 두 집단으로 나누고 《크리스마스 캐럴》과 《레미제라블》을 읽도록 했다. 한 집단은 입원을 해야 할 정도로 심한 거식증을 앓는 청소년들로 구성됐고, 다른 집단은 자살 충동을 느낄 정도의 우울증을 앓는 청소년들이었다. 그는 두 집단의 청소년들이 책의 주인공들에 대해 어떻게 생각하는지 물었다. 스크루지 영감은 유령들을 만나고 마음의 변화를 겪은 후 미래에도 동일한 인물일까? 그렇다면 그 이유는 무엇일까? 장발장은 감옥에서 도망쳐 이름을 바꾼 후에도 동일한 사람일까? 왜 그런지를 이야기해보자.

두 집단의 청소년들은 모두 똑같이 아팠고, 고통의 정도도 비슷했다. 거식증에 걸린 아이들은 이런 질문들에 평범하게 대답했다. 반면에 우울증을 앓는 아이들은 그럴 수 없었다.

"자살 충동에 시달리는 집단의 아이들은 전반적으로 어떻게 한 사람이 계속 동일한 개인임을 유지할 수 있는지 이해하는 데에 실패했어요." 챈들러가 말했다.

심한 우울증을 앓는 아이들은 다른 질문들에는 모두 정상적으로 대답할 수 있었다. 그러나 자기 자신이나 다른 사람들이 미래에 어떨 것인지에 관한 질문을 받으면 당황스러워했다. 이들은 자신이 그 대답을 할 수 있어야 한다는 것을 알았다. 그러나 그들은 슬프게 대답했다. "전혀 감도 안 와요."

여기에 흥미로운 점이 있다. 이들은 미래에 장발장이 어떻게 될 것인지 떠올리지 못하는 것과 마찬가지로 자신들이 미래에 어떤 사람이 될 것인지 추측하지 못했다. 그들에게 미래는 사라져버렸다. 지금으로부터 5년, 10년, 혹은 20년 후의 자기 모습을 묘사해보라고 물으면 이들은 어쩔 줄 몰라 했다.

챈들러는 극단적으로 우울한 사람들이 미래에 대한 감각에서 단절된다는 것을 발견했다. 다른 괴로움에 시달리는 사람들과 구별되는 모습이었다. 그러나 이러한 연구로부터 이 아이들의 증상이 원인인지 결과인지 알아내기는 어려웠다. 양쪽 모두에 해당될 수도 있었다. 미래에 대한 감각을 잃는 것이 자살 충동으로 이어질 수도 있고, 극단적인 우울증이 미래에 대해 생각하기 어렵게 만드는 것일 수도 있었다. 이를 어떻게 알아낼 수 있을까?

챈들러는 이에 대한 힌트를 캐나다 퍼스트네이션 원주민들에 대한 연구에서 얻을 수 있을 것이라고 믿게 됐다. 자기 부족의 운명을 전혀 통제할 수 없는 사회에 살고 있다면 희망적이거나 안정적인 미래를 그려내기가 어려울 것이다. 지금껏 여러 차례에 걸쳐 자기 부족을 파괴한 외부 권력의 자비에 기대야만 한다. 그러나 그 운명을 직접 통제할 수 있는 사회에 살고 있다면 스스로 희망적인 미래를 그려낼 수 있을 것이다. 이를 함께 결정할 것이기 때문이다. 챈들러는 원주민 집단의 자살률을 높이는 것이 '미래의 상실'이라는 결론을 내렸다. 긍정적인 미래에 대한 감각은 현재를 보호한다. 그러나 그 희망을 빼앗긴다면 지금의 고통이 영원할 것처럼 느껴진다.

이 연구를 진행한 후, 챈들러는 우울과 불안을 우리의 뇌나 유전자의 고장으로 논의하는 것에 대해 매우 회의를 느낀다고 말했다. "이는 건강과 웰빙에 대한 지나치게 기계화되고 의료화된 관점에서 나오는 관점이에요. 여기에는 이러한 일들이 벌어지는 문화적 맥락에 대한 진지한 고찰이 결여됐어요."

이런 식으로 생각할 때 우리는 희망을 빼앗긴 많은 사람들이 가지는 '우울과 불안의 타당성'을 무시하게 된다. 그러고는 이들이 느끼는 고통의 원인에 대해 생각하는 대신 간단하게 항우울제 약을 처방한다. 이는 하나의 '산업'이 되어버린 것이다.

최소한의 안정과 희망이 있는 삶

런던으로 돌아왔을 때 나는 대학 시절부터 알고 지냈지만, 어쩐 일인지 몇 년간 연락이 끊겼던 한 친구와 약속을 잡았다. 이제부터 그 친구를 에이미라고 부르겠다. 우리가 함께 공부하던 시절, 에이미는 모든 일을 한번에 해낼 수 있는 것처럼 보이는 사람이었다. 연극에 출연하고, 톨스토이를 읽었으며, 모두에게 최고의 친구가 되어줬고, 가장 인기 많은 남자들과 데이트를 했다. 그러나 몇 년이 흐른 뒤, 나는 에이미를 알고 있던 친구로부터 그녀가 심각한 우울증과 불안장애를 겪고 있다는 소식을 들었다.

나는 에이미와 점심식사를 했다. 그녀는 우리가 마지막으로 만난 후 자신의 인생이 어떻게 흘러갔는지 들려주었다. 그녀는 빠르게 말을 이으며 중간중간 사과를 했다. 무엇을 위한 사과인지는 알 수 없었다. 졸업 후 에이미는 석사학위를 취득했고, 구직활동을 시작했다. 그런데 이해할 수 없는 일이 이어졌다. 면접을 볼 때마다 사람들은 에이미의 능력이 뛰어나긴 하지만 채용된다면 금세 그만둘 것 같다고 말했다.

에이미는 성실한 유형이었고, 그런 그녀가 직장을 찾지 못했다는 것은 이상한 일이었다. 점차 생활비가 부족해졌고, 1시간에 약 10달러의 돈을 받고 콜센터에서 교대근무를 하기 시작했다. 이는 당시 영국의 최저임금보다 약간 높은 수준이었다.

첫날 그녀는 이스트 런던에 있는 오래된 페인트 혼합공장에 도착했다. 이 콜센터는 당시 영국에서 가장 잘나가는 자선단체 세 곳을 대행하는 곳이었고, 에이미의 역할은 사람들에게 전화를 걸어 소위 '3단계 질문'을 하는 것이었다. 감독관은 자신들이 그녀를 계속 고용할 경우, 일주일에 1번 이메일을 받게 될 것이라고 설명했다. 다음 주의 근무조가 쓰여 있는 메일이었다. 일주일에 나흘을 근무할 수도 있고, 하루도 근무하지 못할 수도 있었다.

"그건 당신이 얼마나 성과를 내는지에 달렸지."

첫날이 끝날 무렵 감독관은 에이미에게 그녀가 하루 종일 통화를 제대로 하지 않았다고 말했다. 그리고 통화가 개선되지 않으면 다음 근무조를 배정받지 못할 것이라고 했다. 에이미는 좀 더 적극적이어야 했다. 전화를 받은 사람이 3단계 질문을 모두 들을 때까지 전화를 끊지 않는 비율을 높여야만 했다. 그리고 '알았다'고 대답하는 사람들의 비율을 높게 유지해야만 했다. 그녀는 이후 몇 주 동안 일을 하면서 그 비율이 2퍼센트라도 떨어지면 감독관이 고함을 지른다는 것을, 그리고 그것이 마지막 근무가 될 수도 있다는 것을 알았다. 때때로 전화를 받은 사람들이 울면서 더 이상 기부를 할 수 없게 됐다고 말하는 경우도 있었다. 에이미는 끝까지 물고 늘어지라는 지시를 받았다.

첫 달에 에이미는 자신이 더 잘할 수 있을 것이며, 적합한 직장을 얻을 때까지 견딜 수 있을 것이라고 생각했다. 나흘 근무하는 주에 드디어 일터까지 버스를 타고 갈 수 있었고 통닭 한 마리를 사서 일주일 동안 나눠 먹을 수 있었다. 이틀이나 하루 근무하게 된 주에는 콩 요리를 먹고 일터까지 걸어가야 했다.

두 달째가 된 어느 날, 에이미는 출근하는 버스 안에서 벌벌 떨고 있었다. 이유는 알 수 없었다. 퇴근 후 그녀는 가끔 길 건너 술집에서 기네스 흑맥주 한 잔을 마셨고 살면서 처음으로 남들 앞에서 울었다. 비슷한 때에 그녀는 자신이 전에는 그러지 않았던 방식으로 화를 낸다는 것을 깨달았다. 때로 근무조에 새로운 지원자가 들어왔고, 그로 인해 그녀의 근무가 줄어들기도 했다. 새로 온 사람들을 진심으로 증오하게 됐다고 그녀는 말했다.

에이미는 한 치 앞도 계획할 수 없었다. 친구들이 대출과 연금에 대해 이야기하는 것은 마치 천국의 이야기, 그녀가 머물러야만 하는 곳에서 멀리 떨어진 곳의 이야기처럼 들렸다.

"나는 우리가 20대에 그렇듯 60살이 되고 70살이 되어도 가난할까 봐 두려워."

에이미는 자신이 한 발자국도 움직일 수 없는 '영원한 교통체증'에 갇힌 것처럼 느껴진다고 말했다. 그녀는 밤에 싸구려 술을 마시기 시작했다.

지난 30년간 점점 더 많은 사람들이 자신의 일에 대해 이런 종류의 불안감을 가지게 됐다. 미국과 독일에서는 노동자의 약 20퍼센트가 아무런 고용계약 없이 임시직으로 일한다. 이탈리아 철학자 파올로 비르노Paolo Virno는 우리가 프롤레타리아Proletariat에서 '프레카리아트Precariat로 옮겨가고 있다고 말했다. 프레카리아트는 '불안정한precarious'과 '프롤레타리아proletariat'를 합성한 조어로, 프롤레타리아가 직업을 가진 육체노동자 집단이라면 프레카리아트는 안정적인 직업을 가지지 못하는, 만성적으로 불안정한 사람들의 유동적 집단을 의미한다.

중산계급과 노동계급 사람들이 안정적인 소득을 가지고 미래의 계획을 세울 수 있던 당시에는 창문이 하나 있었다. 하지만 계속해서 산업규제를 완화하는 동시에, 노동자들의 권리를 보호하기 위한 조직화를 어렵게 만드는 정치적 결정의 결과로 말미암아 그 창은 닫히고 있다. 그리고 우리는 예측 가능한 미래에 대한 감각을 잃고 있다. 에이미는 미래에 무엇이 자신을 기다리고 있는지 알 수 없었다. 이런 식으로 일을 한다는 것은 당장 몇 달 앞도 내다볼 수 없다는 의미였다.

우리가 잃어버린 것이 우리를 아프게 한다

이러한 불안정성은 낮은 임금을 받는 사람들 사이에서 시작됐다. 그러나 그 이후 불안감은 연쇄적으로 점점 더 확산되고 있다. 현재 많은 중산층은 그 어떤 계약서나 고용안정성 없이, 업무에서 업무로 일자리를 전전하며 지낸다. 그리고 여기에 '프리랜서'나 '긱 경제Gig economy'라는 그럴듯한 이름을 붙인다. 우리 대부분에게 미래에 대한 안정성은 사라지고 있다. 그리고 우리는 이를 해방의 일종으로 봐야 한다며 강요받는다.

현대사회의 노동자들에게 생긴 일을 오랜 박해와 학살에서 살아남은 원주민들에게 생긴 일과 비교한다는 것은 물론 터무니없는 일이다. 그러나 분명한 연결고리가 있다.

이 책을 위한 조사를 진행하면서 나는 클리블랜드에 갔다. 한때는 제조업의 중심지였으나 산업 사양화로 말미암아 쇠락한 공업지대의 대표적인 지역이다. 어느 날 오후, 나는 도시 남서쪽에 있는 한 거리를 걸어가고 있었다. 그 지역 주택의 3분의 1은 공권력에 의해 철거되고, 3분의 1은 버려졌다. 나머지 3분의 1에는 여전히 사람이 살고 있었지만, 창문에는 쇠창살이 설치되어 있었고 사람들은 잔뜩 움츠러든 것처럼 보였다.

나는 어느 집의 문을 두드렸고, 한 여성이 나왔다. 50대 중반쯤 되어 보이는 여성이었다. 그녀는 분노를 쏟아내기 시작했다. 자신이 이웃들을 얼마나 무서워하는지, 그 동네 아이들은 어떻게 살아가야 하는지, 상황을 개선시켜줄 누군가가 얼마나 절실히 필요한지, 어째서 근처에 슈퍼마켓 하나가 없어서 장을 보려면 버스로 세 정거장이나 가야 하는지에 대해서였다. 그녀가 지나가는 말로 자신이 37살이라 말해서 나는 깜짝 놀랐다.

그녀가 남긴 말은 오랜 시간이 흐른 후에도 내 머릿속을 맴돌았다. 그녀는 자신의 조부모가 그곳에 살던 시절, 공장에서 일하며 중산층 생활을 할 수 있던 시절, 그 지역이 어땠는지 묘사하다 말실수를 하고 말았다. '내가 어렸을 적'이라고 말하려다가 그만 '내가 살아 있었을 적'이라고 말한 것이다.

그녀가 그렇게 말한 후, 나는 1890년대에 어느 크로족이 인류학자에게 했던 이야기가 떠올랐다. "나는 내가 이해할 수 없는 삶을 살려고 노력 중이다."

에이미, 그리고 프레카리아트 계급으로 끌려가버린 다른 친구들 역시 자신들의 인생을 이해하지 못하는 것은 마찬가지다. 미래는 계속해서 산산이 부서져버린다. 미래에 대해 품었던 모든 기대들은 사라져버렸다.

에이미에게 마이클 챈들러의 연구들에 대해 이야기해주자 그녀는 슬픈 미소를 지었다. 그녀는 직감적으로 그 연구가 타당하다고 느낀다고 말했다. 미래의 자아상에 대해 안정적인 그림을 그릴 수 있을 때 관점이라는 것이 생기기 때문이다.

"그렇지 않겠어? 이렇게 말할 수 있는 거야. '좋아, 오늘 하루는 재수가 없었어. 하지만 내 삶이 재수 없는 건 아니니까.'"

그녀는 자신이 매년 성대한 생일파티를 한다든가 고급 요트를 사는 것을 기대하는 것이 아니라고 했다. 그저 소박한 여름휴가를 계획할 수 있기를 기대했다. 그리고 30대 후반에 접어드는 그 시점에서 다음 주에는 누가 그녀의 고용주가 될지, 그리고 그다음 주에는 또 누가 될지 알고 싶었다. 그러나 그녀는 프레카리아트의 덫에 걸렸다. 그리고 그 이후 아무것도 바뀌지 않았다.

13장

단절의 결과를
악화시키는 요인들

LOST
CONNEC
TIONS

✦———✦ 단순히 뇌의 호르몬 부족으로 우울과 불안이 생긴다는 이야기는 지금껏 조사해본 결과, 사실이 아니다. 반면, 또 다른 몇몇 사람들은 우리가 듣는 생물학적 설명은 그 어느 것도 진실이 아니며 오직 사회적이고 심리학적인 요인에 의해서만 우울과 불안이 생긴다고 결론짓는다. 그러나 이들과 인터뷰를 할 때면, 환경적·사회적 원인을 가장 강력하게 옹호하는 사람들조차 생물학적 원인이 분명 존재하며, 이것이 매우 실질적인 원인이라고 강조한다. 이들은 어떤 역할을 하고 어떻게 작동하는가? 그리고 내가 알게 된 그 외의 모든 것들과 어떤 관련이 있을까?

마크 루이스의 친구들은 그가 결국 죽었다고 생각했다. 때는 1969년 여름이었다. 당시 이 젊은 학생은 할 수 있는 모든 방식으로 자신의 절망을 막아보려고 애쓰고 있었다. 그는 일주일 동안, 구할 수 있는 모든 흥분제를 삼키거나 코로 들이마시거나 주사로 맞았다. 36시간 동안 제정신으로 버틴 후 그는 한 친구에게 헤로인을 주사해달라고 부탁했고, 마침내 쓰러져버렸다. 다시 정신을 차렸을 때, 그는 친구들이 시체가 들어갈 만큼 큰 가방을 어디서 구할 수 있는지 알아보는 중이었다는 것을 알았다. 루이스가 갑자기 말을 하자 친구들은 공포에 떨었다. 친구들은 그의 심장이 몇 분간 멈췄었다고 설명했다.

그로부터 10여 년이 지난 후, 마침내 루이스는 마약을 끊고 신경과학을 연구하기 시작했다. 나와 처음 만났을 때 그는 해당 분야를 이끄는 중요한 인물로서 네덜란드에서 교수로 일하고 있었다. 그는 사람이 심하게 고통스러울 때 뇌가 어떻게 변하는지 알고 싶었다. 그러한 뇌의 변화 때문에 우울과 불안의 굴레에서 회복하기가 더욱 힘들어지는 것인가?

우울하거나 심한 불안장애를 겪는 사람의 뇌를 촬영해보면 이러한 문제가 전혀 없는 누군가의 뇌와 달라 보인다고 그는 설명했다. 불행을 느끼거나 위험을 깨닫는 것과 연관이 있는 부위는 밝게 나타나는데, 부위는 더 커지고 더욱 활성화된다. 그는 내게 그림을 보여주면서 이러한 뇌의 부위를 찾아줬다.

나는 그 이야기가 10대 시절 내가 주치의로부터 들은 이야기와 맞아 떨어진다고 말했다. 뇌가 실질적으로 고장 났기 때문에 내가 우울증에 걸린 것이며, 약으로 고쳐야만 한다는 이야기였다. 그렇다면 그 이야기가 옳았던 것인가? 내가 그렇게 묻자 그는 슬픈 표정으로 아니라고, 전혀 그런 의미가 아니라고 했다. 그 이유를 이해하기 위해서는 신경가소성neuroplasticity이라고 부르는 중요한 개념을 알아야 한다고 그는 말했다.

뇌와 유전자의 조건부 역할

15년 전, 누군가 내게 나의 뇌 사진을 보여주며 어떻게 보이는지 설명하라고 했다면 이렇게 생각했을 것이다.

'저게 나구나. 불행이나 공포를 느끼는 것과 관련한 뇌 부위가 남들보다 활성화되어 있으니, 나는 언제나 더 불행하고 더 두려워하는 사람으로 살아가겠지. 짧은 다리를 가진 사람도, 긴 팔을 가진 사람도 있어. 그리고 나는 공포와 불안에 관련해 좀 더 활성화된 부위가 있는 뇌를 가진 거야. 그래서 그런 거야.'

그러나 우리는 이제 그것이 완전한 진실이 아니란 것을 안다. 루이스는 좀 더 다른 방법으로 생각해보자고 말했다. 어떤 사람의 팔을 찍은 엑스레이에서 그 팔은 막대기처럼 약해 보였다. 이제 그 사람이 6개월 동안 웨이트트레이닝을 하고 다시 엑스레이를 찍었다고 생각해보자. 그의 팔은 달라 보일 것이다. 사람의 팔은 고정되어 있는 것이 아니다. 그리고 어떻게 사용하느냐에 따라 바뀔 수 있다. 마크 루이스는 우리의 뇌도 마찬가지라고 말한다. 뇌를 어떻게 사용하느냐에 따라 바뀔 수 있다는 것이다.

"신경가소성은 뇌가 경험을 바탕으로 스스로 개편하는 경향을 의미해요." 그는 말했다. 예를 들어, 런던 택시운전사들은 자격증을 취득하려면 매우 어려운 시험에 통과해야 하고, 이를 위해 런던의 전체 지도를 모두 외워야 한다. 런던 택시운전사의 뇌를 촬영하면 공간인식과 관련된 뇌 부위가 다른 사람들보다 훨씬 클 것이다. 이는 그가 다르게 태어났다는 의미가 아니다. 뇌를 다르게 '사용'하고 있다는 의미다.

우리의 뇌는 주인의 욕구를 충족시키기 위해 끊임없이 변한다. 이는 주로 2가지 방식으로 이뤄진다. 하나는 사용하지 않는 시냅스를 잘라내는 것이고, 다른 하나는 사용하는 시냅스를 키우는 것이다. 예를 들어, 완전한 어둠 속에서 아이를 키운다면 그 아이의 시력과 관련한 시냅스는 끊어져버린다. 아이의 뇌가 그 영역을 사용할 일이 없을 것이며, 지능을 다른 것에 사용하는 것이 효율적이라고 판단하기 때문이다. 일생 동안 이러한 신경가소성은 중단되지 않는다. 그리고 뇌는 언제나 변한다.

루이스는 그렇기 때문에 10대 시절 내 뇌가 잘못됐다는 이야기를 들은 거라고 설명했다. 그는 우울증 환자에게 '지금 당신의 뇌는 망가졌어요'라고 말하는 것이 현재 상황과 전혀 맞지 않는다고 말했다. "우리의 뇌가 항상 시냅스 배선을 바꾼다는 것을 알기 때문이에요. 생리학은 언제나 심리학과 함께 병행됩니다."

뇌 촬영이 스냅사진 촬영과 같다고 그는 말했다. "축구경기 중 아무 때나 스냅사진을 찍을 수는 있어요. 하지만 그 사진이 다음에 무슨 일이 벌어질지 말해주지는 않아요. 뇌가 어떻게 움직이는지도요."

뇌는 당신이 우울하거나 불안해하면 변한다. 그리고 우울해하거나 불안해하지 않을 때 다시 변한다. 뇌는 세상의 신호에 맞춰 계속해서 변한다.

루이스가 약물중독일 때, 그의 뇌는 오늘날의 모습과 매우 달랐을 것이다. 이는 그가 뇌를 다르게 사용하고 있다는 의미다. 20살 때부터 10년 넘게 항우울제를 처방받았으며 내 절망이 뇌 안쪽의 문제에서 비롯됐다는 이야기를 들었다고 말하자 그는 이렇게 대답했다. "그렇지 않아요. 그건 항상 당신의 인생, 개인적 환경과 관련된 거예요."

내가 지금까지 제시한 우울과 불안의 7가지 요인들이 수백만 명의 뇌를 실질적으로 바꿔놓을 능력을 가졌다고 루이스는 믿는다. 런던의 지리를 외우는 것이 뇌를 바꿔놓는다면 외로움, 고립감, 지독할 정도의 물질만능주의 역시 뇌를 바꿔놓는다. 마찬가지로 단절로부터의 회복은 뇌를 바꿔놓을 수 있다.

우리가 너무 단순하게 생각해왔다고 그는 말했다. TV를 분해해서는 드라마의 플롯을 파악할 수 없듯이 뇌를 분해한다 해서 고통의 근원을 알아낼 수 없다. TV나 당신의 뇌가 받는 신호를 살펴봐야만 한다.

"종양과는 달라요. 조직의 고장 난 부분에 생겨서 머릿속에 자라다가 심리적 문제로 이어지는 그런 종양이요. 그런 것과는 달라요." 우울과 불안에 대해 그는 이렇게 말했다. "외부세계에 의해 야기되는 절망과 뇌 속의 변화는 함께 오는 거예요."

그러나 루이스는 여기에 결정적으로 주의해야 할 점이 있다고 말했다. 뇌 속 무언가가 변화하는 방식이, 우울하거나 불안한 사람들의 인생을 바꿔놓는다는 것이다. 지금까지 내가 설명해온 우울이나 불안의 7가지 원인 가운데 일부가 당신에게 해당된다고 상상해보자. 일단 이 과정이 시작되면 뇌 속에 진짜 변화가 찾아온다. 그리고 외부세상에서 받는 영향력을 한층 더 악화시켜 그 자체로 가속도를 낼 수 있다.

그는 내게 이렇게 말했다. "상상해 봐요. 결혼생활이 끝나버리고 직장에서 해고당했어요. 그리고 어머니가 뇌졸중으로 쓰러졌어요. 엄청나죠." 장기간 극심한 고통을 느끼면 뇌는 그때부터 이것이 살아남기 위해 유지해야 할 상태라고 추측하게 된다. 따라서 즐거움과 기쁨을 주는 것들과 관련된 시냅스를 차단하기 시작한다. 대신 공포와 절망에 관련된 시냅스를 강화한다. 그렇기 때문에 고통을 야기한 원래 원인이 사라진다 하더라도 우울이나 불안의 상태가 고정되어버린 것처럼 느낄 수 있다. 외로움과 관련해 이 과정이 어떻게 진행되는지를 발견한 과학자 존 카치오포가 이를 '눈덩이 효과'라고 불렀다는 것이 기억났다.

따라서 루이스는 이러한 문제의 원인이 오직 뇌 안에 있다고 말하는 건 잘못이지만, 한편으로 뇌 속 반응이 이를 악화시키지 않는다고 말하는 것 역시 똑같이 틀리다고 말했다. 악화시킬 수 있다. 잘못된 인생에 의한 고통은 너무나 강력해서, 뇌가 그 고통

우리가 잃어버린 것이 우리를 아프게 한다

스러움 안에 한동안 고정될 수밖에 없는 반응을 촉발시킨다. 궁지에서 벗어나 좀 더 안전한 곳으로 움직일 수 있는 어떤 일이 벌어질 때까지 계속된다. 그리고 이 세계가 계속 깊은 고통을 안겨준다면 당연히 오랫동안 그 안에 잡혀있게 된다. 눈덩이는 계속 커진다. 그러나 우울한 사람들에게 단순히 모든 문제가 뇌의 탓이라고 말하는 건 그들에게 가짜 지도를 쥐어주는 것과 같다. 이는 그들이 실제로 이렇게 느끼게 된 이유나 올바른 길을 찾아갈 수 있는 방식을 알아내려 할 때 아무런 도움이 되지 않는다. 그리고 실질적으로 이들을 가둬버린다.

대통령 취임연설에서 존 F. 케네디는 이런 유명한 말을 했다. "국가가 당신을 위해 무엇을 해줄 수 있는지 묻지 마십시오. 당신이 국가를 위해 무엇을 할 수 있는지를 물으십시오." 루이스는 지난 몇십 년간 우리가 배워온 것보다 좀 더 진실한 방식으로 우울과 불안의 근원에 대해 어떻게 생각할 것이며 이들이 뇌에 어떻게 연결되어 있는지를 이해하고 싶다면 몇 년 전 심리학자 윌리엄 메이스William Mace가 케네디에 빗대어 한 이야기가 도움이 될 것이라고 말했다. "머릿속에 무엇이 있는지 묻지 말고 당신의 머리가 무엇 속에 있는지를 물으세요."

대부분의 사람들이 들어봤을, 우울과 불안을 일으키는 신체적 원인이 또 하나 있다. 우리 어머니는 내가 태어나기 전과 후에 심각한 우울증을 앓았다. 조부모 모두 마찬가지였다. 물론 그때는 그 누구도 그런 단어를 사용하지 않았지만, 지금이라면 분명 우울증 진단을 받았을 것이다.

나는 항우울제를 복용하던 시절, 뇌의 문제 외에 다른 원인이 있다면 유전자일 것이라고 추측했다. 나는 때때로 우울이 나와 같이 태어난 쌍둥이처럼 느껴졌다. 세월이 흐르면서 나는 다른 사람들이 이렇게 이야기하는 것도 종종 듣게 됐다. "나는 슬픔을 안고 태어났어." 오랫동안 자살 충동에 시달려온 친구가 한 말이었다. 언젠가 우리는 기나긴 밤을 함께 샜고, 나는 그에게 살아가야 할 이유에 대해 설득하려 노력했다.

나는 유전자로 인한 우울증 환자가 얼마나 되는지 알고 싶었다. 이를 연구하면서 나는 과학자들이 우울이나 불안에 관여하는 특정 유전자나 유전자 조합을 알아내지 못했다는 것을 알았다. 그러나 커다란 유전적 요인이 존재한다는 것은 분명하다. 그리고 이를 증명할 꽤나 간단한 방법이 있었다.

일란성 쌍둥이로 구성된 집단과 이란성 쌍둥이로 구성된 집단을 뽑아 이 둘을 비교해보자. 모든 쌍둥이들은 유전적으로 유사하지만 일란성 쌍둥이는 훨씬 더 유사하다. 이들은 동일한 난자에서 생겨나 둘로 나눠진 것이기 때문이다. 따라서 붉은 머리나 중독, 비만의 비율이 이란성 쌍둥이보다 일란성 쌍둥이들에게서 높은 비율로 발견된다면 이는 유전적 요소가 더 크다는 것을 의미한다.

과학자들은 그 차이의 정도를 살펴보면 유전자의 관여도를 대강 알 수 있다고 생각했다.

우울과 불안에도 이 방식이 적용됐다. 미국 국립보건원이 개략적으로 밝힌 쌍둥이 연구에 따르면, 저명한 과학자들은 우울증의 경우 37퍼센트가 유전이며 심한 불안장애는 30~40퍼센트가 유전인 것을 알아냈다. 이해를 돕기 위해 비교를 해보자면, 당신의 키는 90퍼센트가 유전적 영향을 받는다. 영어로 말할 수 있는지는 유전자와 전혀 상관이 없다. 따라서 우울과 불안에 대한 유전적 기초를 연구하는 사람들은 우울과 불안에 유전적 영향이 있는 것은 사실이나 대부분의 경우를 설명하지는 않는다고 결론 내렸다. 그러나 여기에는 함정이 있다.

유전학자 아브샬롬 카스피Avshalom Caspi가 이끄는 연구팀은 우울의 유전학에 관해 유례없이 상세한 연구를 진행했다. 그의 연구팀은 뉴질랜드에서 25년간 1,000명의 아이들을 아기에서부터 성인이 될 때까지 추적했다. 그들이 알아내려 했던 것 가운데 하나는 유전자가 우울증에 더욱 취약하게 만드는지였다.

연구가 진행되면서 충격적인 사실이 발견됐다. 이들은 5-HTT라는 유전자의 변형이 우울증 발병과 관련이 있다는 것을 발견했다. 그러나 여기에는 조건이 있었다. 유전자가 환경에 의해 활성화된다는 사실이다. 즉, 변형된 5-HTT 유전자를 갖고 있는 사람에게 무슨 일이 벌어지느냐에 따라 유전자가 발현할 수도, 발현하지 않을 수도 있다는 것이다.

그리고 로버트 새폴스키 교수에 따르면 5-HTT의 특정 변종을 가진 사람의 경우, 우울증 발병 위험이 확실히 올라가지만 이는 오직 특정한 환경에만 해당된다. 바로 끔찍하게 스트레스를 주는 사건이나 유년기에 엄청난 외상을 경험한 경우에만 그렇다. (다만, 이 연구에서는 내가 지금까지 언급한 외로움을 비롯한 다른 원인들을 대부분 실험해보지 않았다. 따라서 이러한 원인들이 유전자와 상호작용하는지는 알 수 없다.) 그러한 나쁜 일들을 경험하지 않는 경우, 변형 유전자를 가지고 있는 경우에도 다른 사람보다 우울해지는 것은 아니다. 따라서 유전자는 때로는 유의미하지만 그 자체로 원인이 되지는 않는다.

이는 만약 다른 유전자들이 5-HTT와 같은 방식으로 작동한다면 그 누구도 유전자 때문에 우울하거나 불안장애를 겪는다고 지탄받을 필요가 없다는 의미다. 그리고 다른 유전자들 역시 그런식으로 발현되는 것처럼 보인다. 때로 유전자는 분명 당신을 더취약하게 만들 수 있으나 운명을 정해주지는 않는다.

몸무게 문제를 생각해보면 그 작동방식을 잘 이해할 수 있다. 어떤 사람들은 몸무게를 늘리는 것이 어렵다. 빅맥을 마구 먹어치운 후에도 여전히 뼈만 남아 있다. 그러나 어떤 사람들은 작은 스니커즈 초콜릿 하나만 먹어도 부푼 풍선처럼 보인다. 우리는 모두 그 빼빼 마른 빅맥 마니아를 미워한다. 그러나 유전적으로 쉽게 살이 찌는 체질이라 하더라도 살찌는 유전적 경향이 발현되기 위해서는 주변에 많은 음식을 두어야만 한다. 열대우림이나 사막에 먹을 것 하나 없이 갇힌다면, 유전적 형질과는 상관없이 몸무게는 줄어들게 된다. 최근 과학적 증거에 따르면, 우울과 불안 역시 이와 비슷하다. 우울과 불안에 기여하는 유전적 요인은 실재하지만, 이것이 발현되기 위해서는 환경적·심리적 계기가 필요하다. 유전자가 이러한 요인들에 박차를 가할 수는 있으나 이 요인들이 스스로 생겨날 수는 없다.

우울과 불안에 대한 사회의 시선

그러나 깊이 파고들수록 나는 뇌와 유전자가 맡는 역할에 대한 의문을 떨칠 수가 없었다. 앞서 설명했지만, 어떤 우울과 불안은 우리가 인생을 살면서 겪는 사건 때문에 생기는 반면, 더 순수한 종류의 우울증은 뇌 속의 무엇인가가 심하게 잘못되면서 생겨난다. 전자는 반응성 우울증이라고 불린다. 순수하게 내적인 이유에서 발병하는 후자는 내인성 우울증이라고 불린다. 따라서 내가 궁금했던 것은 나의 주치의가 설명했던 원인에 따라 우울증을 겪게 되는 사람이 정말로 있는지 여부였다. 뇌 회로가 잘못되든지, 기타 내적인 결함이 있든지 간에 말이다. 그리고 그런 경우는 얼마나 흔한지 역시 궁금했다.

이에 관해 내가 찾아낼 수 있었던 과학적 연구는 앞서 설명했던 조지 브라운과 티릴 해리스의 연구가 유일했다. 이 둘은 사우스 런던의 한 여성이 겪던 우울증의 사회적 원인을 최초로 연구한 과학자들이다. 두 사람은 반응성 우울증으로 입원한 환자들을 관찰하고 내인성 우울증을 앓는다고 분류된 환자들과 비교했다. 그리고 그 결과 환자들의 환경은 거의 같았다는 것이 드러났다. 환자들은 절망감을 유발한 사건들을 동일한 수준으로 겪었다. 따라서 브라운과 해리스는 이것이 의미 없는 차이라고 보았다.

그러나 그렇다고 해서 내인성 우울증이 존재하지 않는다는 의미는 아니다. 그저 당시의 의사들이 그 차이점을 제대로 짚어내지 못했다는 의미일 뿐이다. 이에 대한 결정적인 연구는 아직 존재하지 않는다. 나는 우울증 환자의 치료와 관련된 일을 하는 수많은 사람들에게 고장 난 뇌나 신체로 말미암아 발생한다는 내인성 우울증의 존재를 믿느냐고 물었다. 이들의 의견은 분분했다.

조애나 몬크리프 교수는 전혀 존재하지 않는다고 생각하고 있었다. 데이비드 힐리 박사는 거의 없다시피 한 소수의 사람들, 그러니까 우울증으로 분류되는 사람들 100명 중 1명, 어쩌면 그보다 더 적을 수도 있다고 말했다. 브롬리 바이 보우 센터에서 일하는 사울 마멋Saul Marmot 박사는 우울증으로 자신을 찾아오는 환자 20명 중 1명 정도라고 말했다. 그러나 이들 모두 내인성 우울증이 존재한다 해도 전체 우울증 환자 가운데 소수일 것이라는 데에 동의했다. 이는 우울한 사람들에게 오직 신체적 원인에만 초점을 맞춘 설명을 붙이는 것이 적절하지 않다는 의미다. 그 이유는 곧 설명하겠다.

나는 양극성 우울증이나 조울증의 경우는 어떤지 궁금했다. 여기에는 신체적 요소가 좀 더 많이 관여하는 듯 보인다. 조애나 몬크리프 교수는 이 설명이 적절해 보이긴 하나, 과장되어 받아들여져서는 안 된다고 말한다. 이들은 우울증 환자들 가운데 아주 낮은 비율을 차지하기 때문이다.

그에 대해 몬크리프는 우울증에는 일부 생리적 요소가 있다고 말했다. 가령 '조증 에피소드(manic episode, 감정이 고양되거나 쉽게 동요하며 충동적이고 논리적 비약이 나타나는 등 비정상적인 과다활동을 보이는 시기를 지칭하는 용어)'가 암페타민(amphetamine, 중추 신경과 교감 신경을 흥분시키는 작용을 하는 각성제)을 다량 복용했을 때와 증상이 유사하며, 시간이 흐른 후에는 암페타민 효과가 떨어지는 것처럼 사라진다는 것이다. 그러나 그녀는 오해해서는 안 된다고 강조했다. 이러한 경우들처럼 진짜 생리적 요소가 있다 하더라도 이것이 전체적인 것은 분명 아니라는 것이다. 그리고 여러 연구들은 우울과 불안의 사회적 원인들이 여전히 우울증의 깊이와 빈도에 영향을 미친다는 것을 밝혀냈다.

생리적 변화가 우리를 좀 더 취약하게 만들 수 있다는 것을 알려주는 다른 상황들도 있다. 예를 들어 갑상선 기능저하증을 앓는 사람들은 우울증에 걸릴 확률이 실제로 더 높다. 때문에 우울과 불안에 일정부분 생리적 요인이 존재한다는 것을 부인하는 것은 바보 같은 일이다. 게다가 아직 밝혀내지 못한 다른 생리적 원인이 있을 수도 있다. 그러나 이들이 유일한 원인이라고 말하는 것도 마찬가지로 어리석은 짓이다.

그렇다면 왜 우리는 오직 뇌나 유전자에만 초점을 맞춘 설명에 그토록 완고하게 매달려 있었는가? 많은 사람들을 인터뷰하면서, 나는 몇 가지 주요한 이유를 찾아낼 수 있었다. 그중 2가지는 매우 이해하기 쉬웠고, 2가지는 분노할 수밖에 없는 것들이었다.

이 책을 읽는 사람들 역시 주위에 우울증이나 불안장애를 겪는 사람을 알고 있을 것이다. 그러나 그들이 외견상 불행해질 이유가 없을 수도 있다. 이는 당황스러운 일일 것이다. 남들이 보기에 당연히 행복해야만 하는 조건을 지닌 누군가가 갑자기 절망에 빠진다. 무슨 까닭일까?

나는 사랑하는 배우자와 멋진 아파트, 그리고 엄청난 돈과 빨간색의 스포츠카를 가진 어떤 형과 친하다. 어느 날부터 형은 극심한 슬픔을 느끼기 시작했고, 몇 달이 채 지나기도 전에 아내에게 자신을 제발 죽여달라고 빌었다. 너무나 갑작스러웠고, 그의 인생과는 동떨어진 일처럼 보였다. 원인은 분명 신체적인 문제일 것이다. 아니면 어떻게 설명할 수 있겠는가?

나는 형과 비슷한 많은 사람들에 대해 다르게 생각해보기 시작했다. 우연히 1960년대에 출간된 초기 페미니즘 고전의 일부를 읽기 시작한 후였다. 그리고 나는 깨달았다.

현대 페미니즘이 태동하기 이전에 살았던 1950년대의 한 주부를 떠올려보자. 그녀는 의사를 찾아가 자신에게 뭔가 끔찍한 일이 벌어지고 있다고 말했다.

"저는 여자들이 원하는 것을 모두 가졌어요. 돈을 벌어다주는 좋은 남편이 있고, 뒷마당 딸린 멋진 집도 있어요. 건강한 두 아이도 있죠. 차도 있어요. 불행할 이유가 하나도 없어요. 하지만 저는 끔찍한 기분을 느껴요. 뭔가 제 몸 안쪽이 잘못된 것 같아요. 부탁이에요. 바륨 좀 주시겠어요?"

페미니즘 고전들은 이런 여성들에 대해 많이 다룬다. 이런 식의 이야기를 하는 여성들은 아주 많다. 그리고 이들은 진심이다. 만약 타임머신을 타고 돌아가 이 여성들과 이야기를 나눈다면 우리는 이렇게 말할 수 있을 것이다. "지금의 문화적 기준으로 따지자면 당신은 여자로서 바랄 수 있는 모든 것을 가졌어요. 당신은 불행할 이유가 하나도 없어요."

하지만 우리는 이제 그 문화적 기준이 틀렸다는 것을 안다. 집과 차, 남편과 아이들이 모두에게 동일한 만족을 주는 것은 아니다. 이 여성들에게는 평등과 의미 있는 일, 자율성이 필요하다. "당신이 잘못된 게 아니에요. 문화가 잘못되었던 거죠." 우리는 이렇게 말할 수 있다.

그리고 나는 당시의 문화적 기준이 잘못된 것이라면, 지금의 기준 역시 잘못된 것일 수 있다는 점을 깨달았다. 우리는 우리의 문화적 기준에 따라 사람이 가질 수 있는 모든 것을 가질 수도 있다. 그러나 그러한 기준들은 한 인간이 훌륭한 삶 혹은 꽤 괜찮은 삶을 살기 위해 실제로 필요한 것을 매우 잘못 판단한 것일 수 있다. 문화는 우리가 행복하기 위해 '필요한' 것의 그림을 만들어낸다. 당신이 실제로 필요한 것들에 들어맞지 않는, 내가 배워온 모든 싸구려 가치들을 통해서다.

나는 절망에 빠져버린 형에 대해 다시 한번 생각해봤다. 그는 그 누구도 자신을 필요로 하지 않으며, 자신처럼 늙은 아저씨에게 관심을 가지는 것 같지 않다고 말했다. 그는 지금부터 자신의 인생이 내내 무시당하거나 망신만 당할 것이라 말하며, 이를 견딜 수 없다고 말했다. 나는 이를 뇌의 기능문제라고 보고 싶었으나 아니라는 것을 깨달았다. 나는 우리 문화가 그를 어떻게 만들었는지 보고 싶지 않았던 것뿐이었다. 나는 일도, 창의성도, 인생에 대한 주도권도 없는 한 여성이 불행한 이유가 뇌나 신경의 결함 때문이라고 말하는 의사와 같았다.

이 모든 문제들이 오직 뇌 때문에 생긴다는 생각에 매달려 있게 되는 두 번째 이유는 더 심각하다. 우울하고 불안한 사람들은 오랫동안 그들의 고통이 진짜가 아니라는 이야기를 들어왔다. 그저 그들이 게으르거나 나약하거나 방종하기 때문이라고 치부됐다. 정신력 문제라는 것이다. 나 역시 여러 차례 그런 이야기를 들었다. 영국의 보수 성향 평론가 케이티 홉킨스Katie Hopkins는 우울증에 대해 '자기집착으로 가는 궁극의 열쇠'라면서 "여러분, 정신 바짝 차리세요"라고 말했다. 밖에 나가서 조깅이나 하면서 징징거림을 극복해야 한다고 덧붙이기도 했다.

우리가 이러한 심술궂은 태도에 대처하는 가장 손쉬운 방식은 우울증이 질병이라고 말하는 것이다. 아무도 암에 걸린 사람에게 기운 내라고, 몸을 좀 움직이라고 윽박지르지 않는다. 따라서 우울증이나 심각한 불안장애라는 병을 가진 사람에게 그렇게 하는 것은 똑같이 잔혹한 일로 보인다. 오명에서 벗어나는 방법은 우울과 불안 역시 당뇨나 암 같은 신체적 질병이라고 끈질기게 설명하는 것이다. 따라서 나는 사람들에게 우울증이 주로 뇌나 몸의 문제로 생기는 것이 아니라는 증거를 보여주는 것이 걱정스럽다. 이러한 조롱을 다시 조장할 수 있기 때문이다. 그동안 우리는 오명에서 벗어나는 유일한 방법이 사람들에게 우울과 불안을 순수하게 생물학적 원인으로 발병한 생물학적 질병이라고 설명하는 것이라 믿었다. 따라서 생물학적 영향력을 허둥지둥 찾아, 이를 비꼬는 사람들에게 증거로 들이밀었다.

의문은 몇 달간 나를 괴롭혀왔다. 어느 날 신경학자 마크 루이스와 이 문제를 논의했다. 루이스는 왜 사람들에게 뭔가를 질병이라고 말하는 것이 이를 둘러싼 오명을 벗겨줄 것이라 생각하는지 물었다. 그리고는 "사람들은 처음부터 에이즈가 질병이라는 걸 알았어요. 그렇다고 해서 그것이 에이즈 환자들이 끔찍한 오명을 쓰는 것을 막아주었나요? 에이즈에 걸린 사람들은 여전히 지탄받고 있어요"라고 덧붙였다.

나는 이런 식으로 생각해본 적이 없었고, 따라서 헷갈렸다. 어떤 증상이 질병이라고 말하는 것이 정말로 오명을 벗겨주는가? 그러던 1997년, 앨라배마에 있는 오번대학교의 한 연구팀이 바로 이 문제를 연구했다는 것을 알게 됐다.

책임교수였던 실라 메타Sheila Mehta는 어떤 증상이 질병이라고 말할 때 사람들이 그 고통을 겪는 사람들에게 더 친절해지는지, 아니면 잔혹해지는지 알아보기 위한 실험을 계획했다. 연구는 독특한 방식으로 진행됐다.

참가자는 먼저 실험실로 가서 사람들이 새로운 정보를 어떻게 습득하는지 살펴보기 위한 실험이 진행될 거라는 가짜 설명을 듣는다. 그리고 실험을 준비할 동안 잠시 기다려달라는 요청을 받는다. 기다리는 동안 옆에 앉은 사람이 수다를 떨기 시작한다. 사실 그 사람은 연기자다. 그는 지나가는 말로 자신이 정신질환을 앓고 있다고 말한다. 그런 후, 다음 2가지 말 중 하나를 이야기한다. 하나는 '생화학적 문제'가 있어서 '다른 질병들과 비슷한 병'에 걸렸다고 말하는 것이고, 또 다른 하나는 어린 시절 학대를 받았다거나 혹은 과거의 다른 고통스러운 경험 때문에 아프다고 말하는 것이다. 2가지 중 하나의 이야기를 들은 후, 참가자는 다른 방으로 옮겨지고 실험이 시작됐다는 이야기를 듣는다.

이제 참가자는 복잡한 순서에 따라 버튼을 누르는 법을 배운다. 참가자의 임무는 그 순서를 다른 피실험자에게 가르쳐주는 것이다. 상대는 당연히 아까 옆에서 수다를 떨던 그 연기자다(물론 참가자는 여전히 그가 연기자라는 것을 모른다).

실험자는 이렇게 말한다. "우리는 사람들이 얼마나 이런 것들을 잘 학습하는지 알고 싶어요." 그리고 여기에 함정이 있다. 상대방이 버튼 누르는 순서를 제대로 배우지 못할 때, 참가자는 빨간 버튼을 눌러야 하고 버튼이 눌리면 상대방에게는 전기충격이 가해진다. 이는 그를 다치게 하거나 죽이지는 않지만 아프게 할 것이다. 실제로 그는 그저 충격을 받은 척 연기하는 것이지만, 참가자는 그 사실을 모른다. 실제로 자신이 그를 괴롭히고 있다고 생각하는 것이다.

실라와 연구팀은 연기자가 말한 우울증의 원인에 따라 전기충격을 받는 횟수와 강도에 차이가 있는지 궁금했다. 결론적으로 자신의 정신질환이 생화학적 문제라고 들었을 경우에, 인생의 부정적인 경험 때문에 생긴 문제라고 들었을 때보다 그 사람을 아프게 할 가능성이 높은 것으로 드러났다. 놀랍게도, 우울증이 질병이라 생각하는 것은 부정적인 견해를 감소시키지 않았다. 오히려 증가시켰다.

내가 알게 된 다른 것들과 마찬가지로 이 실험 역시 암시하는 것이 있다. 오랫동안 우리는 우울증의 원인에 대해 오직 2가지로만 생각해야 한다고 알아왔다. 우울증이 정신적 실패, 즉 심약함의 증거이거나 뇌질환 가운데 하나라는 것이다. 그 어떤 설명도 오명을 씻어내지 못했다.

그러나 내가 알게 된 바에 따르면 세 번째 선택지가 있다. 우울증을 우리가 살아가는 방식에 대한 반응이라고 넓게 생각하는 것이다. 루이스는 이 설명이 더 낫다고 말한다. 우울증이 선천적인 생물학적 질병이라고 할 경우, 다른 사람들로부터 바랄 수 있는 최대한의 반응은 '동정'이다. 자신의 다름에 대해 사람들이 넓은 아량으로 친절하게 대해주기를 바라야 한다. 그러나 이것이 우리가 사는 방식에 대한 반응이 된다면 우리는 '공감'을 얻게 된다. 우리 누구나가 겪을 수 있는 일이기 때문이다. 괴로운 일을 겪어 힘들다는 사람에게 공감하는 것이, 자신이 잘 알지도 못하는 질병 때문에 힘들다는 사람에게 공감하는 것보다 용이하다. 이는 낯선 일이 아니다.

연구결과는 루이스가 옳다는 것을 보여준다. 이런 방식으로 우울증을 바라보는 것은 사람들이 자기 자신과 다른 사람들에게 덜 잔인해지도록 만든다.

우리의 고통에는 이유가 있다

이상한 점은, 내가 알게 된 많은 것들이 어떤 의미에서 그 누구에게도 논란의 여지가 있거나 새롭지 않았다는 것이다. 앞서 묘사했듯, 정신의학자들은 수련을 받으면서 생물-심리-사회 모델이라 부르는 것을 배우게 된다. 그리고 우울과 불안이 생리적·심리적·사회적이라는 3가지 원인을 가진다고 배운다. 그럼에도 우울증이나 심각한 불안장애를 겪는 내 지인들 중 누구도 주치의에게 이러한 설명을 듣지 못했다. 또한 뇌의 화학물질과 관련한 것 외에는 그 어떤 도움도 받지 못했다.

나는 그 이유를 알기 위해 맥길대학교 사회정신의학대학 학장을 맡고 있는 로런스 커마이어Laurence Kirmayer를 만나러 몬트리올로 향했다. 나는 이러한 질문과 관련해 여러 글들을 읽었는데, 커마이어 학장은 가장 생각이 깊은 사람 가운데 하나였다.

"정신의학 분야에서 여러 가지가 변화하고 있죠."

그가 나에게 말했다. 그리고 우리가 오직 뇌와 유전자에 관한 설명만 들었던 좀 더 결정적인 이유 2가지를 설명해줬다.

"정신의학은 현재의 생물-심리-사회 접근법에서 실질적으로 압축되고 있어요. 주류 정신의학은 매우 생물학적인 성격을 띠게 됐어요. 정말 큰 문제예요." 그는 눈살을 찌푸렸다.

커마이어는 이 사회가 결국 사람들의 우울과 불안에 대해 '극도로 단순화된 그림'을 그리게 될 것이라고 말했다. "점점 더 사회적 요인들을 보려 하지 않아요. 그것은 기본적인 인간의 작용을 살피지 않는 겁니다."

이러한 상황이 벌어지게 된 이유는 우리 사회가 작동하는 방식 때문에 많은 사람들이 괴로움을 겪고 있다고 말하는 것이 정치적으로 너무나 '도발적'이기 때문이다. "좋아, 이제 당신이 좀더 효율적으로 움직이도록 만들 거야. 그런데 절대 의문을 가지지 마. 왜냐하면 그것이 모든 것들을 불안정하게 만들 수 있으니까"라고 말하는 것이 우리의 '신자유주의적 자본주의' 체제에 훨씬 적합하다고 커마이어는 말했다.

그는 이 의견이 두 번째 이유에도 들어맞는다고 믿는다. "제약 회사들은 정신의학 분야의 많은 부분을 형성하는 주요 권력이에요." 이 바닥에 돈을 내는 것은 그들이다. 그러니 그들이 주요의제를 설정한다. 그리고 우리의 고통이 화학적 해결책을 가진 화학적 문제로 보이길 원할 것이 뻔하다. 그 결과가 결국 문화적으로 우리 자신의 절망감을 왜곡하게 됐다는 것이다.

몇 달 후, 영국의 심리학자 루퍼스 메이Rufus May는 사람들에게 그들의 절망이 타고난 생물학적 문제 때문이라고 말하는 것이 여러 가지 위험한 결과를 초래한다고 말했다. 첫 번째로, 그런 이야기를 들었을 때 대부분은 자신이 부족한 사람이라고 느낀다. 자신의 뇌가 모자라다고 생각하기 때문이다. 두 번째 문제는 '자신을 이루는 부분들과 대치하게 되는 것'이다. 머릿속에서 전쟁이 일어 난다는 의미다. 한편에는 뇌나 유전자의 고장으로 인한 절망감이 자리한다. 다른 한편에는 정상적인 부분이 자리한다. 그리고 우리는 약물로 적을 항복시킬 수 있길 바랄 뿐이다. 영원히. 그러나 여기에는 그보다 더 심각한 문제가 존재한다. 모두가 이러한 고통이 아무런 의미도 없으며, 그저 불완전한 조직일 뿐이라고 말하고 있기 때문이다.

그러나 메이는 우리가 타당한 이유로 절망에 빠진다고 생각했다. 이것이 우울과 불안에 관한 과거의 이야기와 새로운 이야기 간의 가장 큰 간극이다. 과거의 이야기는 우리의 고통이 근본적으로 비합리적이며 머릿속의 잘못된 조직체 때문에 생겨난다고 말한다. 그러나 새로운 이야기는 우리의 고통이 그 강도와는 상관없이 사실은 합리적이고 정상적이라고 말한다.

메이는 심한 우울증이나 불안장애 때문에 자신을 찾아오는 환자들에게 이렇게 말한다. "당신이 미쳐서 그토록 괴로운 게 아니에요. 당신은 망가지지 않았어요. 당신은 불완전한 게 아니에요." 그는 때때로 인도의 철학자 지두 크리슈나무르티Jiddu Krishnamurti 의 말을 인용한다. "병든 사회에 잘 적응하는 것이 건강의 척도는 아니다."

나는 오랫동안 이에 대해 많이 생각해봤다. 받아들이기 어려운 문제이니만큼 내가 진정으로 이해할 수 있기까지 다양한 방향과 장소에서 이야기를 들어야만 했다. 이제 내가 할 일은 나 자신의 고통에 의미를 부여하는 것이었다. 그리고 어쩌면, 우리 모두의 고통에도.

LOST
CONNEC
TIONS

PART 3

끊어진 것은 다시 연결할 수 있다

삶의 가치를 회복하는
7가지 연결에 대하여

14장

우리에게는
새로운 처방전이 필요하다

LOST
CONNEC
TIONS

✦──✦ 21세기 초반, 남아프리카의 정신의학자 데릭 서머필드 Derek Summerfield가 캄보디아의 널따란 시골지역을 방문했다. 저 멀리 지평선이 펼쳐진 평화로운 논 위로 벼들이 잔물결처럼 흔들렸다. 대부분의 주민들은 지난 몇 세기 동안 그래왔듯 영세한 농부였다. 그러나 이곳에는 문제가 있었다.

1960년대에서 1970년대 사이 미국과의 전쟁으로 남은 오래된 지뢰가 여전히 그곳에 묻혀 있었던 것이다. 서머필드는 이러한 위험이 캄보디아 주민들의 정신건강에 어떤 영향을 미치는지 알아보기 위해 그곳을 찾았다. 우연히 그가 도착한지 얼마 지나지 않아 항우울제가 캄보디아에서 처음으로 판매되기 시작했다. 그러나 문제가 있었다. '항우울제'라는 단어를 정확하게 번역할 수가 없었던 것이다. 그는 고심 끝에 우울증을 '떨쳐낼 수 없는 심오한 슬픔의 감정'이라고 설명했다.

캄보디아 사람들은 찬찬히 생각해보더니 "맞아요, 여기에도 그런 사람들이 있어요"라고 말했다. 이들은 관련된 이야기를 들려줬다. 지뢰 때문에 왼쪽 다리가 날아간 농부가 있었다. 그는 다행히 목숨을 건졌고 잃어버린 다리 대신 의족을 맞췄지만 완전히 회복할 수는 없었다. 이 농부는 미래에 대해 끊임없이 불안해했고, 절망스러워했다. 그러나 그에게는 신식 항우울제가 필요 없었다. 캄보디아에는 그런 사람들을 위한 항우울제가 이미 존재했기 때문이다.

농부가 실의에 빠진 것을 알게 된 의사와 이웃들은 그와 함께 이야기를 나눴다. 이들은 의족을 장착한 채 논에서 일하는 것이 어렵다는 것을 깨달았다. 그는 끊임없는 스트레스와 신체적 고통에 시달렸고, 심지어 삶을 포기하고 싶었다. 이웃들은 그에게 농사가 아닌 낙농업을 권했다. 낙농업은 의족을 달고 고통스럽게 걸을 일이 농사에 비해 적었고, 괴로운 기억도 덜 떠오를 것이었다. 이들은 농부에게 젖소를 사서 선물했다. 몇 달 후, 그의 인생은 바뀌었다. 심각했던 우울증은 사라져버렸다.

"보세요, 의사선생. 젖소가 진통제였고 항우울제였어요." 이들은 서머필드에게 이렇게 말했다.

이곳 사람들에게 항우울제란 뇌 속 화학물질을 바꾸는 존재가 아니었다. 항우울제의 개념은 그들 문화에서 기이해 보였다. 여기에서 중요한 것은 공동체였다. 공동체는 슬픔에 빠진 사람이 인생을 바꿀 수 있도록 함께 힘을 실어주었다.

서머필드는 런던에서 자신이 맡았던 정신의학 실습과정에서도 이것이 진실이었음을 깨달았다. 그는 그곳에서 치료했던 사람들을 떠올렸고 충격을 받았다. 훗날 그는 나와 맥주잔을 기울이며 이렇게 말했다. "내가 그들의 머리가 아닌 사회적 상황을 짚어냈을 때 환자들은 보다 확실한 차도를 보였어요."

이는 화학적 항우울제의 시대에, 문명화된 사회에서 살고 있는 사람들에게는 이상해 보인다. 현대사회에서는 우울증이 화학적 불균형 때문에 생긴다는 이야기를 들어왔고, 젖소가 항우울제라는 개념은 거의 농담처럼 들릴 지경이다. 그러나 캄보디아의 농부는 사회적 환경이 바뀌었을 때 더 이상 전처럼 우울해하지 않았다. 이는 개인주의적인 해결책이 아니다. 사람들은 농부에게 문제가 모두 그의 머릿속에 있으니 밖에 나가 바깥공기를 쐬라든가 약을 먹으라고 하지 않았다. 대신 젖소를 주었다. 이는 집단적 해결책이었다. 그는 혼자서는 절대로 젖소를 갖지 못했을 것이다. 해결책은 농부 자신에게서 나올 수 없었다. 그는 절망적이었고, 돈도 없기 때문이다. 그러나 젖소는 그의 문제를 해결했고, 그렇게 농부는 절망에서 벗어났다.

우리가 항우울제를 잘못된 방식으로 정의하고 있는 것이라면 어떨까? 우리는 항우울제를 그저 하루에 1번, 혹은 더 자주 삼키는 알약으로만 생각해왔다. 그러나 그것을 아주 다른 존재로 생각하면 어떨까? 우리가 살아가는 방식을 바꾸는 것, 그러니까 구체적이고 선별적이며 증거에 기초해서 바꾸는 것 역시 항우울제로 보면 어떨까? 우리에게 지금 필요한 것이 항우울제에 대한 우리의 생각을 바꾸는 것이라면?

나는 이것을 임상심리학자 루시 존스톤과 토의했다. 존스톤은 많은 부분들이 설득력 있다고 말하며, 그럼에도 내가 이제 다른 의문에 대답할 준비를 해야 한다고 말했다.

"주치의를 찾아갔을 때 주치의가 당신이 겪는 고통의 원인이

'단절'이라고 '진단'한다면 무엇이 달라지는 걸까요?"

우리는 문제들을 부정확하게 그려왔기 때문에 결함 있는 해결책을 찾게 됐다. 이것이 당초에 뇌의 문제였다면 뇌에서 답을 찾는 것이 맞다. 그러나 이는 분명 우리가 어떻게 사는지에 관련된 문제이기 때문에 우리 인생에서 답을 찾아야 할 필요가 있다. 그리고 나는 어디에서 시작할 것인지 알고 싶었다. 단절이 우리의 고통을 이끌어가는 주요 동인이라면 그 관계를 회복할 방법을 찾아야 한다. 나는 이를 이해해줄 이들과 인터뷰하기 위해 전 세계 수천 킬로미터를 여행했다. 그리고 곧 이 질문이 우울과 불안의 원인보다도 더 적게 연구되고 있음을 깨달았다. 우울한 사람의 뇌 속에서 무슨 일이 벌어지는지에 대한 연구로 항공기 격납고를 채울 수 있다면, 우울과 불안의 사회적 원인에 관해 이뤄진 연구로는 항공기 한 대도 채울 수 없다. 그리고 관계 회복에 관한 연구는 장난감 비행기를 채우는 수준이다.

이윽고 나는 2부에서 살펴본 7가지 상실의 회복이 우울과 불안을 치유시켜줄 수 있다는 것을 깨달았다. 이것이야말로 우리가 지금까지 권유받았던 화학적 항우울제와 대비되는 사회적, 혹은 심리적 항우울제가 아닐까? 즉, 우리만의 '젖소'가 아닐까? 내가 깨달은 해결책 7가지를 되짚어보면서 나는 2가지를 의식하게 됐다. 하나는 그 해결책들이 하찮아 보일 수 있다는 점이다. 그리고 다른 하나는 동시에 그것들이 놀라우리만큼 원대해 보인다는 것이다. 어떤 의미에서 이 7가지 형태의 관계 회복은 그저 잠정적인 첫걸음일 수 있다. 임시적 성격이 큰 초기 연구를 기반으로 하고 있기 때문이다.

우리는 아직 초기 단계에 있다. 어마어마한 우울과 불안을 처리하기 시작했더라도, 이는 그저 첫걸음에 불과하며 해야 할 일들이 많이 남아 있다. 이 해결책들은 과정이 아닌, 나침반 바늘을 나타낸다. 우리는 고작 방향만 가늠했을 뿐이다. 그러나 또 다른 의미에서 이 해결책들은 대담해 보일 수도 있다. 공동의 변화를 이끌어내는 자신의 능력에 대한 믿음을 잃은 상태에서 개인의 인생과 더 넓은 사회까지 동시에 변화시켜야 하기 때문이다. 우리가 지금 필요로 하는 변화의 대담성만큼이나 이 문제들은 심각하다. 그러나 커다란 문제라고 해서 반드시 풀지 못하는 문제인 것은 아니다.

저널리스트로서는 대단히 흥미로웠지만 개인적으로는 힘든 탐험이었다. 조사를 마치고 호텔 방에 돌아오면 이것이 내 인생과 어떤 관련이 있는 것일까를 생각하게 되는, 삐걱거리는 순간들이 찾아왔다. 과학자들은 내가 잘못된 번지에서 우울과 불안에 대한 설명을 구하는 데 많은 시간을 썼다고 이야기했다. 나는 그 말에 상처를 받았다. 내 마음을 바꿔야만 고통의 원인을 볼 수 있다는 그들의 제안은 쉽지 않았다.

겨울이 시작될 무렵, 나는 이런 마음으로 베를린에 갔다. 나도 내가 왜 베를린에 갔는지 모르겠다. 때때로 우리는 알 수 없는 이유로 부모님이 계신 곳을 찾는다. 우리 부모님은 서베를린에 사셨다. 베를린이 분단된 도시였던 시절 베를린 장벽이 있던 근처였다. 그리고 그곳에서 내 동생이 태어났다.

어쩌면 부모님을 보러 간 게 아니라, 내 친구 여럿이 지난 몇 년간 베를린으로 이사를 갔기 때문에 마음이 끌린 건지도 모른다. 친구이자 작가인 캐서린 맥노튼Katherine McNaughton은 통화를 할 때마다 그곳이 우리 같은 사람들, 그러니까 막 30대 중반을 넘긴 사람들이 적게 일하고 제대로 살 수 있는 장소라고 말하곤 했다. 그녀의 지인 중 누구도 9시부터 5시까지 근무하지 않았다. 베를린은 내가 지금 살고 있는 압력솥 같은 도시에서는 불가능한 방식으로 숨 쉴 수 있는 장소였다. 베를린은 그녀에게 경비원도 입장료도 없는 긴 파티 같았다. "여기 와서 좀 머물러." 그녀는 말했다.

그래서 나는 베를린 중심지의 아무도 모르는 지역에서 아침을 맞이했다. 몇 주간 나는 이 도시를 헤매며 목적 없이 사람들과 이야기를 나누었다. 베를린에서 100년 가까운 긴 세월을 살아온 노인들과 어울리기도 했다. '나이 든 베를린 사람'이라는 것은 그가 이 세상이 만들어지고, 부서지고, 다시 만들어지는 모습을 지켜봤다는 의미가 된다. 가령 레지나 할머니는 자신이 어렸을 적 가족들과 숨어서 살려달라고 기도했던 지하벙커로 나를 데려갔다. 또 다른 노인은 나와 함께 베를린 장벽을 따라 걸었다. 누군가는 내게 베를린의 어떤 장소가 자신의 인생을 어떻게 바꿔놓았는지에 대한 이야기를 들려줬다. 나는 다음 날 그곳으로 갔다. 그리고 결국 그곳에서 오래도록 머물며 수십 명의 사람들을 인터뷰하고 다시 돌아오는 일을 3년 넘게 반복했다. 이곳은 내게 '관계'를 회복하는 법에 대해 가르쳐줬다.

15장

상실을 경험한 이들의 연대

LOST
CONNEC
TIONS

◆── ✦ 2011년 여름, 베를린의 콘크리트주택에서 머리에 히잡을 두른 63세의 여성이 창문에 벽보를 붙이기 위해 억지로 휠체어에서 일어났다. 집세가 밀려 집에서 쫓겨나게 된 그녀는 일주일의 기한을 준 집행관이 찾아오기 전에 스스로 목숨을 끊을 생각이었다. 그녀는 도움을 청하지 않았다. 아무도 도와주지 않을 것을 알았기 때문이었다. 그녀의 이름은 누리예 젠기즈, 튀르키예에서 온 가난한 이민자였다.

누리예는 이웃사람들을 거의 알지 못했다. 이웃들도 그녀를 거의 몰랐다. 그녀가 살고 있는 주택단지는 베를린의 교외 지역인 코티Kotti에 있었다. 사람들이 집에 오면 서둘러 문을 걸어 잠그는, 그런 익명의 커다란 동네였다. 누리예의 절망은 이 장소가 살 만한 곳이 아니라는 수많은 신호 가운데 하나일 뿐이었다. 이 구역은 불안과 우울로 점철된 곳이었다.

그럼에도 누리예가 창문에 벽보를 붙인 뒤 오래지 않아 일부 주민들이 누리예의 집 문을 두드리기 시작했다. 이들은 머뭇거리며 다가왔다. "괜찮나요? 도움이 필요해요?" 이들은 누리예가 어디서 왔는지 충분히 알 수 있었다.

베를린 전역에서 집세가 오르고 있었지만, 코티 구역은 특히나 가파르게 상승하고 있었다. 이 도시를 반으로 갈랐던 베를린 장벽이 처음 세워질 때 장벽은 직선이 아니라 제멋대로 갈지자를 그리며 꾸불꾸불 세워졌다. 그 바람에 코티는 동베를린 쪽으로 삐쭉 튀어나온 서베를린의 일부가 됐다. 이 지역이 전선이 된다는 의미였다. 적이 침공해오면 가장 먼저 빼앗기게 될 지역이었다. 따라서 이 근방은 반쯤 철거된 상태였고, 다른 동네 사람들이 기피하는 사람들만 이곳에 살고 싶어 했다. 누리예 같은 튀르키예 출신 노동자나 좌파 무단거주자, 그리고 동성애자들이었다. 반쯤 버려진 이곳으로 이사 오면서 튀르키예계 노동자들은 물리적으로 코티를 재건했다. 그리고 좌파 무단거주자와 동성애자들은 이곳 전체를 고속도로로 만들려던 베를린 시당국의 계획을 저지했다. 결국 이들은 동네를 구해냈다.

공동체가 만들어지는 과정

그러나 이 무리들은 몇 년간 서로를 의심스럽게 쳐다보곤 했다. 이들은 가난하다는 점에선 하나였지만, 다른 모든 방면에서 달랐다. 그러다가 베를린 장벽이 무너지고, 갑자기 코티는 위험지대에서 벗어나게 됐다. 그리고 가장 각광받는 부동산이 됐다. 힘겨운 일이었다. 2년 동안 아파트의 집세는 600유로에서 800유로로 뛰었다. 이 주택단지에 살던 대부분의 사람들은 소득의 절반 이상을 집세로 써야 했다. 많은 사람들이 어쩔 수 없이 동네를 떠났다.

누리예가 창문에 벽보를 붙이고 난 후 몇 달 동안 이웃에 사는 다양한 사람들은 자신들의 분노를 표현할 방법을 찾기 위해 노력했다. 이들의 주택단지를 지나면 베를린의 중심부로 이어지는 큰 도로가 나오는데, 이미 동네 주민 일부가 때때로 그곳에 모여 치솟는 집세에 대한 시위를 하고 있었다. 만약 우리가 의자와 가구로 도로를 막아버리고, 누리예를 비롯해 동네에서 밀려나게 된 주민들이 아파트에서 나와 그곳에 가면 어떨까? 휠체어에 앉은 누리예가 가운데에 있고 우리가 그 옆에서, 그녀가 계속 그 집에서 살 수 있다는 보장을 받을 때까지 자리를 뜨지 않겠다고 하면 어떨까? 우리는 주목받게 될 거야. 언론들이 찾아오겠지. 그리고 누리예는 스스로 목숨을 끊지 않을 거야.

소수의 무리가 누리예에게, 도로를 점거한 자신들의 임시시위 캠프에 와서 함께하자고 제안했다. 그녀는 처음에 사람들이 미쳤다고 생각했지만, 어느 날 아침 바깥으로 나와 그곳에 앉았다. 도로 한가운데, 임시로 얼기설기 만들어놓은 바리케이드 옆에 히잡을 쓴 연로한 여성이 휠체어에 앉아 있는 모습은 기이해 보였다. 지역 언론들은 때맞춰 나타났다. 다양한 이웃들이 카메라에 대고 자신들의 이야기를 하기 시작했다. 사람들은 거의 아무것도 소유하지 못한 채 살아가는 삶, 변두리 지역으로 밀려나야만 하는 두려움에 대해 이야기했다. 30년 전 가난 때문에 나라를 떠날 수밖에 없었던 한 튀르키예 여인은 나중에 나에게 이렇게 말했다. "우리는 이미 고향을 1번 잃었어요. 2번 잃을 수는 없어요."

이들은 이것이 누군가를 귀 기울이게 만들 수 있는 유일한 방법이라고 생각했기 때문에 시위를 시작했다고 말했다. 그러나 얼마 지나지 않아 도착한 경찰이 말했다. "그래, 즐길 만큼 즐겼어. 이제는 정리하고 집에 갈 시간이야."

이웃들은 아직 누리예가 집에 머물 수 있다는 확답을 못 받았으며, 더욱 결정적으로는 집세 동결이라는 확약을 받지 못했다고 말했다. 샌디 칼튼본은 이렇게 설명했다. "우리가 이 도시를 세웠어요. 우리는 사회의 쓰레기가 아니에요. 우리는 이 도시에 대한 권리가 있어요."

코티에 살고 있는 타이나 가르트너라는 여성은 자신의 집에서 경적을 가져왔다. 그리고 시위 현장에 사람을 배치할 시간표를 짜서 경찰이 오면 누구든 그곳에 있는 사람이 경적을 울리자고 했다. 그러면 다른 사람들이 몰려나와 경찰을 저지할 수 있을 것이었다. 사람들은 앞다퉈 시간표에 이름을 적기 시작했다. 밤낮으로 길거리 시위 현장을 지키기 위해서였다. 누구와 같은 조가 될지는 알 수 없었다. 한번도 만나보지 못한 이웃과 짝이 되리라는 것만 알았다.

"우리는 시위를 3일 이상 할 수 있으리라 생각하지 않았어요." 그날 밤 자리를 지켰던 이웃 중 한 사람이 이렇게 말했다. 거의 모든 사람들이 비슷하게 생각했다.

추위가 매서운 베를린의 밤이었다. 누리예는 타이나와 함께했다. 타이나는 46세의 싱글맘이었다. 과산화수소로 탈색한 샛노란 머리에, 강추위 속에서도 미니스커트를 입고 있었고, 가슴팍과 팔은 문신으로 뒤덮여 있었다. 두 사람이 나란히 있는 모습은 콩트처럼 보였다. 독실한 무슬림인 튀르키예 이민자와 히피 독일인. 극과 극이 함께 앉아 바리케이드를 지켰다. 밤은 고요했고, 가로등은 희미했다.

밤이 깊어가면서 둘은 자신들의 삶에 대해 조금씩 털어놓았다. 누리예는 바깥에서 불을 피우고 요리를 하며 컸다. 그녀가 자란 가난한 동네에는 전기도, 수도도 없었기 때문이다. 17살이 되자 그녀는 결혼을 했고 아이를 가졌다. 그녀는 자신의 아이가 더 나은 삶을 살 수 있도록 해야겠다는 결심을 했다. 나이를 속이고 코티로 와서 부품조립 공장에 취직했다. 공장에서 번 돈은 모두 남편에게 보냈다. 그러던 어느 날 고향에서 연락이 왔다. 남편이 돌연 사망했다는 소식이었다. 그녀는 치열하게 일해야만 했다. 공장의 교대근무가 끝나면 청소를 하러 갔다. 그러고는 집으로 돌아와 몇 시간 눈을 붙이고 동틀 무렵 신문배달을 하러 갔다.

타이나는 14살에 처음 코티에 왔다. 타이나의 어머니는 그녀를 버렸다. 타이나는 고아원에서 살고 싶지 않았다. 그녀는 언제나 코티에 가보고 싶었다. 그녀의 어머니가 그곳에 가면 등에 칼을 맞는다고 했기 때문이다. 그 말에 이상하게도 흥미가 생겼다.

코티에 도착한 당시를 회상하며 그녀는 말했다.

"모든 집들이 2차 세계대전 직후처럼 보였어요. 모두 비어 있거나 망가져 있었어요. 그래서 장벽 근처에 있는 아무 집이나 들어가 살기 시작했어요. 여기엔 나 같은 사람이나 이전에 쓰레기 같은 집을 받아서 살고 있던 튀르키예 사람들만 있었어요. 다 부서진 집에 들어설 때, 가끔은 정말 으스스했어요."

몇몇 친구들과 함께 타이나는 공동체를 결성했다. 그리고 잔해 속에서 집단적으로 함께 생활했다. 몇 년 후 타이나는 자신이 임신한 채 무단 거주를 하고 있다는 사실을 깨달았다. "정말 최악의 상황이었어요. 나는 아들과 남겨졌어요. 주변에 나를 도와줄 사람이 아무도 없었어요."

누리예는 지금까지 누구에게도 하지 못한 이야기를 타이나에게 털어놨다. 누리예의 남편은 튀르키예에서 심장병으로 죽은 것이 아니었다. 그는 폐결핵으로 죽었다. "나는 언제나 그 이야기를 하는 게 부끄러웠어. 가난의 병이잖니. 남편은 음식도 제대로 못 먹었고, 치료를 받지도 못했어. 그래서 내가 여기 온 거야. 내가 번 돈으로 남편이 치료를 받고, 어쩌면 그를 여기로 데려올 수도 있겠다고 생각했지. 하지만 이미 너무 늦은 후였어."

누리예와 타이나가 밤 당번을 끝내자, 다음은 통 큰 청바지를 입은 17살의 튀르키예계 독일인 메메트 카브라크의 차례였다. 이 아이는 늘 힙합 음악을 들었고 학교에서 퇴학당하기 일보 직전이었다. 카브라크의 짝은 은퇴한 백인 교사 데트레브였다. 고리타분한 공산주의자였던 그는 으르렁거리며 말했다. "이건 나의 모든 신념에 어긋난다고."

데트레브는 이런 식으로 점진적인 변화를 추구하는 '혁신' 정치들은 터무니없다고 생각했다. 하지만 그러면서도 그는 계속 자리를 지켰다. 여러 밤이 지나고 카브라크는 데트레브에게 자신이 학교에서 겪는 문제들에 대해 털어놨다. 한참 후 데트레브는 학교 숙제를 가져오면 봐주겠다고 제안했다. 몇 주, 그리고 몇 달이 흘렀다. "데트레브는 나에게 할아버지 같은 존재가 됐어요." 카브라크가 말했다. 아이의 숙제는 점차 발전했고 학교는 더 이상 카브라크를 내쫓겠다고 협박하지 않았다.

서로를 필요로 하는 유대감

이 작은 임시캠프를 덮고 있던 파라솔은 지트블록Sudblock에서 기부한 것이었다. 지트블록은 동성애자 카페이자 클럽으로, 몇 년 전 주택단지 바로 건너편에 생겼다. 처음 이곳이 문을 열었을 때, 튀르키예계 주민들은 격분했고 밤새 클럽 창문들이 깨지기도 했다. 이 클럽을 연 전직 간호사 리처드 스타인은 뾰족한 턱수염을 기르고 있었다. 그는 20대 초반에 쾰른 근처의 작은 마을에서 코티로 넘어왔다. 그 역시 누리예나 타이나처럼 스스로 도망쳤다고 생각했다. "서독의 작은 마을에서 큰다는 건, 당신이 게이라면 그곳을 떠나야만 한다는 뜻이에요. 다른 선택지가 없어요."

스타인이 처음 이곳에 왔을 때, 서베를린에 도착하기 위해서는 무장요원들이 사방을 지키고 있는 좁은 고속도로를 따라 달려야 했다. "왜냐하면 서베를린은 공산주의자의 바다가 감싸고 있는 섬이었고 코티는 베를린 장벽을 두르고 있었거든요."

따라서 그의 눈에는 그곳이 파괴된 섬 안의 파괴된 섬처럼 보였다. 그는 나에게 가장 진정한 베를린 시민은 어딘가 다른 곳에 있다고 했다. 그리고 그에게는 이곳이 진정한 베를린이었다.

1990년대에 스타인이 개업한 첫 술집의 이름은 '카페 애널 (Cafe Anal, '항문'이라는 뜻이다)'이었다. 여기에서는 동성애자들을 비롯한 성소수자들을 위한 파티가 열렸으며, 베를린 장벽이 무너진 후에도 하드코어한 문화가 이어졌다. 때문에 스타인이 시위현장에 와서 거기 모인 이웃들을 자신의 카페로 불렀을 때 사람들은 그를 경계했다. 그는 그저 커피와 케이크를 대접하겠다고 했다.

누리예의 시위가 시작되자 스타인과 지트블록의 종업원들은 의자와 파라솔, 마실 것과 음식을 제공했다. 모두 무료였다. 스타인은 주민들에게 아무 때나 필요할 때에 카페로 오라고 제안했고, 이후 모든 회의는 그곳에서 열렸다.

"우리 중 일부는 회의적이었어요. 이 동네엔 보수적인 사람들이 많거든요." 처음에 스타인과 종업원들은 사람들이 오지 않을까 봐 걱정했다. 그러나 첫 회의에서, 비록 망설이는 모습이었을망정, 머리에 히잡을 두른 나이든 여자들과 독실한 기독교도 남자들 모두가 게이클럽에서 미니스커트를 입은 사람들과 나란히 앉았다. "모두 함께 많은 발전을 이뤘어요." 율리 칼텐보른이 말했다.

코티에 살고 있는 공사장 인부 하나가 의자와 파라솔로 만들어진 이 시위캠프가 상설구조로 바뀌어야 한다고 생각했고, 이들은 이곳에 코티회사Kotti and Co.라는 이름을 붙였다. 많은 사람들이 이 시위를 보러 왔고, 시위자들은 신문 첫 페이지를 장식하게 됐다. 누리예는 시위의 상징이 됐다. 마침내 정치인들이 나타나서 이 문제를 살펴보기로 약속했다.

시위가 시작되고 3개월 후, 50대 초반의 남자가 코티회사의 시위 장소로 찾아왔다. 이름은 툰자이였다. 그는 이가 몇 개 없었고, 기형적으로 뒤틀린 입천장 때문에 말하기가 어려웠다. 언뜻 봐도 한동안 노숙을 한 것 같았다. 그는 아무도 부탁하지 않았는데 그곳을 치우기 시작했다. 그러고는 자신이 봉사할 수 있는 일이 더 있느냐고 물었다. 툰자이는 며칠간 서성였다. 소소한 것들을 고치고 길 건너 게이클럽에서 시위캠프로 물을 날랐다. 밤에 불침번을 서던 어린 힙합 팬 카브라크가 그에게 언제든 와서 자도 좋다고 제안했다. 몇 주간 툰자이는 시위와 거리가 멀었던, 가장 보수적인 튀르키예계 주민들과 말을 트게 됐다. 이들은 그에게 옷과 음식을 가져다주고는 시위장소 주변을 맴돌기 시작했다.

"우리는 당신이 꼭 필요해요." 카브라크가 툰자이에게 말했다. 그리고 그를 위해 침대를 마련해주었다. 모든 이들이 툰자이를 위해 뭔가를 내어주기 시작했다. 그러던 중 길 건너 게이클럽 지트블록이 그를 고용했다. 툰자이는 캠프의 중심이 됐다. 사람들이 우울할 때면 그는 사람들을 안아줬다. 행진을 할 때면 맨 앞에 서서 호루라기를 불었다.

그러던 어느 날, 경찰이 시위 현장에 찾아왔다. 툰자이는 사람들이 말다툼하는 것을 싫어했다. 말다툼이 일어났다고 생각한 툰자이는 한 경찰관에게 다가가 그를 껴안으려 했다. 경찰은 툰자이를 체포했다. 그러면서 툰자이가 코티회사로 오기 몇 달 전, 거의 평생을 갇혀 있던 정신병원에서 탈출했다는 사실이 밝혀졌다. 경찰은 그를 다시 병원으로 데려갔다. 툰자이는 도시 정반대 편의 보호소로 보내졌다. 그리고 침대 외에는 아무런 가구가 없고, 창문이 굳게 닫힌 방에 감금됐다.

"언제나 창문은 닫혀 있어요. 왜냐하면 바깥에 바로 경비원이 있거든요." 그는 내게 말했다. "언제나 닫혀 있어요. 가장 힘들었던 것은 고립이었어요. 모든 것으로부터 고립되는 거예요."

코티 사람들은 툰자이가 어디에 있는지 알고 싶었다. 나이 든 튀르키예계 여성이 지트블록으로 들어와 리처드 스타인에게 말했다. "저들이 툰자이를 잡아갔어요! 그를 되찾아 와야 해요. 그는 우리 사람이에요."

주민들은 경찰서로 몰려갔다. 이들은 툰자이가 수용되어 있는 정신병동을 추적해나갔다. 주민 30명이 병원까지 몰려들어 툰자이를 퇴원시켜달라고 주장했다. 그가 갇혀 있다는 이야기를 들었을 때 이들은 이렇게 말했다. "툰자이는 격리당할 사람이 아냐. 그는 우리와 함께 있어야 해."

캠프는 툰자이 석방 운동으로 탈바꿈했다. 이들은 툰자이를 퇴원시키기 위한 청원을 하고, 여러 사람이 모여 계속 보호소를 방문하며 그를 보여달라고 요청했다. 그리고 그에게 함께 집으로 가자고 이야기했다. 보호소는 철조망으로 둘러싸였고, 안에 들어가기 위해서는 보안검사를 받아야 했다. 이들은 정신과 의사들에게 말했다. "우리는 툰자이를 그 모습 그대로 잘 알아요. 그리고 우리는 그를 사랑해요."

정신의학당국은 당황했다. 지금까지 환자를 퇴원시켜달라는 대규모 시위는 없었다. "그 사람들은 지금까지 누군가가 환자한테 관심을 가지는 걸 본 적이 없었던 거예요."

8주간의 시위 끝에 드디어 정신의학당국은 일정 조건 하에서 툰자이를 풀어주기로 동의했다. 우선 그에게는 아파트와 정규 일자리가 있어야 했다.

"툰자이를 아는 사람이라면, 이런 것들이 그에게 가장 필요 없는 것들이라는 걸 알 거예요. 그에게 필요했던 것은 기댈 수 있는 유대감, 그리고 자신이 쓸모 있다는 감각이었어요. 그에게는 그 느낌이 필요했어요. 공동체의식, 그가 좋아하고 나눌 수 있는 목표 같은 것들이요. 그 사람들은 그런 걸 몰랐던 거죠."

그러나 상관없었다. 스타인의 지트블록은 그와 함께 일하기 위해 고용 계약을 맺었다. 그리고 툰자이는 한 노인의 아파트를 물려받을 수 있었다. 주민들은 집에 온 그를 반기기 위해 아파트를 새로 고치고 꾸몄다. 그는 내게 모든 것이 행복하다고 말했다.

변화를 이루어내는 투쟁

집세를 낮추기 위한 투쟁에서, 그리고 툰자이를 위한 투쟁에서 시위자들은 하나둘 변해갔다. 지트블록이 불쌍한 튀르키예 여인을 돕기 위한 지원을 했다는 사실은 모든 튀르키예계 이웃들을 감동시켰다. 처음 지트블록이 문을 열었을 때 기겁을 했던 메메트 카브라크는 내게 말했다. "그 사람들을 알게 되면서 나는 모든 사람이 하고 싶은 일을 할 수 있다는 걸 깨달았어요. 우리는 지트블록에서 엄청난 도움을 받았어요. 이 경험은 저를 완전히 바꿔놨어요."

그리고 시위 전반에 대해 그는 이렇게 말했다. "나를 가장 놀

266

라게 한 사람은 바로 저 자신이에요. 저는 제가 뭘 할 수 있는지, 저만의 능력이 무엇인지 알게 됐어요."

무슬림과 동성애자, 무단점유자와 히잡의 조화가 얼마나 이상한지 이야기하면 코티 사람들은 코웃음을 칠 것이다. "그건 우리 문제가 아니야! 그렇게 생각하는 사람들의 문제지." 누리예가 말했다.

코티회사가 활동하는 동안에도 퇴거는 계속 진행됐다. 어느 날, 누리예는 자신과 비슷한 여성을 만났다. 로즈메리는 60대였고, 대부분의 시간을 휠체어에서 생활했으며, 집에서 퇴거당했다. 로즈메리는 이틀 후 차가운 노숙자 쉼터에서 심장마비로 죽었다. 누리예 자신도 이 일이 있고 얼마 지나지 않아 집에서 나가야만 했다. 그러나 이웃들은 멀지 않은 곳에 누리예를 위한 또 다른 아파트를 찾아줬다.

코티회사는 더욱 조직화됐다. 더 많은 시위와 토의, 행진을 하고 더 많은 매체를 끌어들였다. 자신들의 집을 소유한 회사들의 재정문제에 더 깊이 파고들었고, 베를린의 정치인들조차 그토록 오래 전부터 작성됐던 우스꽝스러운 계약들을 이해하지 못한다는 것을 알아냈다.

시위가 시작되고 1년이 지난 어느 날, 코티의 정치적 압력 덕에 집세가 동결됐다는 소식이 전해졌다. 이는 베를린의 그 어떤 주택단지에서도 일어나지 않은 일이었다. 이는 주민들의 행동주의가 가져온 결과였다.

코티에 사는 튀르키예계 독일인인 네리만 툰체르는 내게 집세를 낮추는 것보다 훨씬 더 중요한 것을 얻었다고 말했다. "내 주변에 얼마나 많은 아름다운 사람들이 살고 있는지를 깨달았어요." 또 타이나는 이렇게 말했다. "우리는 모두 많은 것을 배웠어요. 나는 다른 사람들의 눈을 통해 세상을 바라보게 됐고, 그렇게 새로운 의미를 얻었어요. 우리는 가족 같아요."

시위자 가운데 율리는 코티에서 자신들이 스스로를 '공개'했다고 말했다. 이들은 외골수로 혼자 집에 틀어박혀 있기를 그만뒀다. 그리고 자기 자신보다 더 큰 존재로부터 해방됨으로써 고통에서 해방될 수 있었다.

누리예가 벽보를 창문에 붙이고 2년 후, 내가 다시 그곳을 방문했을 때, 코티 사람들은 시위를 발전시키기 위해 베를린 전역의 다른 행동주의자들과 손을 잡았다. 독일의 수도에서 일반시민들은 사람들로부터 뭔가를 원한다는 서명을 충분히 모으기만 한다면 국민투표를 실시할 수 있었다. 코티 사람들은 도시 전역으로 퍼져나가 베를린 시민 모두를 위해 집세를 낮게 유지하자는 국민투표를 실시하기 위한 서명을 하도록 사람들을 설득했다. 이는 많은 개혁을 포함하고 있었다. 보조금이 더 많이 필요했고, 주거제도를 규제하기 위한 위원회를 선출해야 했으며, 이 제도에서 지원

되는 돈들을 더 많은 임대주택을 위해 쓰고 빈곤층의 퇴거를 중단하겠다는 약속이 필요했다.

이들은 국민투표를 위해 베를린 역사상 가장 많은 수의 서명을 받아냈다. 베를린 의회는 이 제안들의 급진성에 놀라서 코티 주민들, 그리고 이 국민투표를 주도하는 사람들에게 접근해 합의를 제안했다. 정부는 주민들이 이길 경우 유럽재판소에서 유럽 독점규제법 위반에 대한 이의를 제기할 것이며 몇 년이 걸리든 개혁을 중단시킬 것이라고 설득했다. 대신 정부는 다음과 같은 변화를 제안했다. '당신이 빈곤층이고 집세를 감당할 수 없다면 다달이 150유로의 추가 지원금을 받게 될 것이다. 퇴거는 마지막 수단이 될 것이며, 거의 없어질 것이다. 그리고 부동산회사의 경영진들은 지금부터 주민들을 이사회에 참여시킬 것이다.' 분명 아주 많은 것이 바뀌었다.

코티에서의 마지막 날에 나는 지트블록 테라스에 앉아 있었다. 타이나는 차가운 햇살 아래서 행복하게 줄담배를 피워댔다. 길 건너 시위소는 이제 상설구조물이 됐다. 다시는 철거되지 않을 것이다. 튀르키예계 여인 몇 명이 커피를 마시고 있었고, 그 주변에서 어린 아이들이 공을 차고 있었다. 담배연기를 들이마시며 타이나는 이렇게 말했다. "구석에서 울지 말고 나와서 싸워야 해요." 그녀는 내게로 향하려는 연기를 멀리 날려버렸다. "그렇게 변하게 돼요. 그리고 기운을 내게 되죠."

16장

타인과의 연결
: 개인보다 집단이 행복하다

LOST CONNEC TIONS

＋ 코티의 이야기를 들은 후, 내게는 2가지 의문이 남겨졌다. 이러한 변화가 불안과 우울을 감소시켜준다는 과학적 증거가 있는가? 그리고 이를 코티라는 특수한 상황 밖에서도 복제할 수 있는 방법이 있는가? 이것이 지금부터 이야기할 7가지 해결책 중 첫 번째 회복이다.

나는 이를 실행하고 있는 사회과학자와 이야기를 나누기 위해 캘리포니아 버클리로 향했다. 브렛 포드Brett Ford라는 매력적인 여성이었다. 그녀는 동료교수인 마야 타미르Maya Tamir, 아이리스 모스Iris Mauss와 함께 몇 년 전부터 매우 기본적인 질문에 대한 연구를 진행하고 있었다. 이들이 알고 싶었던 것은 다음과 같다.

의식적으로 행복해지려는 노력이 실제로 효과를 발휘하는가? 오늘 당장 의도적으로 행복을 추구하는 데에 인생을 더 할애하려고 결정한다면 그날로부터 일주일 후에, 아니면 1년 후에 실제로 더 행복해지는가?

연구팀은 이러한 질문을 두고 네 국가에서 연구를 실시했다. 미국, 러시아, 일본, 대만이었다. 이들은 수천 명의 사람들을 추적했다. 의도적으로 행복을 추구하는 사람들과 그렇지 않은 사람들이었다. 그 결과를 비교했을 때 이들은 기대치 못한 발견을 했다. 의도적으로 행복해지려 노력하는 사람들은 더 행복해지지 못했다. 단, 미국에서 살 경우였다. 그러나 러시아나 일본, 대만에 살 경우에는 더 행복해졌다. 그 이유가 알고 싶었다.

'나'에서 '우리'로의 변화

사회과학자들은 서구사회에 사는 사람들이 스스로에 대해 생각하는 방식과 아시아 사람들이 스스로에 대해 생각하는 방식에 분명한 차이가 있다는 것을 알고 있었다. 예를 들어, 서구권 출신 친구들에게 사람들 앞에서 연설을 하는 남자의 사진을 보여주고 무엇을 보았는지 물어보자. 다음에는 동양계 출신의 무리에게 똑같은 사진을 보여주고 묘사해보라고 하자. 서구권 사람들은 대체로 관중들 앞에 있는 한 사람에 대해 매우 자세히 묘사할 것이다. 그런 후 관중들에 대해 이야기할 것이다. 그러나 아시아 사람들의 경우는 좀 다르다. 보통은 관중들에 대해 먼저 이야기하고, 앞에 있는 남자에 대해 덧붙일 것이다.

서구의 아이들은 무리 안에서 개인을 분리해내는 것에 문제가 없다. 다시 말해, 인생을 개인적인 관점에서 바라본다. 아시아에서는 대부분 집단적인 관점에서 인생을 바라본다. 따라서 미국인이나 영국인이 행복을 추구하기로 결정했다면, 그 사람은 지금껏 이를 자기 자신을 위해 추구한다. 그래야 행복할 수 있다고 생각하기 때문이다. 그리고 그 사람은 내가 많은 시간 했던 일을 할 것이다. 자기 자신을 위해 물건을 사고, 자기 자신을 위해 성과를 올리고 자아를 만들어낸다. 그러나 아시아 사회의 사람들이 의식적으로 행복을 추구할 때 그들은 뭔가 다른 행동을 한다. 자신의 무

272

리, 자기 주변의 사람들을 위해 더 나은 일을 하려고 노력한다. 이
것이 이 사람이 생각하는 행복의 의미고, 따라서 당연한 일이다.

이 두 관점은 더 행복해진다는 것의 의미에 대해 근본적으로
대립한다. 그리고 내가 앞서 묘사한 모든 이유들로 말미암아 서구
적 관점의 행복은 집단주의적 관점의 행복보다 실질적인 효과를
발휘하지 못하는 것으로 드러났다(물론 아시아 국가들 역시 빠르게 변하고
있다는 점은 분명하다).

"행복이 사회적 개념이라고 생각할수록 더 나은 결과를 얻게
돼요." 브렛 포드는 자신이 발견한 것과 사회과학 문헌들을 간략
하게 설명해주며 말했다. 연구결과들은 절망과 즐거움을 주변 사
람들과 나눌 수 있는 대상으로 생각할 때, 우리가 변화할 수 있을
것임을 시사한다.

부끄러운 고백을 하자면, 나는 이 책을 작업하기 시작하면
서 내 우울과 불안을 해소하기 위한 즉각적인 처방을 원했다. 나
는 혼자서, 신속히 추구할 수 있는 방식들이 필요했다. 내 기분을
더 나아지게 하기 위해, 혼자서 당장 실행할 수 있는 뭔가를 원했
다. 약을 원했고, 그 약이 효과가 없으면 약만큼이나 신속한 효과
를 발휘하는 뭔가를 원했다. 우울과 불안에 관한 책을 집어든 독
자 여러분도 아마 나와 같은 것을 원했을 것이다. 내가 이 책에서
제안하는 여러 아이디어들을 논의하자, 내 지인은 내가 잘못된 약
을 복용하고 있다면서, "대신 자낙스Xanax를 한번 먹어봐"라고 했

다. 솔깃했다. 그러나 나는 곧 깨달았다. 어떻게 내가 지금껏 묘사해온 모든 고통과 절망에 대한 해결책이 새로운 신경안정제라고 할 수 있는가? 어떻게 수백만 명의 사람들에게 그냥 약을 먹으라고 말할 수 있는가?

솔직히 말하자면 이것이 바로 내가 갈망하던 식의 해결책이다. 개인적인 방법, 아무 노력 없이 혼자 실행할 수 있는 방법, 매일 아침 20초를 투자해 약을 먹기만 하면 '정상처럼' 살 수 있는 그런 방법. 그러나 신속한 개인적 해결책을 찾는 것은 함정이다. 사실 개인적 해결책의 추구는 애초에 우리를 이러한 문제에 빠뜨렸다. 우리는 스스로의 자아 안에 갇혀버렸다. 그리고 진정한 연대가 우리에게 닿지 못하도록 막아버렸다.

나는 우리가 쓰는 가장 평범하고도 뻔한 클리셰에 대해 생각해봤다. "있는 그대로의 네가 되렴. 네 자신이 되렴." 우리는 이 말을 항상 서로에게 건넨다. 그리고 샴푸 병마저 우리에게 이렇게 말한다. "당신은 소중하니까요."

그러나 더 이상 우울하고 싶지 않다면 '당신'이길 그만둬야 한다. 대신 '집단'을 소중하게 만들어야 한다. 포드와 동료 연구자들은 행복으로 가는 진정한 길은 자아라는 벽을 허무는 데에서 나온다고 말했다. 나 자신이 다른 이들의 이야기 속에 녹아들도록 하는 데에서, 그리고 다른 이들의 이야기가 내 안으로 흘러들어오도록 하는 데에서 나온다고. 행복으로 가는 길은 나의 정체성을 끌어 모으고 내가 지금까지 내가 아니었음을, 고독하지도, 영웅적이지도, 슬프지도 않았음을 깨닫는 데에서 나온다고 말이다.

따라서 우리의 우울과 불안을 극복하기 위한 첫 단계이자 가장 중요한 단계는 힘을 합치는 것이다. 코티 주민들이 바로 그 예시다. 그리고 실제로 이렇게 말해야 한다. "우리가 지금껏 해온 것으로는 충분치 않다." 그렇게 살도록 압박받고 세뇌당했던 삶은 연대와 안정, 일체감 등을 추구하는 우리의 심리적 욕구를 충족시키지 못한다. 우리는 함께 더 나은 것을 바라고 더 나은 것을 위해 투쟁할 것이다.

앞의 문장과 코티 주민들의 사고방식에서 핵심 단어는 '우리'다. 공동의 투쟁이 해결책이다. 아니면 적어도 중요한 토대이다. 코티에서 주민들은 처음에 자신들이 갈구했던 바의 일부를 얻었지만 결국 모든 것을 얻은 것은 아니었다. 그럼에도 이들은 투쟁을 위해 힘을 합치는 과정에서 자신들이 파편화된 개인이 아닌 공동체라는 느낌을 받게 됐다.

개인과 공동체 간의 균형

짐 케이츠Jim Cates 박사와 나는 엘크하트 라그랜지Elkhart-Lagrange

라고 불리는 아미시 마을에 도착했다. 케이츠는 율법을 어긴 아미시 교인들을 대상으로 심리평가를 실시하는 심리학자였다. 그는 아미시 사람들이 타지 사람들을 가리킬 때 쓰는 표현에 따라 소위 '영국인'이었지만, 몇 년에 걸쳐 공동체의 일원으로 살아온 '외부인 같지 않은 외부인'이었다. 그는 내게 그곳 사람들을 소개시켜주기로 했다.

아미시 교파가 처음 미국에 왔을 때, 이들은 기독교의 근본주의적 이상에 따라 단순하게 살면서 이를 방해할 그 어떤 새로운 발전도 거부하기로 결정했다. 이러한 결단은 지속되고 있다. 따라서 이곳의 사람들은 전기를 공급받지 않았다. TV도, 인터넷도, 자동차도 없었고, 소비제품도 거의 가지고 있지 않았다. 이들은 모국어로서 독일어 방언을 사용했고, 비非 아미시와는 거의 섞이지 않았다. 이들은 별도의 교육체계를 갖췄고, 미국의 나머지 지역과는 극단적으로 분리된 가치체계를 지녔다. 우리가 사는 방식의 결점들을 돌아보면서, 나는 이들로부터 무엇인가를 배울 수 있지 않을까 궁금해졌다.

프리먼 리 밀러는 식당 밖에서 우리를 기다리고 있었다. 그는 20대 후반이었고 턱수염을 어중간하게 기르고 있었다. 어린 시절 그는 이곳에서 살았다. 집들이 옹기종기 모여 있는 이 마을에서는 증조부모까지 4대가 함께 살았다. 이들의 전기는 배터리나 프로판 가스에서 나왔고, 걸어가거나 마차를 타고 갈 수 있는 거리까지만 여행을 할 수 있었다. 이는 주변에 언제나 당신을 올바른 방향으로 이끌어줄 어른들이 존재한다는 의미였다. 그는 언제나 어른들과 다른 아이들 사이에 머물렀다. 이들에게는 '가족과 함께 시간을 보낸다'는 개념이 없었다. 언제나 가족과 함께했기 때문이다. 아미시 가족은 150여 명의 사람들이 서로 연결된 커다란 집단이다. 이는 실질적으로 걷거나 마차로 갈 수 있는 거리 안에 있는 모든 아미시 교인을 포함하는 개념이다.

16살이 되면 모든 아미시 교인들은 여행을 떠난다. 호기심을 갖고 우리 문화에 대해 논평을 할 수 있도록 하는 여행이다. 이들은 몇 년간 '영국식' 세계로 나가 살아야 한다. 이 여행은 럼스프린가Rumspringa라고 불린다. 그리고 평균적으로 2년 동안은 엄격한 아미시 율법을 따를 필요가 없다. 술에도 취하고 클럽도 가고 전화와 인터넷도 쓴다. 그 후 이 젊음의 일탈이 끝나고 나면, 선택을 해야 한다. 모든 것을 버린 채 다시 집으로 돌아와 아미시 교파에 합류할 것인가, 바깥세상에 머무를 것인가? 바깥세상에 남기로 한다면, 집에 돌아와 가족들을 만날 수는 있지만 다시 아미시 교인이 될 수는 없다.

놀랍게도 약 80퍼센트가 집으로 돌아와 교인이 되는 것을 선택한다. 이러한 자유의 경험은 아미시 교파가 사이비종교로 취급받지 않는 이유다. 자발적 선택이기 때문이다. 리 밀러는 바깥세상의 많은 것들이 좋았다고 내게 말했다. 그럼에도 그가 돌아온 이유 가운데 하나는 아미시 공동체가 아이를 가지고, 아이를 키우며 살기에 더 나은 곳이라 믿기 때문이었다.

1970년대에 아미시 교인들의 정신건강을 측정한 과학적 연구는 이들이 다른 미국인들보다 유의미하게 낮은 수준의 우울증을 가졌다는 것을 밝혀냈다. 그러나 나는 이들의 삶의 방식을 만병통치약으로 보는 것 역시 우스꽝스럽다는 것을 알 수 있었다. 케이츠와 나는 한 아미시 여성과 한나절을 보냈다. 이 여성은 남편이 자신과 자녀를 신체적으로 학대했다면서 도와달라고 공동체에 요청했다. 교회의 장로들은 어떻게든 남편에게 순종하는 것이 아미시 여인의 역할이라고 말했다. 그녀는 그 후로도 몇 년 동안이나 폭력적인 학대를 당했고 결국 그곳을 떠났다. 그리고 많은 사람들을 분개하게 만들었다.

이 집단은 신의 계시를 받은 방식 그대로 결속했지만, 또한 극단적이고 야만스러운 신학에 의해서도 결속했다. 여성들은 종속되어 있었으며, 동성애자들은 끔찍한 취급을 받았다. 아이를 때리는 것은 좋은 일로 간주됐다. 엘크하트 라그랜지는 스위스 산자락에 있던 아버지의 고향을 떠올리게 했다. 이곳에는 공동체와 가정에 대한 깊은 애정이 있다. 그러나 그 안에는 가끔 악랄한 규칙이 존재하기도 한다. 이는 공동체가 얼마나 강력한지를 보여주는 신호다. 너무나 강력한 나머지 어떤 이들에게는 이것이 앞서 말한 문제점들 때문에 겪게 되는 실질적이고 끔찍한 고통을 능가할 수도 있다. 이는 불가피한 물물교환인가? 나는 궁금했다. 개성과 권리를 획득하는 것은 필연적으로 공동체를 갉아먹는가?

우리는 엘크하트 라그랜지의 아름답지만 잔혹한 일체감과 내가 자란 에지웨어의 개방적이지만 우울한 문화 사이에서 하나를 선택해야만 하는 것인가? 나는 현대사회를 버리고 신화 속에 나오는 과거로 돌아가고 싶지 않다. 그 과거는 여러 면에서 좀 더 연결되어 있지만 훨씬 더 잔혹한 곳일 것이다.

우리가 아미시 공동체의 일체감에 좀 더 가까이 다가가는 통합을 발견할 수 있을까? 우리 스스로를 질식시키거나, 우리에게 혐오감을 일으킬 수 있는 극단적인 아이디어로 치우치지 않으면서 말이다. 그 목표에 다다르기 위해 우리는 무엇을 포기해야 하고 무엇을 얻게 되는가? 나는 여행을 계속하며 어떤 질문의 시작을 이끌어 내줄 장소와 방법들을 찾아내기 시작했다.

아미시 지역 한가운데에서 리 밀러는 자신의 세계가 내게는 이상해 보일 수 있다는 점을 안다고 말했다. "당신네가 우리를 어떻게 보는지 이해해요. 하지만 우리는 다른 사람들과 함께하는 것만으로도 현생에서 천국을 엿볼 수 있다고 생각해요."

오늘은 당신이 살아있는 시간, 사랑하는 사람들과 진짜로 함께할 수 있는 시간이다. 도대체 왜 혼란스러워하며 갈피를 잡지 못하는 것인가?

17장

자연과의 연결
: 이 장소에 존재한다

LOST
CONNEC
TIONS

✦—✦ 나는 어떻게 해야 고립에서 연대로 변화한 코티 주민들의 움직임을 복제할 수 있을지 궁금해졌다. 첫 번째 힌트는 런던에서 가장 가난한 지역에 있는 작은 진료소에 있었다. 내가 우울증을 견딜 당시에 지내던 곳에서 불과 몇 킬로미터 떨어진 진료소였다.

리사는 이스트 런던에 있는 병원에서 자신의 주치의에게 자신이 우울할 리 없다고 설명하다가 돌연 울음을 터뜨렸다. 그녀는 고통을 주체할 수 없는 자신의 모습에 좌절했다. '내가 이럴 수는 없어. 나는 정신의학과 간호사야. 이런 문제에 굴복하는 게 아니라, 이런 문제를 해결하는 게 내 일이잖아.'

리사는 30대 중반이었고 더 이상 견딜 수 없었다. 그녀는 몇 년간 잘나가는 런던의 병원에서 정신병동 간호사로 일하고 있었다. 그 해 여름은 런던의 역사상 가장 무더웠고, 그녀가 일하는 병동에는 에어컨도 안 나왔다. 그곳에서는 모든 종류의 정신건강 문제를 지닌 사람들을 치료했다. 조현병부터 양극성장애, 신경증에 이르기까지 입원을 필요로 할 만큼 심각한 문제를 지닌 사람들이었다. 리사는 그런 사람들을 돕고 싶어서 간호사가 됐지만, 그녀가 일하는 병원에서는 환자들을 철저히 약물로만 치료하는 것이 점차 확실해졌다.

한 젊은 남성은 정신병 때문에 병원에 왔다. 그리고 지나치게 약물을 많이 처방받는 바람에 다리가 항상 후들거려 걷지 못할 정도가 됐다. 리사는 그 환자의 남동생이 병실에서 그를 업고 나오는 모습을 지켜봤다. 리사의 동료 가운데 한 사람이 키득거리며 그 남성을 흉내 냈다. "아니, 어떻게 다리가 저렇게 덜덜 떨리지? 저것 좀 봐!" 그녀는 말했다. 한 환자가 소변을 제대로 가리지 못하자 또 다른 간호사가 그 환자를 다른 환자들이 모두 보는 앞에서 야단쳤다. "보세요, 오줌을 쌌잖아요. 세상에. 아니, 화장실도 제때 못 가요?"

동료들에게 환자들을 인간답게 대우해야 한다고 지적했더니 '지나치게 예민하다'는 핀잔만 돌아왔다. 그리고 얼마 지나지 않아 다른 간호사들이 그녀를 따돌리기 시작했다. 리사는 공격적인 분위기의 가정에서 자랐고, 따라서 이런 따돌림이 익숙하면서도 참을 수 없었다.

"어느 날 병원에 출근했는데, 정말 아무것도 할 수 없었어요." 집에 돌아온 리사는 문을 걸어 잠그고 침대 속에 기어들어가 울었다. 그녀는 그 후 7일 동안 내내 침대에만 머물렀다.

리사는 불안 때문에 고통스러워하며 한낮에 잠에서 깼다. 그리고 강박적으로 생각했다. '사람들이 나를 어떻게 생각할까? 밖에 나가도 될까?' 매일 같이 리사는 화장을 한 후 밖으로 나가려고 마음을 굳게 먹었다. 그러다가 모든 것을 그만두고 다시 침대로 파고들었다. 고양이 밥이 떨어지지만 않았다면 아마 쫄쫄 굶은 채 집에만 머물렀을 것이다. 그녀는 집 건너에 있는 작은 가게로 쏜살같이 뛰어가서 고양이 먹이와 대용량 초콜릿 아이스크림을 집어 들고는 서둘러 집으로 돌아왔다. 아프다는 진단을 받기 전 그녀는 프로작을 먹기 시작했고, 그러면서 엄청나게 몸무게가 늘었다. 100킬로그램까지 부풀어 올랐는데도 먹는 것에 집착했다. 초콜릿 아이스크림 케이크, 초콜릿바 같은 것들이었다.

몇 년 후, 내가 리사와 이야기를 나눌 때에도 그녀는 여전히 그 당시를 묘사하는 것에 어려움을 겪었다. "나는 완전히 장애인이 됐어요. 나 자신을 잃은 것처럼 느껴졌죠. 내 정체성을 완전히 잃었어요."

그러던 어느 날 주치의가 그녀에게 누군가가 제안한 새로운 아이디어를 들려줬고, 거기에 참여하고 싶은지 물었다.

시간과 에너지를 헌신하는 일

1970년대 중반의 어느 오후, 노르웨이 서쪽의 회색 해안지역에서 17살 소년 2명이 조선소 안으로 걸어가고 있었다. 이들은 커다란 배를 만드는 팀의 일원이었다. 전날 밤 강풍이 불어 닥쳤고, 이들은 크레인이 넘어지지 않도록 막기 위해 갈고리를 이용해 커다란 바위에 크레인을 묶어 놨다. 그러나 다음 날 아침, 누군가가 크레인이 묶여 있다는 사실을 깜빡하고는 이를 움직이려 했다.

두 소년은 커다란 꿍음을 들었고, 크레인이 이들 방향으로 순식간에 떨어지기 시작했다. 샘 에버링턴Sam Everington은 몸을 던져 가까스로 살 수 있었다. 그리고 자신과 함께 있던 친구가 크레인 아래로 사라져버리는 모습을 보고 말았다. 친구가 죽는 것을 목격한 이후 그는 스스로에게 약속했다. 인생을 헛되이 보내지 않으며 충만하게 살겠다고 말이다. 그리고 이는 다른 사람들이 살아가는 방식대로 따르기를 거부하며 정말로 중요한 것들을 향해 길을 내겠다는 의미였다.

그 후 에버링턴은 젊은 의사가 되어 이스트 런던에서 일하게 됐다. 그는 불편함을 느낄 때마다 그 순간을 떠올렸다. 많은 환자들이 우울과 불안에서 벗어나려고 그를 찾아왔고, 그는 수련을 받으며 이에 어떻게 반응해야 하는지 배웠다.

"의대에 가면 모든 것이 생체의학이에요. 그래서 당신이 우울증이라고 묘사하는 건 신경전달물질 탓이라고, 화학적 불균형 때문이라고 말하는 거죠."

그렇다면 해결책은 약물요법이었다. 그러나 이는 그가 보는 현실과 맞지 않아 보였다. 환자들과 앉아서 이야기를 나누고 그들의 이야기에 귀를 기울이다 보면, 뇌 속의 뭔가가 잘못되고 있다고 생각했던 처음의 문제가 마지막까지 진짜로 중요한 문제였던 적은 거의 없었다. 언제나 더 중요한 문제가 도사리고 있었고, 그것에 대해 물어보면 환자들은 이야기를 들려주었다.

하루는 이스트엔드에 사는 노동자가 한없이 추락하는 기분이라면서 찾아왔다. 에버링턴은 차트를 꺼내들었다. 그에게 약을 처방하거나 그를 사회복지사에게 연결해주기 위해서였다. 남자는 에버링턴을 바라보더니 말했다. "나는 거지 같은 사회복지사 따위는 필요 없어요. 나는 그 사회복지사가 버는 돈이 필요해요."

에버링턴은 자신이 배운 모든 것들이 해결책의 상당한 부분을 놓치고 있었다고 했다. 그의 환자들은 인생을 인생답게 만들어주는 것들을 빼앗겼기 때문에 우울증에 걸렸다. 그리고 그는 젊은 시절 스스로에게 한 약속을 기억하며 되물었다. 이들의 고통에 올바르게 대처하려면 나는 지금 어떻게 해야 하는가?

리사는 난생처음 제 발로 병원에 갔다. 에버링턴이 근무하는 병원이었다. 브롬리 바이 보우 센터Bromley-by-Bow Center는 이스트 런던의 콘크리트 건물들 사이에 끼어 있었다. 리사는 이 새로운 프로그램이 도움이 될지, 자신이 그토록 오랫동안 사람들 사이에 둘러싸여 있는 것을 견딜 수 있을지 의심스러웠다.

에버링턴은 비슷한 생각을 가진 사람들과 함께 일하면서 단순한 계획을 세웠다. 그는 자신을 찾아오는 우울증 환자들이 머리나 몸에 문제가 있는 것이 아니라 인생에 문제가 있다고 믿었다. 따라서 이들의 증상을 개선시키고 싶다면 환자들이 인생을 바꾸도록 도와야만 한다고 생각했다. 이들에게 필요한 것은 관계의 회복이었다. 그는 이 진료실을 이스트 런던의 모든 자원봉사단체를 위한 허브로 바꿔놓는 일에 참여했다. 이는 전례 없는 실험이었다. 이곳을 찾는 환자는 의사를 보러 갔을 때 그저 약만 받는 것이 아니라, 100가지의 다양한 회복 방법을 처방받는다. 이는 주변 사람들과의 관계, 사회와의 관계, 그리고 정말로 중요한 가치와의 관계를 회복하기 위함이다.

리사는 외부에서 봤을 때 거의 바보 같을 정도로 평범해 보이는 처방을 받았다. 이 병원의 길 모퉁이를 돌면 덤불과 콘크리트가 뒤섞인 흉측한 길이 나 있었다. 그 지역 주민들이 '개똥골목'이라고 부르는 길이었다. 잡초와 부서진 연주대, 그리고 이름으로 알 수 있듯이 개똥들이 널린 지저분한 곳이었다.

에버링턴이 계획에 참여한 프로그램 가운데 하나는, 이 흉측한 황무지를 꽃과 채소가 가득한 정원으로 바꿔놓는 일이었다. 여기에는 전체적인 지휘를 위한 스태프 한 사람이 포함됐지만, 그 외의 모든 것은 약 20명의 환자가 자원해서 진행했다. 우울증에 시달리거나 다른 형태의 고통에 시달리는 환자들이었다.

첫날 리사는 다른 자원봉사자들과 이 땅을 책임져야 한다는 생각에 불안해졌다. 일주일에 이틀씩, 이 사람들이 뭘 제대로 해놓겠어? 초조함에 가슴이 두근거렸다. 그녀는 다른 조원들과 함께 맥락 없이 대화를 나눴다. 한 백인 노동자는 리사에게 자신이 아주 어렸을 적 학교에서 퇴학당했다고 말했다. 훗날 의사들은 리사에게 그 남자가 병원에서는 위협적이고 공격적인 모습을 자주 보였고, 따라서 이 남자를 프로그램에 집어넣어도 되는지 한참 고민했다는 사실을 털어놨다. 그리고 리사는 나이 많은 아시아 남자인 싱 씨도 만났다. 싱 씨는 자신이 세계를 여행했다면서 자기가 가본 나라들에 대한 환상적인 이야기를 들려주기 시작했다. 심각한 학습부진을 겪는 사람도 둘 있었다. 또한 우울함을 떨칠 수 없는 중산층 사람들도 몇 명 있었다.

처음 몇 달간 이들은 씨앗과 식물에 대해 배웠다. 그리고 이 공원이 어떻게 보였으면 좋겠는지 토론했다. 이들은 도시 사람이었고, 아는 바가 없었다. 그리고 자연에 대해 배워야 한다는 것을 깨달았다. 느릿한 과정이었다. 조원들은 수선화와 몇 가지 관목들, 그리고 계절에 맞는 꽃들을 심기로 결정했다. 처음에는 더디고 어려웠다.

리사는 자연에 뭔가 다른 점이 있다는 사실을 알게 됐다. "그러니까 우리는 식물을 심지만, 어쩌면 실패하고 어쩌면 성공해요. 그걸 어떻게 하는지 배워야 해요. 그리고 참는 법을 배워야 해요. 이건 뚝딱 고칠 수 있는 일이 아니에요. 정원을 만드는 데에는 시간이 걸려요. 에너지를 투자하고 헌신해야 해요. 정원 한구석에 딱히 큰 영향을 미치지 못한다는 생각이 들 거예요. 하지만 이걸 매주 하게 되면, 시간이 흐름에 따라 변화가 보여요."

그리고 그녀는 긴 시간이 걸리는 일을 위해 인내해야 하는 무엇인가에 헌신하는 것이 중요하다는 것을 배우게 됐다. 보통 우울하거나 불안한 사람들은 약물이 아닌 다른 치료를 받게 됐을 때, 자신이 어떻게 느끼는지에 대해 이야기해야만 한다. 그러나 이는 그들이 가장 하고 싶지 않은 일이기도 하다. 이곳은 느리고 꾸준한 일을 해야 하는 곳이었다. 이 일 말고 다른 이야기를 해야 한다는 압박도 없었다. 그러나 서로를 믿기 시작하면서 이들은 자기 감정에 대해, 자신이 편안한 속도로 말하게 됐다. 리사는 자신이 좋아하는 조원들에게 자기 이야기를 하기 시작했다. 조원들도 리사에게 자기 이야기를 들려줬다.

리사가 깨달은 것은 그곳의 모든 사람들이 끔찍한 기분을 느끼는 타당한 이유를 가졌다는 사실이었다. 조원 가운데 한 남자는 자신이 매일 밤 25번 버스에서 잔다고 리사에게 조용히 털어놨다. 운전사들은 그가 노숙자라는 것을 알았고, 따라서 내쫓지 않았다. 리사는 그를 바라보며 생각했다. '그런 상황에서 어떻게 우울증에 안 걸리겠어요?'

다리를 잃은 농부에게 젖소가 필요하다는 것을 깨달은 캄보디아 이웃들처럼 리사는 이 정원 가꾸기에 속한 조원들 중 다수에게 실용적인 해결책이 필요하다는 것을 깨달았다. 그녀는 이 남자에게 집을 제공하겠다는 약속을 받을 때까지 의회에 전화해 끈질기게 그들을 괴롭혔다. 몇 달 후, 이 남자의 우울증은 완화됐다.

시간이 흐르면서 조원들은 꽃들이 피어나는 것을 보게 됐다.

사람들은 공원을 걸어 다니기 시작했고, 조원들이 해준 일에 감사를 표했다. 이전까지 오랫동안 격리되어 있거나 스스로가 쓸모없다고 느끼던 이들이었다. 이들은 나름의 방식으로 자신들에게 해낼 수 있는 목표가 생겼다고 느끼게 됐다.

어느 날 또 다른 조원이 리사에게 왜 우울증에 걸렸냐고 물었다. 그리고 그녀가 대답하자 이렇게 말했다. "직장에서 따돌림을 당했군요? 나도 그랬어요." 후에 그는 리사에게 이때가 자신의 인생 중 가장 중요한 순간이었다고 고백했다. "나는 당신과 내가 같다는 것을 깨달았어요."

리사는 나에게 이 이야기를 들려주며 눈물을 흘렸다. "아, 그게 그 프로젝트의 핵심이었어요. 정말로요."

많은 조원들의 경우 2가지 형태의 심각한 단절이 치유됐다. 첫번째는 다른 사람으로부터의 단절이었다. 브롬리 바이 보우 센터 안에는 에버링턴이 운영하는 카페가 하나 있었고 조원들은 정원일이 끝나면 함께 그 카페에 갔다. 몇 달이 지난 후, 리사는 자신이 거의 고함치듯 큰소리로 수다를 떨고 있다는 것을 깨달았다. 그녀는 조원들의 문제와 즐거움에 관여하게 되면서 자기 자신에 대한 집착을 버리고 다른 사람들을 걱정하게 됐다고 말했다.

리사는 두 번째 형태인 자연으로부터의 단절이 치유됐다고 믿는다. "자연 환경에 몰두하는 것은 효과가 있어요. 설사 그것이 도심 한복판에 있는, 잡초가 무성한 자투리땅이라 해도요." 그녀는 말했다. "나는 땅과 다시 이어지고, 작은 것들을 눈여겨보게 됐어요. 비행기와 차 소리를 듣지 못하는 곳으로 가면 우리가 얼마나 작은 존재인지, 얼마나 하찮은지를 알게 돼요."

그리고 후에 덧붙였다. "내 손은 더러워졌어요. 말 그대로 더러워졌죠. 그리고 그렇게 내가 이 장소에 존재한다는 느낌을 받게 됐어요. 나 하나만 중요한 게 아니었어요, 그렇잖아요? 여기선 부당함과 싸우는 나의 투쟁이 중요하지 않아요. 여기에는 더 큰 그림이 있어요. 그리고 나는 다시 그 그림의 일부가 되어야 해요. 화단에 앉아 직접 두 손으로 정원을 가꾸며 그렇게 느꼈어요."

리사는 이 평범하고도 단순한 프로그램 덕분에, 완전히 연결고리를 잃었던 사람과 자연이 다시 자기 인생으로 되돌아올 수 있었다고 말한다.

리사는 정원이 생명을 얻게 되면서 조원들이 인생으로 돌아가게 됐다고 느꼈다. 몇 년간 정원 프로그램에 참여한 후, 리사는 프로작 복용을 그만뒀다. 그리고 몸무게 30킬로그램을 감량했다. 그녀는 이언이라는 이름의 정원사를 만나 사랑에 빠졌고 몇 년 뒤 웨일스에 있는 한 마을로 이사를 갔다. 그곳에서 나는 그녀를 다시 만났다. 그녀는 직접 원예 상점을 열려 하고 있었다. 그녀는 여전히 정원을 함께 가꿨던 조원들과 연락하며 지낸다. 리사는 자신들이 서로를 구해줬다고 말했다. 자신들을, 그리고 땅을.

이스트 런던에서 아침으로 소시지와 감자튀김을 먹으며 나와 리사는 이야기를 나눴다. 리사는 어떤 이들이 정원 가꾸기 조에서 얻은 교훈을 잘못 이해할 수도 있다고 했다. "이건 그냥 일어난 일이 아니에요. 우울하다고 해서 그저 밖으로 나가 땅을 찾고 거기에 들러붙어 있는다고 해서 기분이 나아지는 게 아니에요. 관리되고 지지받는 게 필요해요."

브롬리 바이 보우 센터에 처음 갔을 때 나는 리셉션데스크에서 의사를 추천받거나 이곳에서 운영되는 100개 이상의 사회프로그램 가운데 하나를 추천받을 수 있다는 것을 알게 됐다. 의사를 보러 갔을 때는 이곳이 흔히 가는 진료실과 다르다는 것을 발견하게 됐다. 이곳의 의사는 눈앞에 컴퓨터 모니터를 두고 책상 뒤에 앉아 있지 않는다. 환자와 나란히 앉는다. 이것이 건강에 대해 생각하는 방식의 미묘한 차이를 보여주는 작은 표현이라고 에버링턴은 설명했다.

그는 '지식을 갖춘 사람'으로서 행동하라는 의사 수련을 받았다. 환자가 들어와 어떤 증상을 묘사하면 의사는 몇 가지 테스트를 한 후 무엇이 잘못됐고 어떻게 고쳐야 하는지 단언한다. 그러나 대부분의 경우, 사람들은 무릎 통증처럼 신체적 고통을 겪을 때조차 인생에 별다를 것이 없고, 그 누구와도 연대하지 못한 것을 훨씬 더 끔찍하게 느낀다. 그는 지금까지 자신의 상담 대부분이 환자의 정서적 건강에 관한 것이었다고 했다. 의사의 가장 큰 역할은 이야기를 듣는 것이다. 그는 특히나 우울과 불안에 관련해 "당신에게 무슨 문제가 있나요?"라고 묻는 대신 "당신에겐 무슨 문제가 중요하죠?"라고 물어야 함을 배웠다고 말했다. 해결책을 찾고 싶다면 우울하거나 불안한 사람의 인생에서 무엇이 결여되어 있는지에 귀를 기울여야 한다. 그리고 이를 추구하기 위한 방법을 찾도록 환자들을 도와야 한다.

브롬리 바이 보우 센터의 의사들 역시 화학적 항우울제를 처방하며, 이를 옹호하고 이것이 효과가 있다고 믿는다. 그러나 이들은 약물을 그림의 일부라고만 생각하고 장기적인 해결책으로 보지 않는다. 이곳에서 일하는 또 다른 의사 사울 마멋은 내게 "환자의 고통 위에 붕대를 칭칭 감는 것은 소용이 없다"고 말했다. "당신이 해야 할 일은 애초에 환자들이 거기에 온 이유를 따져보는 거예요. 아무런 변화가 없는데 항우울제를 쓰는 것은 의미가 없어요. 그러니 환자들이 예전과 동일한 상태에 머물러 있다면 항우울제를 빼버리세요. 뭔가가 바뀌어야 해요. 아니면 처음으로 돌아가게 돼요."

가끔 환자들은 우울증이 순전히 자신의 문제, 즉 신체나 정신의 문제라고 믿으며 찾아온다. 그럴 때면 에버링턴은 이들에게 2가지를 설명한다. 둘 다 매우 놀라운 이야기다. 처음에 그는 환자들에게 우울과 불안에 대해 잘 모르는 의사들이 많다고 이야기한다. 그리고 이는 복잡한 문제이므로 그 밑바닥까지 들여다보기 위해 의사와 환자가 함께 노력해야 한다고 말한다.

"그게 우리의 기본 철학이에요. '나는 모르겠어요'라고 말하는 걸 부끄러워하는 거요. 이 말은 정말 중요해요. 당신이 할 수 있는 가장 중요한 말이에요. 그리고 환자는 그 말을 하는 의사를 점차 믿게 되는 거예요."

"당신은 혼자가 아니에요"라고 그는 말한다. "'괜찮아요'라고 말하는 건 중요해요. 저는 '정상'이라는 말을 꺼리지만 그건 정상이에요." 에버링턴은 환자들과 이야기를 나눌 때의 그러한 연대를 모델로 삼으려 노력한다. 그는 "내 직업의 일부는 친구가 되는 거예요"라고 말했다.

에버링턴은 이러한 접근법을 '사회적 처방'이라고 부른다. 그리고 이는 진짜 토론을 이끌어냈다. 잠재적 이득은 분명하다. 그가 속한 국민의료서비스Nathioanl Health Service Trust는 1만 7,000명의 환자에게 화학적 항우울제를 제공하기 위해 1년에 100만 파운드를 지출한다. 그리고 그 결과는 제한적이다. 에버링턴은 사회적 처방이 훨씬 더 적은 돈으로 동일하거나 더 나은 결과를 가져올 수 있다고 믿는다.

브롬리 바이 보우 센터와 그 외 사회적 처방을 활용하는 다른 병원들은 끈덕지게 데이터를 모으고 있다. 그리고 학계에서 자신들의 일을 연구하러 찾아오길 기다린다. 그러나 지금까지는 거의 아무런 연구도 이뤄지지 않았다.

왜일까? 내가 지금까지 들어왔던 것들과 같은 이유이다. 사람들에게 우울과 불안에 대한 약물을 처방하는 것은 세계에서 가장 큰 산업 가운데 하나다. 따라서 이에 대한 연구를 재정적으로 지원하기 위해서는 어마어마한 자금이 물밀듯이 밀려온다. 그리고 그러한 연구는 내가 알게 됐듯 종종 왜곡된다. 반면, 사회적 처방은 만약 성공적이라도 그다지 많은 돈을 벌어들일 수 없다. 오히려 수십 억 달러의 제약시장에 구멍을 내버리고 수익을 감소시킬 것이다. 따라서 그 어떤 기득세력들도 그것에 대해 알고 싶지 않은 것이다.

그러나 사람들의 정신건강을 개선시키기 위해 사람들이 원예를 하도록 만드는 '치료적 원예학' 같은 과학적 연구는 이뤄져왔다. 이 연구들은 특별히 대규모 집단이나 장기간에 걸쳐 진행된 적이 없으며 완벽하게 설계되지도 않았다. 따라서 어느 정도 회의적인 태도로 이를 다뤄야 한다. 그럼에도 연구결과들은 우리가 좀더 살펴봐야 할 내용들이 있음을 보여준다.

노르웨이의 우울증 환자들을 대상으로 한 연구는 이런 식의 프로그램이 우울증의 점수를 평균 4, 5점 움직여준다는 것을 발견했다. 이는 화학적 항우울제를 먹었을 때보다 2배 높은 효과이다. 심각한 불안장애를 겪는 젊은 여성들을 대상으로 한 또 다른 연구에서도 같은 효과를 보였다. 이는 이들의 연구가 적어도 씨앗을 심기에 좋은 출발점이 되리라는 것을 시사한다.

나는 의미 없는 일이 우리를 우울하게 만든다는 것을 처음 발견한 사회과학자 마이클 마멋을 다시 만나러 갔다. 나는 그가 브롬리 바이 보우 센터를 방문했고, 몇 년 동안 비공식적으로 자문을 해주고 있다는 것을 알았다. 이 병원의 개혁을 도왔던 의사 에버링턴은 지금으로부터 100년 후에, 다음의 발견을 의학사에서 중요한 순간으로 회고하게 되리라고 말했다. 사람들이 우울과 불안에서 회복하도록 돕고 싶다면 사람들의 정서적 욕구를 충족시켜줘야 한다는 발견 말이다.

항우울제는 단순한 약이 아니다. 이는 당신의 절망을 사라지게 만들 어떤 존재다. 화학적 항우울제가 대부분의 사람들에게 들지 않는다는 증거를 들어 항우울제 자체를 포기하게 만들어서는 안 된다. 더 좋은 항우울제를 찾도록 만들어야 한다. 그러한 항우울제는 대형제약회사들이 원하는 것처럼 잘 보이지는 않을 것이다. 이 센터에서 의사로 일하는 사울 마멋은 브롬리 바이 보우 센터에서 개발된 접근법의 장점에 대해 "너무나 뻔해서 왜 이걸 전에 몰랐을까 이해할 수 없을 정도예요. 그리고 나는 왜 사회 전체가 그걸 못 보는지 알 수가 없어요"라고 말했다.

샘 에버링턴과 나는 사람들이 붐비는 센터 카페에 앉아 이야기를 나누고 있었다. 사람들이 끊임없이 우리 사이에 끼어들어 그에게 말을 걸거나 그를 껴안았다. 그럴 때마다 그는 이렇게 말했다. "저 여성분은 창문에 페인트 칠하는 법을 사람들에게 가르쳐요. 저 남성분은 옛날에 경찰이었어요. 일 때문에 이곳에 왔다가 홀딱 빠져서 이제는 여기서 일하고 있죠."

에버링턴이 이곳에서 배운 것은 우리가 주변의 다른 사람들과 연대할 때 '인간본성의 회복'이 이루어진다는 사실이었다. 다시 깨어난 관계들로 짜인 세계에서 우리 옆 테이블에 앉아 있던 한 여성이 그를 향해, 그리고 자기 자신을 향해 살며시 웃었다. 에버링턴은 그녀를 바라봤고, 그 역시 미소를 보냈다.

18장

의미 있는 일과의 연결

: 주도권이 핵심이다

LOST
CONNEC
TIONS

✦──✦ 베를린의 코티나 이스트 런던의 브롬리 바이 보우 센터의 예처럼, 우리가 고립을 넘어서 관계를 회복하고 연결될 가능성에 대해 긍정적으로 생각할 때마다 나는 다시 커다란 걸림돌에 부딪히게 된다. 오랫동안 나는 우리가 어떻게 해야 이를 뛰어넘을 수 있는지 알 수 없었다. 우리는 깨어 있는 시간의 대부분을 일하면서 보낸다. 그리고 우리 중 87퍼센트는 일 때문에 소외감이나 분노를 느낀다. 일을 싫어할 가능성이 사랑할 가능성보다 2배 높다. 또한 이메일로 업무를 처리하는 시간까지 고려한다면 우리의 근무시간은 주당 50시간에서 60시간까지 늘어나고, 점점 더 인생의 많은 부분을 차지하게 된다. 이는 사소한 일이 아니다.

일은 우리 인생 전반에 큰 영향력을 미친다. 우리의 시간과 인생을 잡아먹는다. 그러니 우리는 사람들에게 다른 일을 해보라고 말할 수도 있다. 그러나 정확히 언제 그렇게 할 수 있을까? 침대에 기어들어가기 전, 그리고 또 다시 하루가 시작되기 전 소파 위에 털썩 주저앉아 가족들과 보내는 그 몇 시간 동안?

그러나 이는 내가 생각하던 장애물이 아니다. 진짜 장애물은 '해야만 하는 의미 없는 일'이다. 이는 내가 지금까지 다뤄온 우울과 불안의 다른 원인들과 차이가 있다. 유년기 외상이나 극단적 물질만능주의처럼 더 광범위한 체계 안에서 고장 난 것이 아니다. 일은 본질적이다.

나는 주변 사람들의 일에 대해 생각해봤다. 내 외조모는 화장실을 청소했다. 외조부는 농부였다. 아버지는 버스 운전사였다. 어머니는 가정폭력피해자를 위한 보호소에서 일했다. 내 여동생은 간호사다. 내 남동생은 마트에서 재고관리를 한다. 이 모든 일들은 필수적이다. 이들이 그 일을 멈추면 우리 사회의 주요 부분이 작동하지 않는다. 그 일이 아무리 남들 말에 좌지우지 당하고, 억지로 하는 것이며, 시장에 의해 통제되는 단조로운 일이라 해도 필수적인 존재이자 극히 중요한 존재라면 우울이나 불안을 야기하더라도 계속되어야 한다. 이는 필요악처럼 느껴진다.

개인적인 수준에서 우리 중 몇몇은 여기서 탈출할 수도 있다. 덜 통제 당하고 더 많은 주도권을 지닌 직업을 갖게 된다면, 아니면 스스로 중요하다고 믿는 일을 할 수만 있다면 그렇게 하도록 하자. 그렇게 되면 불안과 우울 정도는 낮아질 가능성이 높다. 그러나 오직 13퍼센트의 사람들만이 의미 있다고 생각하는 직업을 가진 상황에서 이러한 조언은 잔인하다. 우리 대부분이 오늘날 이런 상황 속에서 개인적인 의미를 찾기 위해 일을 하지는 않는다.

한 여성을 예로 들겠다. 그녀는 싱글맘이며 세 아이를 키우기 위해 자신이 싫어하는 직장에 계속 다녀야 한다. 이 여성이 회사에서 잘리지 않기 위해 고군분투하는 와중에 그녀에게 좀 더 만족스러운 직업이 필요하다고 말하는 것은 예의도, 의미도 없는 일이다.

나는 이러한 장애물을 다르게 생각하기 시작했다. 그리고 그 뒤에 놓인 길을 찾기 시작했다. 이는 꽤나 평범한 장소에 다녀온 후였다. 이곳은 자전거를 팔고 고치는 볼티모어의 작은 상점이었다. 이들은 내게 이야기를 하나 들려주었다. 그 이야기는 나를 더 폭 넓은 논의로 이끌어주었다. 우리가 우리의 일에 더 큰 의미를 부여하고 이를 근본적으로 덜 우울하게 만들 수 있는 방법을 제시해줬다. 무엇보다 소수의 특권층을 위해서가 아니라 사회 전체를 위해서였다.

모두가 평등하게 일한다는 것

메레디스 미첼은 사직서를 내던 날, 자신이 미친 짓을 하고 있는 것인지 생각했다. 그녀는 메릴랜드의 한 비영리단체 자금모금 부서에서 일했다. 이는 전형적인 사무직이었다. 마감기한이 정해진 업무지시를 받으며 그녀가 할 일은 머리를 수그리고는 지시받은 일을 하는 것이었다. 가끔 그녀는 어떻게 하면 일을 더 잘할 수 있는지에 대한 아이디어가 떠올랐다. 그러나 이를 추진하려고 할 때마다 지시받은 일이나 잘하라는 이야기를 들었다. 그녀의 상사는 착한 사람처럼 보였지만 변덕스러웠고, 따라서 미첼은 종종 상사의 기분을 어떻게 읽어내야 할지 몰랐다.

미첼은 자신이 뭔가 좋은 일을 하고 있다고, 추상적으로는 알고 있었지만 일에 대한 어떠한 유대감도 느끼지 못했다. 마치 다른 사람이 쓴 노래가사에 맞춰 노래를 부르는 것처럼 느껴졌다. 그것은 절대 자신만의 노래를 만들 수 없는 그런 삶이었다. 24세의 나이에 그녀는 자신이 46세가 될 때까지 계속 이런 식일 것이라는 점을 꿰뚫어 보았다.

이즈음 미첼은 이해할 수 없는 불안의 기운을 자주 느끼기 시작했다. 일요일 밤마다 심장이 뛰었고 다음 주가 두려웠다. 얼마 지나지 않아서는 주중에도 잠을 잘 수 없었다. 그녀는 주체할 수 없을 정도로 신경이 예민해져 계속 잠에서 깨어났지만 그 이유를 몰랐다.

마침내 그녀는 결심을 굳혔다. 그러나 상사에게 그만두겠다고 이야기할 때까지도 자신이 올바른 선택을 하고 있는 것인지 확신할 수 없었다. 미첼은 정치적으로 보수적인 가정에서 성장했으며, 그녀가 하려는 일은 그들에게 급진적이고 이상해 보일 것이었다. 솔직히 이야기하자면, 자기 자신에게도 마찬가지였다.

한편 미첼의 남편 조시에게는 계획이 있었다. 그는 16살 때부터 자전거가게에서 일했다. 그리고 그전까지는 몇 년 동안 취미로 자전거를 타고 다녔다. 그는 20인치짜리 묘기용 자전거를 좋아했다. 도시 주변을 돌아보고 비탈진 건물 옆면에서 스턴트 묘기를 할 수 있는 그런 자전거였다. 그러나 자전거가게에서 일하면서 그는 생활비를 번다는 것이 얼마나 어려운 일인지를 배웠다. 소득이 낮은 일인데다 고용 계약서를 쓰거나 의료보험, 또는 휴가를 얻을 수도 없었다. 항상 단조롭고 매우 불안정했다. 그 어떤 계획도 세울 수 없었고, 위로 올라갈 길도 없었다. 그는 가장 낮은 단계에 갇혀 있었다. 휴가나 질병으로 연차를 써야 할 때면 상사에게 빌다시피해야 했다.

조시는 도시의 평범한 자전거가게에서 몇 년간 일했다. 주인은 인간적으로 나쁜 사람은 아니었으나 그의 가게에서 평생 일한다는 것은 모든 면에서 비참한 일이었다. 10대 때는 견딜 수 있었지만, 20대에 접어들고 미래에 대해 생각하기 시작하면서는 자신의 앞에 커다란 구멍이 뚫려있을 뿐이라는 것을 깨닫게 됐다.

먼저, 조시의 해결책은 미국인의 삶에서 대부분 희미해져버린 뭔가를 시도해보는 것이었다. 그는 동료들에게 다가갔다. 이 가게에는 10명의 사람들이 일하고 있었다. 그는 동료들에게 더 나은 근무조건을 공식적으로 요구하기 위해 노조를 결성하는 것이 어떻겠냐고 물었다. 때로는 사람들을 설득하는 것에 시간이 걸렸다. 그러나 조시는 열정적인 사람이었고, 마침내 그곳에서 일하는 모든 이들이 서류에 서명하기로 동의했다.

이들은 자기 삶을 개선시켜줄 것이라 느끼는 기본적인 요구들을 목록으로 만들었다. 이들은 서류화된 계약서를 원했고, 모든 직원들의 임금수준을 맞추기 위해 직원 2명의 임금을 올려주길 원했다. 또한 1년에 1번 임금협상을 하길 바랐다. 많은 요구는 아니었지만, 직원들은 이것이 자신들의 삶을 덜 불안하고 더 안정적으로 만들어줄 것이라고 느꼈다.

그러나 그 요구사항들은 실제로 그 이상의 의미를 가진 것이었다. 이는 그들이 사람이고 욕구가 있으며 존중받을 자격이 있다고 말하기 위한 방식이었다. 노동자들은 기본적으로 가치가 없었고 언제든지 밖으로 내쳐질 수 있다는 이야기를 들어왔다. 조시는 그럼에도 자신들이 더 힘 있는 위치에 있다고 느꼈다. 이들 없이는 가게가 제대로 돌아가지 않는다는 것을 알았기 때문이다.

조시가 요구사항들을 제시했을 때, 상사는 정말 놀란 듯 보였지만 생각해보겠다고 대답했다. 며칠 후, 그는 냉정한 노동 변호사를 고용했다. 그리고 노조를 결성하지 못하도록 방해하기 시작했다. 그것은 몇 달 동안이나 계속됐다. 미국의 법체계는 노조를 결성하기는 어렵게, 해체하기는 쉽게 만들어져 있었다. 노동자들은 변호사를 쓸 돈이 없었다. 그의 상사는 노조에 가입하려는 직원들의 사기를 꺾기 위해 새 직원들을 뽑기 시작했다.

조시는 상사가 자신 혹은 다른 노동자들을 해고하는 것이 불법임을 알고 있었다. 그러나 양측 모두 노동자들이 그 권리를 관철시키기 위해 기나긴 법적 싸움을 벌일 여유가 없다는 것을 알고 있었다. 그때 조시가 아이디어를 떠올렸다. 그는 그들 스스로가 가게를 열 수 있다고 생각했다. 그러나 조시는 주변 사람들에게 지시를 내리는 사람이 되고 싶지는 않았다.

자전거가게에서 일하며 그가 깨달은 것이 있다면 상사는 언제나 고립된다는 사실이었다. 훌륭한 상사라 하더라도 다른 이들을 통제하는 위치에서는 평범한 방식으로 사람들과 관계를 맺을 수 없다. 또한 한 사람이 꼭대기에서 명령을 내리는 체계가 조시에겐 비효율적으로 보였다. 현장에서 일하는 사람들은 어떻게 해야 장사를 더 잘할 수 있는지에 대한 좋은 아이디어를 더 많이 가지고 있었다. 상사는 보지 못하는 것들을 볼 수 있었다. 그러나 직원들의 생각은 전혀 반영되지 않았고, 아무런 변화도 없었다. 그는 이러한 상황이 실질적으로 장사에 악영향을 미친다고 생각했다.

조시가 원하는 것은 민주주의를 바탕으로 운영되는 사업이었다. 그는 '협동조합'의 역사를 살펴봤다. 지금 우리가 당연하게 받아들이는 작업 방식은 사실 상당히 최신의 것이다. 현재의 회사는 군대 같은 형식으로 운영된다. 상부가 하부에 명령을 내리고, 하부는 싫다고 말할 수 없다. 그러나 이런 방식이 표준이 된 것은 겨우 19세기 말부터다. 상사가 이끌어가는 회사들이 사회를 장악하자 격렬한 반대가 일어났다. 사람들이 통제당하며 결국 비참함을 느끼게 되는 '월급노예' 체계를 만들게 될 것이라며 많은 사람들이 지적했다. 그리고 조시는 그 가운데 일부가 완전히 다른 원칙에 따라 일할 것을 제안했다는 사실을 알게 됐다. 이들은 '민주적 협동조합'이라 불렸다. 그리고 몇몇 협동조합은 큰 성공을 거뒀다.

조시는 가까운 친구들과 오랫동안 함께 일했던 사람들, 그리고 아내 미첼에게 새로운 아이디어에 대해 이야기했다. 미첼은 남편의 이야기가 흥미롭다고 생각했지만 이 아이디어가 현실성이 있는지에 대해서는 확신하지 못했다.

내가 볼티모어 시내에 있는 볼티모어 바이시클 웍스Baltimore Bicycle Works를 방문했을 때, 이곳은 다른 자전거가게와 크게 다를 게 없어 보였다. 미첼이 나를 위층으로 데려갔다. 직원들이 기초적인 수리를 하려는 듯 서 있었다. 자전거들 일부는 분리돼 있었고 직원들은 연신 드라이버와 낯선 도구를 바꿔들었다.

풍성한 콧수염을 한 20대 후반의 청년 알렉스 티쿠는 이곳의 동업자가 되기 전 자신의 인생에 대해 들려줬다. 원래 그는 케이터링 회사에서 일했는데, 2주에 1번씩 상사로부터 꾸지람을 들었다고 했다. "일단 출근을 하면 아침에 전화벨이 울려요. 상사는 전화로 소리를 지르거나 나에게 실망했다고 말했어요. 그리고 저녁에 일이 끝날 때쯤 또 전화가 오죠. 그러나 그는 내가 무슨 일을 하는지 몰랐어요. 그래서 어떻게 그분이 나한테 실망을 할 수 있는지 이해할 수 없었어요." 그는 한밤중에 끔찍한 기분으로 벌떡 일어났고, 그것이 생활에 영향을 미쳤다고 말했다.

여기서는 다르게 일한다고 그는 말했다. 볼티모어 바이시클 웍스에서 이들은 매주 목요일 아침에 함께 회의를 한다. 그리고 사업상 필요한 결정을 내리기 위해 토론한다. 이들은 사업상 업무를 7가지 카테고리로 나눴다. 마케팅, 자전거 수리, 고객 응대, 홍보 등이다. 그리고 모든 직원들은 그중 최소 2가지씩을 합동으로 책임진다. 일에 대한 아이디어가 있다면 이를 회의 때 제안한다. 누군가가 아이디어를 제안하면 곧 토의에 들어가고 투표를 한다. 누군가 새로운 자전거 브랜드를 시작하고 싶어 한다면 앞서 말한 과정을 거친다.

이 사업에는 모든 과정을 공유하는 6명의 정규직원과 3명의 수습사원이 있었다. 수습사원은 모든 직원들의 동의를 얻으면 정규직원이 된다. 매년 말에 모든 직원들은 서로에 대한 연간평가를 한다. 그 평가의 목표는 모든 직원이 공평하게 협동조합에 관여한다고 느끼게 만들고, 직원들이 가능한 한 최고의 기여를 하도록 하는 방법을 찾는 것이다.

새로운 사업을 시작한다는 것은 힘든 일이다. 첫 해에 미첼은 남편과 함께 매일 10시간씩 일했다. 그녀는 이전 직장보다 지금 직장에서 더 많은 책임감을 느끼게 됐다. 그러나 그녀는 놀라운 점을 깨달았다. 여기서 일한 지 얼마 지나지 않아 심장이 쿵쾅거리고 한밤중에 벌떡 일어나게 만드는 불안함이 사라졌다는 것이다. 그리고 그 불안함은 다시 돌아오지 않았다.

나는 그녀에게 왜 그런지 물었다. 미첼은 몇몇 이유를 떠올렸고, 그 이유들은 내가 앞서 우울과 불안의 과학에 대해 배우게 된 것들과 일치했다. 그녀는 그전까지 일했던 직장들에 대해 '통제

불능의 경험'이라고 말했다. 하지만 여기서는 자신의 아이디어가, 그리고 모두의 아이디어가 다 중요했다. 미첼이 색다른 홍보 전략을 제시하거나, 특정 종류의 자전거를 수리하면서 저지른 실수를 알아내거나, 완전히 새로운 아이템을 생각해낼 때, 이는 현실화될 수 있었다.

자신의 욕구를 실현하는 일터

미첼과 앉아서 자전거가 수리되는 모습을 지켜보던 나는 우리를 신체적으로나 정신적으로 아프게 만드는 원인들을 밝혀내기 위한 연구를 수행했던 마이클 마멋에게서 배운 것들을 떠올렸다. 그는 내게 다음과 같이 설명했다. 당신을 아프게 만드는 것은 일 그 자체가 아니다. 여기에는 3가지 원인이 있다. 첫째는 통제당한다는 느낌이다. 체계 안에서 의미 없는 하나의 부속품이 되는 것이다. 둘째는 얼마나 열심히 일하는지와는 상관없이 똑같이 취급받고, 그 누구도 주목하지 않는다는 느낌이다. 이는 노력과 보상 사이의 불균형을 의미한다. 그리고 마지막으로 서열상 아래에 있다는 느낌이다. 저쪽 사무실에 있는 거물과 비교해 자신이 전혀 중요하지 않은 낮은 사람이 된 기분이다.

볼티모어 바이시클 웍스의 직원들은 자신이 우리 사회를 지배하고 있는 상명하복식 조직에서 일하던 때보다 훨씬 행복하고 덜 불안하며 덜 우울하다고 말했다. 그러나 나를 가장 매료시킨 시간은, 그들이 내가 극복할 수 없으리라 생각했던 장애물을 뛰어넘을 방법을 보여준 때였다.

여기에서 일하는 대부분의 사람들에게 일상의 업무는 급진적으로 바뀌지 않았다. 이전에 자전거를 고치던 사람들은 지금도 자전거를 고친다. 전에 홍보를 했던 사람들은 지금도 홍보를 한다. 그러나 급진적으로 바뀐 구조는 직원들이 일 자체에 대해 생각하는 방식을 바꿔 놨다.

"우울과 불안이 혼란스러움, 무력감과 연관돼 있는 것은 분명해요. 사람들은 아무것도 통제할 수 없는 사회에 사는 것을 힘들어하죠. 일을 할 수 있을지가 불확실한 상황에서는 경제생활을 통제할 수 없어요. 직업이 있는 상황에서는 일터에 나가 일주일에 40~80시간을 보내야 해요. 발언권도 없고 투표도 못 해요."

조시는 불안과 우울이 상황에 대한 합리적 반응이라고 말했다. 생물학적 고장과는 반대되는 개념이라는 것이다.

나는 새로운 일의 방식이 동시에 여러 형태의 관계 회복을 가능하게 만든다고 생각했다. 먼저 나와 일의 관계가 회복된다. 또한 지위를 회복하게 된다. 나에게 명령을 내리는 사람 때문에 수치스럽지 않게 된다. 그리고 미래와의 관계를 회복하게 된다. 1년 후 혹은 5년 후 자신이 어느 위치에 있을지 알게 되는 것이다.

물론, 이들은 여전히 힘든 날들을 보내고 있다고 말했다. 서로를 재촉해야 하는 날도 있고, 직장에서의 존재감을 느끼지 못할 때도 있다. 따분하게 느껴지는 일들도 분명 있다. 초기 동업자 가운데 한 사람은 사업 전체를 책임져야 한다는 부담감에 좀 더 평범한 사무직으로 돌아가기도 했다. 이는 절대적인 해결책이 아니다. 그러나 미첼은 말한다. "여기서 일하기 시작하고 나서 수면장애가 사라졌어요." 그리고 여러 동료들도 여기에 동의했다. 이들은 또한 말 그대로 더 나은 자전거가게를 만들었다는 점에서 자신들의 방식이 좀 더 효율적이라고 느꼈다.

미첼이 이 일에 대해 이야기하면 사람들은 믿지 못하겠다는 반응을 보인다. "사람들은 계속 신기해해요. 어떻게 이런 식으로 사업을 운영하는지 이해하지 못해요. 그러나 모두가 집단적인 환경에서 살아요. 모든 사람들은 가족이나 팀 안에서 살아요. 다들 이미 가족이나 팀의 체제에 대해 알고 있는 걸요. 저는 우리 회사가 민주적인 조직이라고 설명하기를 좋아해요. 이는 낯선 개념이 아니에요. 우리는 우리가 민주주의 사회라고 말해요. 하지만 사람들은 지금까지 그 개념에서 배제되어 있었어요."

정치인들은 민주주의가 최고의 체계라고 주장한다. 볼티모어 바이시클 웍스는 우리가 긴 시간을 보내는 장소까지 민주주의를 확장시킨 것뿐이다. 조시는 이것이 위대한 승리라고 말한다.

때때로 사람들은 상사가 없다면, 모든 직원들이 하릴없이 앉아만 있을 것이 분명하다고 말한다. 그러나 미첼은 이렇게 설명한다. "사업은 우리의 생계예요. 따라서 우리가 앉은 채로 아무 일도 하지 않는다면 아무것도 얻지 못하게 되죠. 믿기 어렵겠지만, 사람들은 일을 하고 싶어 해요. 모두가 자신의 유능함을 느끼고 싶어 하고, 목적을 가지고 싶어 하죠."

수많은 직장들이 치욕과 통제를 통해 이러한 욕구를 억압한다. 그러나 이러한 욕구는 언제나 존재하며, 올바른 환경에서 되살아난다. "사람들은 자신이 다른 사람들에게 영향을 미친다고 느끼고 싶어 해요. 그리고 어떤 방식으로든 자신이 이 세상을 개선하고 있다고 느끼고 싶어 합니다."

사실 장기적으로 이러한 욕구가 효율성을 높인다는 좋은 증거가 있다. 코넬대학교의 과학자들은 대규모 연구를 통해 320개의 작은 사업장을 조사했다. 반은 하향식 통제를 하는 사업장이었고, 반은 볼티모어 바이시클 웍스처럼 민주적 체제에 가까운 모델을 통해 직원들이 저마다의 의제를 설정하도록 하는 사업장이었다. 민주적 모델에 가까운 곳은 평균적으로 다른 사업장보다 4배 이상 성장했다. 왜일까?

자전거 수술을 집도하던 알렉스 티쿠는 처음으로 내게 말을 걸었다. "저는 제가 하는 일을 자랑스럽게 느껴요." 또 다른 자전거 기술공인 스콧 마이어스는 내게 말했다. "눈앞의 제품을 만드는 데 내가 기여했다고 생각할 때 매우 뿌듯해요."

미첼은 자전거가 전시된 층을 함께 둘러보며 때로는 우리가 문화적 변화의 시작점에 있다고 느낀다고 말했다.

전 세계에 볼티모어 바이시클 웍스처럼 일하는 민주적 직장은 수없이 많다. 여러 사회과학자들은 이러한 민주적 직장에서 일하는 직원들의 정신건강에 어떤 변화가 일어나는지를 연구하기 위한 지원을 따내려고 노력했지만, 모두 거절당했다. 그래서 지금 우리에겐 그다지 많은 데이터가 없다. 그러나 직장에서 통제당하고 지시 당한다는 느낌, 서열의 밑바닥에 있다는 느낌이 우리를 더욱 우울하고 불안하게 만든다는 증거들은 매우 많다. 따라서 민주적 직장의 확산이 항우울제 효과를 갖는다는 추측은 타당해 보인다. 여전히 이에 관한 더 많은 연구가 필요하다.

나는 이러한 정신건강의 비결을 세 단어로 압축할 수 있다. '당신의 상사를 선택하라.' 일은 우리에게 닥친 시련이 아니라 견뎌야 할 대상이다. 그리고 우리는 민주적 집단의 일부가 되어 주도권을 가질 수 있다. 최근 몇 년간 가장 인기 있는 정치 슬로건은 바로 "주도권을 되찾아라Take Back Control"이다. 사람들은 이 슬로건을 실천해야 한다. 사람들은 주도권을 잃었고, 이를 되찾을 수 있길 간절히 바라왔다. 민주적 직장이야말로 이러한 슬로건을 실천하고, 사람들이 타당하게 갈구하는 대상을 획득할 수 있도록 돕는 방식이 될 것이다.

미첼은 모든 사람들이 마음속으로 이러한 의미 있는 일에 대한 갈망을 품고 있으리라 믿는다고 말했다. 사람들은 인생의 많은 시간을 차지하는 일에 대한 발언권을 가지고 싶다. "행복은 당신이 또 다른 사람에게 긍정적인 영향을 미칠 수 있는 그런 감정이에요. 저는 많은 사람들이 일을 하면서 행복해지기를 바란다고 생각해요."

그녀는 동료들과 함께 만들고 꾸려가는 자신의 직장을 둘러보다가 다시 나를 보고 말했다. "무슨 뜻인지 아시겠죠?"

19장

자기 가치와의 연결
: 스스로의 기준을 세우다

LOST
CONNEC
TIONS

✦─── ✦ 우울함을 덜기 위해 내가 배운 모든 것들을 실천하고 변화하려 노력했지만, 묵직하고도 끈질긴 무언가가 나를 계속 짓누른다고 느꼈다. 흔히들 행복해지기 위한 단순한 방법이 있다고 말한다. '물건을 사라. 자랑하라. 지위를 과시하라. 많은 것을 차지하라.' 이러한 자극들은 수많은 광고와 사회적 상호작용을 통해 끝없이 쏟아진다. 그러나 나는 이런 것들이 싸구려 가치라는 것을 팀 캐서에게서 배웠다. 이는 더 큰 불안과 우울을 부르는 함정일 뿐이다. 나는 이 주장에 설득당했다. 그러나 이들을 능가하는 다른 방법은 무엇인가? 싸구려 가치들은 나를 다시 끌어내리려 하고 있었다.

캐서는 이를 뿌리치고 빠져나갈 수 있는 2가지 방식을 우선 시도해보라고 제안했다. 첫 번째는 방어적 방식이고, 두 번째는 사전적 방식이다. 서로 다른 가치들을 뒤섞어놓기 위한 방식들이다.

싸구려 가치에 매몰되지 않는 삶

캐서는 광고가 일종의 정신적 공해라고 말한다. 따라서 여기에는 분명한 해결책이 존재한다. 우리가 공해 물질을 제한하거나 금지하듯 정신적 공해를 제한하거나 금지하는 것이다. 이는 추상적인 아이디어가 아니다. 이미 많은 곳에서 시행되고 있다. 브라질의 상파울루는 길거리 간판들로 질식당하고 있었다. 각양각색 간판의 로고와 브랜드들은 하늘과 맞닿은 곳까지, 사람들의 눈길이 닿는 곳이라면 어디든 존재했다. 도시의 미관은 추악해졌고, 돈을 쓰라고 말하는 광고들에 쉴 새 없이 노출된 탓에 사람들의 마음 역시 추악해졌다.

2007년 상파울루 시는 과감한 선택을 했다. 모든 옥외광고를 전면금지한 것이다. 간판이 하나씩 철거되면서 오랫동안 숨겨져 있던 아름다운 건물들이 드러나기 시작했다. 소비를 권유하며 끊임없이 자아를 흔들어놓던 존재들이 사라졌고, 그 자리는 공공예술작품으로 채워졌다. 도시 주민의 약 70퍼센트가 이 변화 덕에 도시가 더 나은 곳이 되었다고 말한다.

이러한 움직임은 다른 지역에서도 일어나고 있다. 스웨덴과 그리스를 비롯해 여러 국가에서는 어린이들에 대한 직접적인 광고를 금지하고 있다. 내가 이 책을 쓰는 동안 런던 지하철에 광고를 낸 한 다이어트 제품이 논란에 휘말렸다. 이 광고는 기형적일 정도로 몸을 구부린 여성의 사진 옆에 '해변용 몸은 준비하셨습니까?'라는 카피를 넣었다. 엄청난 반발이 일어났고, 결국 이 광고는 금지됐다. '광고는 당신의 머리에 똥을 채운다'라는 낙서로 광고를 훼손하는 식의 항의가 런던 전역에서 일어났다.

우리가 엄격한 광고규제자라고 상상해보자. 얼마나 많은 광고들이 살아남을 수 있을까? 이는 시도해볼 만한 일이다. 이는 우리 마음속에서 수많은 정신적 공해를 사라지게 해줄 것이다. 또한 더 심층적인 대화를 이끌어낼 것이다.

광고는 우리가 결핍을 느끼도록 만들고, 그 해결책이 '끊임없이 소비하는 것'이라고 말하면서 운영되는 경제체제를 위한 홍보 수단일 뿐이다. 이런 작은 움직임을 통해 광고가 우리의 정서적 건강에 어떤 영향을 미치는지 진심으로 이야기를 나눈다면 우리는 앞으로 일어나야 할 변화의 규모를 알 수 있다.

캐서는 이에 대해 더 자세히 알아보기 위해서 하나의 실험을 계획했다. 우리가 욕망들을 싸구려로 바꿔놓는 나쁜 메시지를 차단할 뿐 아니라 긍정적인 가치를 이끌어낼 수 있는지 살펴보기 위한 실험이었다. 이는 그가 탐험해온 가장 흥미로운 길로 이어졌다.

아이들은 네이선 던컨Nathan Dungan에게 한 이야기를 하고 또 했다. 아이들은 갖고 싶은 게 많았다. 그리고 아이들은 그걸 가질 수 없다는 데에 좌절감을 느끼고 노골적으로 분노했다. 이 아이들의 부모들은 아이들이 가지고 싶어 하는 운동화나 브랜드 옷, 최신 전자기기를 사주지 않았다. 그리고 이는 아이들을 실존적인 공황상태에 빠뜨렸다. 부모들은 이걸 가지는 것이 얼마나 중요한지 몰랐을까?

던컨은 펜실베이니아에서 금융업에 종사하던 중년 남성이었다. 언젠가 그는 한 중학교 교사와 이야기를 나누었는데, 그 교사는 자신이 가르치는 아이들에게 문제가 있다고 설명했다. 특히 부유하지 않은 중산층 아이들은 만족과 의미가 물건을 사는 것에서 나온다고 생각했다. 부모들이 이를 충족시켜주지 않을 때 아이들은 진심으로 절망했다. 교사는 던컨에게 학교에 와서 경제관념과 용돈 관리법에 대해 가르쳐줄 수 있는지 물었다. 그는 조심스레 승낙했다. 그러나 그 결정은 그가 지금껏 당연하게 받아들였던 많은 것들에 도전하도록 만들었다.

던컨은 벽에 부딪혔다. 물건을 향한 아이들의 엄청난 욕망에 그는 당황스러웠다. 왜 그토록 간절히 원하는가? 나이키 마크가 새겨진 운동화와 새겨져 있지 않은 운동화의 차이는 무엇인가? 그 차이는 왜 아이들을 공황에 빠뜨릴 정도로 강력한가? 그는 예산을 짜는 법을 가르치는 대신 10대 청소년들이 왜 이런 것들을 원하게 됐는지에 대해 고민하기 시작했다. 그리고 어른으로서 우리는 뭐 그리 다른가에 대해서도 생각했다. 그리고 그는 결국 팀 캐서와 한 팀을 이뤄 충격적인 과학실험을 하게 됐다.

얼마 후 미니애폴리스의 한 회의실에서 던컨은 그 실험의 중심이 되어줄 가족들을 만났다. 이들은 60명의 부모와 그들의 10대 자녀들로 구성된 집단이었다. 던컨은 앞으로 이들과 함께 3개월에 걸친 기나긴 실험을 연달아 진행할 예정이었다. 동시에 이 실험은 던컨을 만나거나 기타 도움을 받지 않은 사람들로 구성된 동일한 규모의 별도 집단을 대상으로 진행됐다. 이들은 실험통제집단이었다.

던컨은 개방형 질문들로 구성된 문제지를 참가자들에게 나눠주면서 대화를 시작했다. 먼저 그는 이 문제들에 정답이 없다고 설명했다. 그는 그저 피실험자들이 이 질문들에 대해 생각해보기를 바랐다. 질문은 이런 식이었다.

'내게 돈은 _____이다.'

그리고 피실험자들은 그 빈칸을 채워야 했다. 처음에 사람들은 혼란스러워했다. 이전까지 이런 질문들을 받아본 적이 없었던 것이다. 많은 피실험자들이 돈은 '부족한 것'이라고 대답했다. 아니면 스트레스의 근원, 아니면 생각하고 싶지 않은 대상이라고도 대답했다. 이들은 그 후 8명씩 조를 나눠 자신들의 대답에 대해 생각해보기 시작했다. 많은 아이들은 그전까지 부모들이 돈에 대해 걱정을 하는 모습을 본 적이 없었다.

조별로 토론을 시작했다. 왜 나는 돈을 쓰는가? 피실험자들은 왜 생필품을 사는지에 대해 이유들을 나열하고 필수품이 아닌 것들을 사는 이유들을 나열했다. 사람들은 때때로 기분이 가라앉을 때 불필요한 물건을 산다고 말했다. 10대들은 가끔 소속감을 느끼고 싶어서 이런 물건들을 원한다고 답했다. 가령 브랜드 옷을 입는 것은 또래들에게 인정받는다는 의미이거나 지위를 부여하기 때문이다.

토론이 진행되면서, 소비가 물건 그 자체와 그다지 관련이 없다는 점이 빠르게 밝혀졌다. 소비는 그저 기분을 나아지게 만들기 위한 것이다.

피실험자들은 이런 결론을 빠르게 내놨다. 그들 스스로도 약간 놀란 것처럼 보이기는 했다. 이들은 이런 생각들이 표면 아래 묻혀 있다는 것을 알고 있었지만, 그 잠재된 감정을 정확히 말로 표현해보라는 요청을 받은 적은 없었다.

그 후 던컨은 사람들에게 자신들이 정말로 가치 있다고 생각하는 대상들을 목록으로 작성해보라고 요청했다. 인생에서 가장 중요하다고 믿는 것들이었다. 많은 사람들이 가족을 돌보는 것, 진실을 말하는 것, 다른 사람들을 돕는 것이라고 대답했다. 14살짜리 소년은 간단하게 '사랑'이라고 썼다. 그리고 소년이 그 답을 읽었을 때 실험실 안은 시간이 멈춘 듯 고요해졌다.

"그 아이가 말한 것은, 연대가 자신에게 얼마나 중요한지에 관한 것이었어요." 던컨이 말했다.

'어디에 돈을 쓰는가?'와 '어디에 진짜로 가치를 두는가?'라는 두 질문을 던지는 것만으로 대부분의 사람들은 자신들이 토론하게 될 답들의 간극을 보게 됐다. 이들은 마음속으로 중요하다고 생각하지 않는 것들을 위해 돈을 모으고, 썼다. 왜일까?

던컨은 우리가 어떻게 이 모든 것을 갈망하기 시작했는지 알고 있었다. 평균적으로 미국인은 하루에 5,000개의 광고에 노출된다. 길거리 간판부터 티셔츠 위에 박힌 로고, TV광고까지 포함한 결과였다. 제품을 사기만 하면 기분이 더 좋아질 것이라고 말하는 메시지에 끊임없이 노출되고, 계속해서 소비하며 드디어 고난을 사게 될 때까지 이 과정을 반복한다.

의미 있는 가치로 돌아가는 법

다음 실험에서 던컨은 피실험자들에게 지금 당장 가져야 한다고 느끼는 소비재들의 목록을 작성하도록 했다. 피실험자들은 그 물건이 무엇이며, 처음 어떻게 그 물건을 알게 됐고, 왜 그 물건을 원하며, 그 물건을 가졌을 때 어떻게 느끼는지, 그 물건을 가지고 나서 한참이 지난 후에는 어떻게 느끼는지에 대해 묘사했다. 이 과정을 통해 많은 이들이 분명하게 느낀 것은 기쁨이 보통 갈망과 기대에서 오는 것이라는 사실이었다. 우리 모두는 마침내 원하는 것을 얻어 집으로 가져왔을 때, 희한하게 기분이 상하는 경험을 해본 적이 있다. 그리고 얼마 지나지 않아 갈망은 또 다시 시작된다.

참가자들은 자신들이 어떻게 소비하는지에 대해 이야기 나누기 시작했다. 그리고 그 소비가 진정으로 뜻하는 바를 천천히 생각하게 됐다. 이는 외로움이라는 일종의 구멍을 메우는 행위였다.

빠르게 증발해버리는 대상을 향해 등 떠밀리는 반면, 진짜 가치를 두고 장기적으로 만족감을 느끼도록 만드는 대상에서는 멀어졌다. 사람들은 자신이 빈 껍데기가 되어간다고 느꼈다.

이를 지독히도 부인하는 피실험자들도 청소년과 성인 모두에서 존재했다. 이들은 물건들이 자신을 행복하게 만들어주고, 물건에 집착하고 싶다고 말했다. 그러나 실험에 참여한 대부분의 사람들은 다르게 생각했다. 거의 모든 사람들은 광고가 다른 사람들에게 영향을 미치지만, 자신들은 그다지 크게 흔들리지 않는다고 단언했다. "누구나 광고보다 똑똑해지길 원해요." 던컨이 후에 내게 말했다.

이제 이 실험의 가장 중요한 부분에 접어들게 됐다. 던컨은 외재적 가치와 내재적 가치 사이의 차이에 대해 설명했다. 그는 피실험자들에게 자신들의 내재적 가치들을 목록으로 적으라고 요청했다. 그 후 그는 물었다. "당신이 이러한 가치들을 실행에 옮기면 당신의 인생은 어떻게 달라질까요?"

피실험자들은 놀랐다. 내재적 가치에 대해 큰 목소리로 이야기해보라고 요청받는 적이 거의 없었기 때문이다. 어떤 사람들은 일을 적게 하고 사랑하는 사람들과 더 많은 시간을 보내고 싶다고 이야기했다. 던컨은 이와 관련한 아무런 사례도 이야기하지 않았지만 그저 몇 가지 개방형 질문을 하는 것만으로 대부분의 조들은 자연스레 이 지점까지 다다르게 됐다.

던컨은 내재적 동기가 언제나 존재함을 깨달았다. "잠복해 있던 동기들이 빛 아래로 끌려나왔어요." 그는 말했다. "이렇게 중요한 대화들이 이루어질 수 있는 공간이나 기회가 없어서 우리는 점점 더 고립되는 거예요."

이제 사람들은 자신들이 어떻게 싸구려 가치에 농락당했는지를 알게 됐고, 자신들의 내재적 가치를 구분하게 됐다. 던컨은 '실험조가 다함께 그들의 내재적 목표를 좇기로 할까?'가 궁금해졌다. 광고에 책임을 돌리는 대신 스스로 자신만의 가장 중요한 가치를 좇고 집단으로서도 같은 것을 추구하는 것에 책임감을 가질 수 있을까? 의식적으로 의미 있는 가치들을 양성할 수 있을까?

각자가 자신의 내재적 목표를 파악한 시점에서 이제는 자신이 그 목표를 향해 움직이기 위해 무엇을 했는지에 관한 다음 회의로 넘어가게 된다. 이들은 서로에 대한 책임을 지닌다. 이제는 인생에서 진심으로 원하는 대상과 이를 성취할 수 있는 방법에 대해 생각할 여유를 가졌다. 이들은 일을 줄이고 아이들과 더 많은 시간을 보내는 방법을 어떻게 찾았는지에 대해 이야기를 나눈다. 또어떻게 악기를 배우기 시작했는지, 어떻게 글쓰기를 시작했는지에 대해 이야기를 나눈다. 그러나 그 누구도 이 모든 것이 진짜 효과를 발휘할지 여부는 몰랐다. 이러한 대화가 정말로 사람들의 물질만능주의를 약화시키고 내재적 가치를 강화시켜줄 것인가?

사회과학자들은 실험이 시작될 때 피실험자들이 지닌 물질만능주의의 정도를 측정했다. 그리고 실험이 끝날 때 다시 한번 이를 측정했다. 결과를 기다리는 동안 던컨은 초조해졌다. 이것이 어떤 변화라도 이끌어낼 수 있을까?

결과가 나오고 던컨과 캐서 모두 흥분했다. 캐서는 이전 실험을 통해 물질만능주의가 우울 및 불안과 상관관계를 지닌다는 것을 보여줬다. 이번 실험은 최초로 사람들의 물질만능주의 정도를 확연히 낮추는 방식으로 그들의 인생에 개입할 수 있는지를 보여줬다. 실험에 참여한 사람들은 상당히 낮은 수준의 물질주의와 상당히 높은 수준의 자존감을 가지게 됐다. 이는 측정 가능한 큰 효과였다. 그리고 우리를 불행하게 만드는 가치들을 뒤집으려는 노력이 효과를 발휘한다는 것을 보여주는 증거이기도 했다.

연구에 참여한 사람들이 혼자서는 이러한 변화를 일궈내지 못했을 것이라고 던컨은 믿는다. "이 사람들의 연대와 공동체 안에 많은 힘이 있었어요. 고립과 공포를 없앴죠. 무리를 지은 덕분에 이들은 실질적으로 의미와 핵심에 도달할 수 있었어요. 그들의 목적의식 덕이에요."

나는 던컨에게 우리가 이 같은 실험을 평소의 삶에 통합시킬 수 있을지 물었다. 우리가 싸구려 가치를 대상으로 AA(Alcoholics Anonymous, 미국의 알코올의존증 환자 재활단체) 같은 식의 집단을 형성하고 참여해야 하는가를 묻는 질문이었다.

"의심의 여지가 없다고 말하고 싶네요." 그는 대답했다.

우리 대부분은 우리가 지나치게 오랫동안 잘못된 것들에 가치를 부여해왔다고 느끼고 있다. 던컨은 우리가 스스로를 정신적으로 아프게 만들었던 싸구려 가치들에 대한 '엇박자'를 만들어낼 필요가 있다고 말했다. 미니애폴리스의 횅한 회의실에서 던컨은 우리를 그토록 오랫동안 불쾌하게 만들었던 가치들에 우리가 매몰되어 있지 않음을 증명했다.

다른 사람들과 함께 살아가고, 깊이 생각하며 정말로 중요한 것들과의 관계를 회복함으로써 우리는 의미 있는 가치로 돌아갈 수 있는 통로를 만들어갈 수 있다.

20장

열린 의식과의 연결
: 자아 중독에서 벗어나다

LOST
CONNEC
TIONS

┼──→ 3년 만에 친구 레이철을 만났다. 그녀는 미국 중심부 작은 마을에 있던 내 호텔방으로 들어오더니 침대에 털썩 주저앉아 웃음을 터뜨렸다. 내가 처음 뉴욕으로 이사 갔을 때 레이철은 내가 가장 먼저 친해진 사람들 가운데 하나였다.

그녀는 다양한 이유로 순탄치 못한 결혼생활을 하고 있었다. 몇 년 전 그녀의 결혼은 침몰한 타이타닉호가 되어버렸고, 그녀는 이전에 살았던 일리노이 시골의 작은 마을로 돌아갔다. 그리고 한동안 연락이 끊겼었다.

우리가 다시 만났을 때 나는 그녀의 성격이 변했다는 것을 눈치 챘다. 그녀의 영혼은 더 가벼워 보였고, 분명 덜 우울해 보였다. 나는 무슨 일이 있었냐고 물었다. 레이철은 자신의 이야기를 들려주기 시작했다.

불행했던 결혼생활 동안 레이철은 우울하고 무기력해졌다. 남편과 헤어진 뒤 그녀는 고향으로 돌아가 항우울제를 복용했고, 처음엔 약효가 있었다. 그러나 얼마 못 가 다시 기분이 우울해졌다. 하지만 복용량을 늘리는 대신 그녀는 자신이 인생에 접근하는 방식에 대해 많이 생각하기 시작했다. 다양한 책을 읽은 후 그녀가 인생을 다르게 살 수 있도록 도와줄 몇몇 도구를 발견했다. 그리고 여기에는 과학적 근거가 존재했다.

레이철은 대부분의 시간 동안 화가 나 있거나 질투를 했다. 특히 수년간 사촌 때문에 화가 나 있었다. 사촌은 좋은 사람이었고 레이철은 그녀를 미워할 이유가 없었다. 그러나 직장과 가정에서 사촌이 거둔 모든 성공들이 자신을 짓누르는 것 같았고, 결국 그녀를 미워하게 됐다. 그리고 레이철은 자기 자신도 미워하게 됐다. 더 이상 페이스북도 할 수가 없었다. 모든 사람들이 각자의 우월함을 과시하는 것처럼 느껴졌기 때문이다.

몇 년에 걸쳐 레이철은 혼자서 자신의 기분을 나아지게 만드는 사소한 요령들을 찾으려고 노력했다. 가령 샘이 날 만한 요소를 가진 누군가를 보면 그 사람의 단점을 찾았다. 이것이 '질투를 가라앉히려는 서투른 방법'이었다고, 레이철은 말했다. 이런 식으로 그녀는 마음의 안정을 찾았지만, 이 또한 오래가지 않았다.

레이철은 자신에게 뭔가 문제가 있다고 생각했다. 그러나 질투에 대한 글들을 읽으며 우리 문화가 자신을 이런 식으로 생각하도록 조장한다는 것을 깨달았다. 그녀는 끊임없이 비교하고 경쟁하며 자랐다. "우리는 정말 개인주의적이야. 그리고 인생을 제로섬 게임이라고 배우지."

우리는 인생이 한정된 자원을 향한 투쟁이라고 생각하도록 교육받는다. 우리는 결국 질투의 시소에 앉아 다른 사람들이 자신을 질투하도록 만들려 노력하고 있다. "우리는 몇 년에 걸쳐 광고쟁이들로부터 잘 배워온 셈이야. 우리 스스로 마케팅 전문가가 된 거지. 그리고 이제 어떻게 해야 우리 인생을 잘 기획해서 팔 수 있는지를 알아. 딱히 의식하지 않고도 말이야. 우리는 그저 문화적으로 그걸 익힌 거야." 우리는 마치 우리 자신에 대한 마케팅 책임자처럼 인스타그램 속에 인생을 전시한다.

어느 날 레이철은 누군가 자신을 질투한다는 소문을 듣고 뭔가 잘못됐다는 것을 깨달았다. 그것을 알고 기분이 좋아졌기 때문이다. 레이철은 이러고 싶지 않았다. 나와 마찬가지로 그녀는 회의주의와 합리적 사고의 옹호자였다. 따라서 과학적 방법들을 기대했다. 그리고 그녀는 '공감하는 기쁨Sympathic Joy'이라는 고전적인 방법을 발견했다. 충격적이고 새로운 과학적 증거를 가진 다양한 방법들 가운데 하나였다. 이는 꽤나 단순했다. 공감하는 기쁨에 대해 레이철은 "질투나 시기의 정반대 감정을 육성하는 방법이야. 그저 다른 사람들을 위해 행복을 느끼는 거지"라고 설명하고, 이것이 어떻게 작동하는지 가르쳐줬다.

먼저 두 눈을 감고 스스로의 모습을 그려보자. 그리고 자신에게 생길 수 있는 좋은 일들을 상상해보자. 그리고 거기서 오는 기쁨을 느껴보자. 기쁨이 온 몸으로 퍼지도록 내버려두자. 그 후 내가 사랑하는 누군가를 떠올려보자. 그리고 그 사람에게 생기는 멋진 일을 떠올려보자. 그로부터 기쁨을 느끼고 그 기쁨 역시 온 몸으로 퍼지도록 하자. 지금까지는 쉽다. 그 후 내가 잘 모르는 누군가를 떠올려보자. 그 사람에게 좋은 일이 생기는 모습을 상상하자. 그리고 그 사람을 위해 진정한 기쁨을 느끼도록 노력해보자.

이제부터는 더 어려워진다. 내가 좋아하지 않는 사람을 떠올려보자. 그리고 그 사람에게 좋은 일이 생긴다고 상상해보자. 그리고 그 사람을 위해 기쁨을 느껴보도록 하자. 마지막으로 내가 정말 싫어하거나 질투하는 사람을 떠올려보자. 그리고 그들을 위해 기쁨을 느끼도록 노력해보자. 진실한 기쁨이어야 한다.

매일 15분간 이 연습을 하면서 첫 몇 주간 레이철은 이것이 무의미하다고 느꼈다. 아무것도 바뀌지 않았다. 그러나 시간이 흐르면서 그녀는 독이 되는 감정들이 천천히 약해지는 것을 느꼈다. 하루에도 몇 번씩 그녀를 뒤집어놓던 질투 역시 가라앉았다. 이 연습을 길게 할수록 이러한 감정들은 더 많이 사라져갔다. 특히나 그 사촌을 생각할 때 더 이상 고통스럽지 않았다.

이런 식의 명상이 '다르게 느끼려고 의도하는 것'이라고 그녀는 말했다. 연습을 계속하자 레이철은 좀 더 많은 것을 느끼기 시작했다. 다른 사람의 행복을 자기 자신에 대한 비난이 아닌 기쁨의 원천으로 생각하기 시작한 것이다. 언젠가 레이철은 공원에 갔다가 그곳에서 웨딩드레스를 입고 신랑과 함께 웨딩촬영을 하고 있는 신부를 봤다. 이전 같으면 질투를 느끼고 신부나 신랑에게서 결점을 찾으며 스스로를 위로했을 것이다. 그러나 그녀는 기쁨이 몰려오는 것을 느꼈다. 그리고 하루 종일 기분이 좋았다. 그녀는 그 신부의 행복이 자신의 행복을 앗아간 것이 아니라, 자신의 행복을 더해준다고 느꼈다. 레이철은 결혼식날 드레스 입은 자신의 모습을 그 신부와 비교하지 않았다. 그녀의 눈은 공감하는 기쁨으로 빛났다.

나는 그녀에게 어떤 느낌인지 물었다. "행복이야. 따스함이고, 다정함도 느껴지지. 너무 놀랍지. 부모의 눈으로 그 사람들을 보는 거야. 그리고 애정이 깃드는 거야." 그녀는 말했다.

레이철은 자신이 이런 식으로 바뀌었다는 데에 놀랐다. "변할 수 없을 거라 생각했던 모든 것들이 바뀔 수 있어. 간단한 연습만으로 바뀔 수 있다는 걸 알게 되는 거야."

나는 그녀가 정말로 바뀌었다는 것을 알 수 있었다. 그리고 아이러니하게도 나는 그녀를 질투하기 시작했다.

"나는 평생 동안 나 자신의 행복을 추구해왔어. 그리고 지쳐버렸지. 조금도 행복에 가까워졌다고 느낄 수 없었어. 행복으로 가는 문은 그냥 계속 움직여가기만 했어." 레이철이 말했다. 하지만 달라진 생각의 방식은 진정한 기쁨을 안겨줬고 그녀를 괴롭히던 우울함과 불안함으로부터 멀어지는 지름길이 됐다.

"언제나 너를 불행하게 만드는 재수 없는 일들은 찾아오게 마련이야. 다른 사람을 보고 행복할 수 있다면, 너는 언제나 행복할 수 있어. 너한테 무슨 일이 생기든 상관없이."

몇 년에 걸쳐 명상을 계속하면서 레이철은 세상의 모든 것들을 소유하게 되더라도 행복해질 수 없다는 것을 깨달았다. "나는 이런 생각들이 사람들을 도와줄 수 있을 거라 생각해."

그 후 나는 그것들을 더 자세히 연구했다. 명상을 우울과 불안의 치료법으로 활용하는 것에 대한 가장 큰 연구는 정말로 흥미로운 결과를 내놓았다. 8주간에 걸친 명상훈련 프로그램에 참여한 사람들이 참여하지 않은 집단의 사람들보다 우울증에서 회복될 가능성이 훨씬 높은 것으로 드러난 것이다. 참여하지 않은 집단의 58퍼센트에게 우울증이 재발한 반면, 새로운 명상법을 익힌 환자들은 38퍼센트만이 재발했다. 큰 차이다. 다른 연구들은 명상이 불안장애를 겪는 사람들에게도 비슷하게 도움이 된다는 것을 발견했다. 또 다른 연구는 명상이 특히나 유년기 학대로 인한 우울증을 앓고 있는 사람들에게 효과가 있다는 것을 발견했다. 이 환자들은 다른 환자들보다 10퍼센트 높은 개선효과를 보였다.

나는 명상이 실질적으로 사람들을 바꿔놓는지를 알아보기 위해서 논문들을 찾아 읽었다. 이러한 연구들에 참여할 때 피실험자는 2가지 집단 가운데 한곳에 임의적으로 배치된다. 한 집단은 자애명상loving-kindness meditation을 실시하고 다른 집단은 아무런 도움을 받지 않는다. 첫 번째 집단에 속하는 피실험자는 레이철이 했던 것과 비슷한 유형의 명상을 몇 주간 매일 실시한다. 그 후 마지막에 두 집단은 검사를 받는다. 이 검사는 특정한 형태로 이뤄진다. 피실험자는 게임에 참여하게 되는데, 이 게임이 워밍업이라는 이야기를 듣는다. 피실험자들은 모르고 있지만, 일부 사람들은 사실 연기자들이다. 게임을 하는 동안 미묘하고 예상치 못한 순간에 연기자들 가운데 한 사람이 무엇인가를 떨어뜨리거나 여러 방식으로 도움이 필요한 모습을 보여준다. 연구자들이 알고 싶었던 것은 명상을 한 사람들과 아닌 사람들 사이, 도움을 주는 정도에 차이가 있는지 여부다.

자애명상을 한 경우 다른 사람을 도울 가능성이 그렇지 않은 사람들보다 거의 2배 정도 높은 것으로 나타났다. 이는 레이철이 옳았다는 증거가 된다. 짧은 기간 동안이더라도 이를 연습함으로써 자비심은 갑절이 될 수 있는 것이다. 그리고 그 결과 다른 사람들과의 연대는 더욱 돈독해진다. 자애명상은 단절된 문화에 저항하고 대응할 수 있는 근육으로서 작동한다. 15분 동안 할 수 있는 일은 그다지 많지 않다. 레이철은 말했다. "명상을 하면서 씨앗을 심는 거야. 그리고 남은 하루 동안, 그리고 일생에 걸쳐 천천히 꽃을 피우는 거지."

우울증의 원인은 3가지다. 생리적 원인과 심리적 원인, 그리고 사회적 원인이다. 처음에 나는 생리적 개입인 항우울제가 우리 대부분에게 그다지 효과가 없다는 이야기를 했다. 그 후 지금까지는 우리에게 도움이 될 환경적 변화나 사회적 변화에 대해 이야기하

고 있다. 그러나 레이철이 내게 가르쳐준 것은 뭔가 달랐다. 그녀
는 심리적 변화를 제안하고 있었다.

사람들이 시도해볼 수 있는 다른 종류의 심리적 변화도 존재
한다. 하나는 기도다. 기도하는 사람들이 덜 우울해진다는 증거
가 있다. 또 다른 방법은 인지행동요법Cognitive Behavioral Therapy, 즉
CBT이다. 사람들이 부정적인 행동양식이나 생각에서 벗어나 좀
더 긍정적인 방향으로 움직이도록 스스로를 단련하고 격려하는
것이다. 이러한 치료는 효과가 상대적으로 미미하고 오래 지속되
지 않는다는 경향이 있지만 그럼에도 효과는 진짜다(CBT의 최고권
위자인 리처드 레이야드Richard Layard는 최선의 결과를 원한다면 사회적 변화가
수반되어야 한다고 말한다). 그리고 나머지는 심리치료다.

심리치료가 도움이 되는지를 과학적으로 입증하는 것은 어렵
다. 누군가를 가짜로 치료하고 그 결과를 진짜 치료와 비교하는
임상실험을 기획할 수 없기 때문이다. 그러나 유년기 외상을 겪은
사람들에게 심리치료가 가지는 가치에 대한 증거들이 일부 존재
한다. 이에 대해서는 다음 장에서 밝히겠다. 따라서 사람들을 도
울 수 있는 것이 환경적 변화만이 아니란 점은 강조할 만하다. 당
신이 진정으로 환경을 바꿀 수 없다고 믿는다 하더라도 이러한 방
법 가운데 일부는 당신에게 도움을 줄 수 있다.

나는 우리가 다른 사람들과 연대함으로써 생각 이상으로 환경
을 바꿀 수 있다는 사실을 깨닫게 될 것이라고 확신한다. 레이철

과 이러한 경험을 하기 전까지 나는 명상을 두려워했다. 2가지 이유가 있었다. 먼저 나는 내 생각 안에 고요히 홀로 머무는 것이 두려웠다. 나는 이를 우울과 불안에 연관해 생각했었다. 두 번째는 지난 몇 년간 명상이 그토록 활성화된 이유들에서 내가 문제점들을 발견했기 때문이다.

명상을 하면 더 훌륭한 일벌레가 되거나, 더 꾸준히 일을 할 수 있게 되고, 스트레스에 대처할 수 있다고 이야기하는 자기계발서들이 많다. 나는 이것이 핵심을 짚지 못하는, 그저 또 다른 형태의 개인주의적 '해결책'으로 보였다. 그러나 다양한 유형의 명상이 있다는 것을 알게 된 후 생각이 바뀌었다. 레이철의 명상수련은 개인주의적 명상의 반대선상에 있었다. 이는 단절이 주는 고통과 압박에서 조금이라도 해방되려는 문제가 아니다. 이는 관계의 회복으로 향하는 방법을 찾는 것이다.

레이철의 변화 중 가장 매력적인 것은 그녀와 그녀 자아의 관계가 변화한 것이었다. 그녀는 가짜 가치의 지속적인 공격에도 굳건해 보였다. 그녀는 광고나 SNS, 주변의 경쟁적인 사람들에 흔들리지 않았다. 스스로를 보호할 수 있는 방법을 찾아낸 것이다. 우리의 기분을 더럽히는 억제제로부터 스스로를 보호하기 위해 무슨 일을 더 할 수 있을까? 우리의 자존심을 굽히고 연대를 강화하기 위해 무엇을 할 수 있을까? 명상의 과학에 대해 더 많이 알게되면서 나는 일련의 연구들을 파고들기 시작했다. 솔직히 말하자면 처음에 나는 이런 연구들에 좀 회의적이었다. 그러나 연구결과들을 계속 살펴보며 이 연구들이 얼마나 놀라운 것인지를 깨달았고, 이 분야로의 여정을 계속 이어갔다.

우울함과 불안함으로부터 멀어지는 길

롤랜드 그리피스Roland Griffith는 명상에 빠져보려 했으나 할 수가 없었다. 그는 좌절을 느꼈고 포기했다. 그리고 20년 동안 다시는 명상을 하지 않았다. 명상에 대한 의지가 가물거릴 때 그는 젊은 대학원생이었다. 그리고 심리학 분야에서 빛나는 커리어를 시작하려 하고 있었다. 그는 이 분야에서 급속도로 성장해 존스홉킨스대학교 의과대학의 가장 잘나가는 교수가 됐다.

내가 그를 만났을 때 그는 약물 사용, 특히 카페인 효과에 관한 연구에서 국제적으로 존경받는 인물이었다. 하지만 그에겐 결핍이 느껴졌다. 그는 명상을 해보려는 시도가 실패로 돌아갔던 것에 대해 다시 생각해보고 있었다. 그의 연구 분야에서는 내적자아에 대해 깊이 생각해보는 것이 이단으로 취급받았다. 그는 이 모든 것들을 헛소리로 취급하는 심리학 분야의 전문가였다. 그러나 그는 이렇게 말했다. "이러한 명상의 방법론은 흥미로워요."

어느 날 그리피스는 친구들을 좇아 뉴욕 북부의 정신수행 요가원을 방문했다. 그리고 드디어 명상에 성공했다. 그는 명상을 이어가면서 놀랍게도 자신의 내면세계가 열리기 시작하는 것을 느꼈다. 그는 스스로에게 질문을 던지기 시작했다. '사람이 명상을 할 때 무슨 일이 벌어지는가? 무엇이 변하는가?'

충분히 긴 시간을 들여 정해진 방식으로 명상을 했을 때 내 친구 레이철을 비롯한 많은 사람들은 영적인 변화를 경험하기 시작한다고 말한다. 이들은 사물의 가치를 다르게 여기게 된다. 세상을 다르게 보게 된다. 왜일까? 이는 무슨 의미인가?

그리피스는 신비주의적 경험을 했다고 주장하는 사람들을 살펴본 과학적 연구들을 찾아보기 시작했다. 그리고 이에 대해 약간 기이하기는 하지만 꽤 방대한 문헌이 존재한다는 것을 발견했다.

1950년대 중반부터 1960년대 후반까지 미국 전역의 일류대학에서 연구를 진행하던 연구팀들은 무엇인가를 발견했다. 이들은 사람들에게 임상적 조건 하에서 환각성 약물, 주로 당시 합법적 약물이었던 LSD를 줄 경우, 사람들이 영적 경험과 비슷한 느낌을 받도록 할 수 있다는 사실을 발견했다. 자아와 일상의 고민을 초월하는 한편, 더 심오한 존재, 다른 사람, 자연, 그리고 존재의 본질 그 자체와 강렬하게 연결되는 것처럼 느끼게 만들 수 있다는 것이다. 의사로부터 약을 처방받은 대다수의 사람들은 심오한 경험을 했다고 말했다.

이 글을 읽으며 그리피스는 특히 한 부분에 주목했다. 사람들이 환각성 약물을 먹었을 때 묘사한 기분이 명상을 하는 사람들이 묘사하는 감정과 놀라울 정도로 비슷하다는 점이었다.

이 연구들이 이뤄졌을 때, 과학자들은 이러한 약물이 가져다주는 이익을 발견한 것처럼 보였다. 그러나 1960년대 말을 향해 가면서 미국 전역에는 환각성 약물에 대한 극심한 공포가 생겨났다. 어떤 이들은 기분 전환을 위해 이 약을 먹었을 때 끔찍한 경험을 하기도 했다. 무엇보다 이 약을 둘러싼 수많은 이야기가 등장했다. LSD를 먹고 태양을 바라보면 장님이 된다는 식의 이야기들이었다. 이러한 논란 속에서 LSD는 금지됐고, 환각성 약물에 대한 모든 과학적 연구는 중단됐다.

1990년대에 그리피스는 숙련된 명상자가 겪는 경험과 환각성 약물을 먹은 사람들이 겪는 경험 간에 어떤 관련성이 있는지 알아보고 싶었다. 만약 이 2가지 다른 경로가 같은 감정으로 이어진다면 그 뒤에서 무슨 일이 벌어지는지 알아내는 것에 도움이 되지 않을까? 따라서 그리피스는 환각성 약물에 관한 임상시험을 진행해보기로 했다.

그는 실로시빈Psilocybin을 사용해보고 싶었다. '마법의 버섯'에서 발견된 천연 화학물질이었다. 그는 환각성 약물을 한번도 사용해본 적 없는 점잖은 시민들에게 이것을 준 후 이들이 신비로운 경험을 하게 되는지 살펴보고, 장기적으로 어떤 결과가 나타나는

지 알아보려 했다. 애초에 그는 수십 년간 계속된 심오한 명상 실습에 비할 만한 경험을 단 하나의 약으로 촉발시킬 수 있다고 생각하지 않았다. 또한 명상을 뛰어넘는 효과가 있으리라고 생각하지도 않았다.

그리피스의 연구팀은 평범한 직업의 사람들 수십 명을 모집했다. 그리고 그들에게 흔치 않은 일을 하게 될 것이라고 말했다.

마크는 그리피스의 실험실을 거쳐 평범한 집 거실처럼 보이는 방으로 걸어 들어갔다. 방에는 소파가 놓여 있었고 벽에는 편안한 분위기의 그림들이 걸려 있었으며 바닥에는 카펫이 깔려 있었다. 마크는 예의범절에 까다로운 49세의 금융 컨설턴트였다. 그는 이전까지 환각성 약물을 복용해본 적이 없었다. 심지어 대마초도 피워본 적이 없었다. 그는 이혼 후 우울증에 걸렸기 때문에 이 실험에 지원했다. 그는 나와 마찬가지로 팍실이라는 항우울제를 4개월 동안 복용했다. 그러나 기분은 더욱 둔감해졌다. 약 복용을 중단한 지 1년 반이 지난 후 그는 스스로에 대해 걱정하게 됐다.

"나는 다른 사람들과 연대할 수 있는 능력을 잃어버렸어요. 모든 사람에게서 한 발짝 떨어져 있었죠. 사람들과 가까워지는 것이 편해본 적이 없어요."

이는 마크가 10살이 되던 해, 아버지가 심장판막에 문제가 생겨 병을 앓게 되면서 시작됐다. 어느 날 아버지는 통증을 느껴 병원으로 실려 갔다. 그리고 마크는 본능적으로 다시는 아버지를 보지 못할 것임을 알았다. 마크의 어머니는 큰 슬픔에 빠져 아들과 죽음에 대해 이야기하지 못했다.

"나는 내 나름의 방법으로 그것을 이해하고 견뎌야만 했어요. 그리고 나는 그만 박제되어버린 것 같아요. 그냥 그것을 부인하는 단계로 들어가버렸다고 생각해요." 그리고 마크는 스스로를 보호하기 위해 자신의 감정을 숨기기 시작했다. 나이가 들면서 이러한 거리감은 그에게 엄청난 사회불안장애를 불러일으켰다.

마크의 불안장애는 실험이 있던 그날, 진료실 소파에 누워 있는 동안에 폭발해버렸다. 당연한 일이었다. 이 날은 그가 실로시빈을 복용한 3번의 세션 가운데 첫 세션이었다. 실험 준비과정에서 몇 달 동안 마크는 존스홉킨스대학교의 심리학자인 빌 리처즈 Bill Richards와 함께 명상하는 법을 배웠다. 혼자 외울 수 있는 주문도 배웠다. 이 주문은 마크가 약물실험을 하다가 혼란스럽거나 공황에 빠질 때 그를 안정시켜줄 것이었다.

마크가 성장기에 환각성 약물에 대해 들었던 이야기들은 약 때문에 미칠 수 있다는 것이 전부였다. 그가 다니던 교회에서는 LSD를 먹고 난 후 자신의 얼굴이 녹아내린다고 생각하는 남자에 관한 짧은 만화를 10대들에게 나눠줬다. 그 남자는 그 생각을 멈출 수 없었고 정신병원에 끌려갔지만 다시는 중독에서 빠져나오지 못했다. 마크는 세상에서 가장 권위 있는 대학교 한가운데에서 그런 종류의 약을 먹게 되리라고는 상상도 하지 못했었다.

마크는 자신에게 의미 있는 물건 몇 가지를 가져오라는 요청을 받았다. 그는 돌아가신 부모님의 사진과 새 여자 친구 진의 사진을 가져갔다. 또한 이혼하던 날 마당에서 발견한 밤 한 톨도 가져갔다. 마크는 그 밤을 계속 간직하고 있었다.

그는 소파에 누웠고 편안함을 느낄 때쯤 작은 실로시빈 알약 한 알을 삼키도록 건네받았다. 그 후 그는 조용히 빌 리처즈와 함께 책에 실린 사진들을 구경했다. 풍경사진이었다. 그러다가 리처즈가 마크의 눈에 눈가리개를 둘렀고, 조용한 음악이 흐르는 헤드폰도 씌웠다.

45분 만에 마크는 다른 기분을 느끼기 시작했다. "마음이 느슨해진다는 것을 느낄 수 있었어요. 누군가 변화가 오고 있다고 말했죠. 어떤 변화가 다가오고 있음을 분명히 느낄 수 있었어요."

그 후 갑자기 마크는 흥분하기 시작했다. 그는 무슨 일이 벌어지고 있는지 몰랐다. 마크는 벌떡 일어나 이곳에서 나가고 싶다고 말했다. 그는 자신이 여자 친구에게 자신의 감정을 완전히 솔직하게 보여주지 않았다는 사실을 깨달았다. 그는 그녀에게 가서 말하고 싶었다.

빌 리처즈는 그에게 조용히 말을 걸었다. 그리고 몇 분 후 마크는 다시 소파에 앉기로 결정했다. 그러고는 스스로에게 집중하고 긴장을 풀기 위해 주문을 외우기 시작했다. 과학자들은 기나긴 준비과정 중 이런 약물을 '환각제(영어로 hallucinogen)'라 부르는 것이 실수라고 설명했다. 엄밀히 말해 '환영hallucination'은 존재하지 않는 대상을 보고 그것이 진짜라고 생각하는 것이다. 이 경우는 사실 매우 드물다. 과학자들은 이를 '환각psychedelic'이라고 부르는 편이 좀 더 정확하다고 말했다. 이는 그리스어로 '정신'을 의미하는 'psyche'와 영어로 '섬세한'을 의미하는 'delicacy'의 합성어이며 '정신이 눈에 보인다'는 의미다.

이러한 약물들은 당신의 무의식에 담긴 것들을 끌어내어 의식으로 가져온다. 따라서 이는 환영에 빠진다기보다 꿈속에서 사물을 보는 것과 같은 방식으로 보는 것이다. 단, 당신은 의식이 있는 상태다. 언제든 안내자인 빌 리처즈에게 말을 걸 수 있고, 그가 물리적으로 존재하는 반면 약 때문에 보이는 것들은 물리적으로 그곳에 없다는 것을 알고 있다.

"벽이 빙빙 돈다든가 하는 시각적 경험은 없어요. 완전한 어둠이에요. 그리고 귀에 들리는 것은 나를 둘러싼 그 음악이에요. 그런 후 내면의 시각화가 이뤄지죠. 마치 깨어 있는 채 꿈을 꾸는 것 같아요." 다만 마크는 그때 느낀 모든 것들을 나중에도 생생하게 기억할 수 있었다.

다시 소파에 기대며, 마크는 자신이 커다랗고 시원한 호수에서 첨벙거린다고 느꼈다. 그는 여러 만 가운데 하나를 탐험해보기로 결정했다. 그는 바위에서 바위로 건너뛰고 물줄기를 따라 올라갔다. 그리고 뭔가가 그를 점점 더 깊은 곳으로 불러들인다고 느꼈다. 그는 18미터 높이의 폭포에 다가갔고 경외에 차서 폭포 아래 섰다. 그는 자신이 폭포를 따라 헤엄쳐 올라갈 수 있음을 깨달았다. 그리고 폭포 맨 위에 도착했을 때 인생에서 가고 싶은 곳은 어디든 갈 수 있다고 생각했다.

"답은 바로 그곳에 있어요." 그는 안내자인 빌 리처즈에게 무슨 일이 벌어지고 있는지 이야기했다. "물을 들이마셔요." 리처즈가 말했다. 마크가 폭포 꼭대기에 도착했을 때 그는 작은 아기 사슴을 발견했다. 시냇물을 마시고 있었다. 아기 사슴은 마크를 바라보더니 이렇게 말했다. "당신이 보듬어야 할, 미완성의 문제가 몇 가지 있어요. 계속 발전하고 성장하고 싶다면 돌봐야 하는 존재예요." 마크의 유년기를 의미하는 것이었다.

마크는 일종의 계시로서 이러한 경험이 다음과 같이 말하는 것이라 느꼈다. "나는 내 경험들을 숨겨왔어요. 가능한 한 그 경험들을 감추고 그냥 살아가려고 노력했었죠."

폭포 꼭대기에서 마크는 자신이 10살 이후 몰래 감춰두었던 슬픔에 접근해도 안전하다고 느꼈다. 그는 아기 사슴의 아비를 따라 강까지 내려갔고, 그곳에서 원형극장을 발견했다. 그리고 그곳에서 마크를 기다리고 있던 것은 아버지였다. 마지막으로 봤던 그 모습 그대로였다.

마크의 아버지는 말했다. "마크, 너는 네 모습 그대로 완벽하

단다." 마크는 그 이야기를 들으며 눈물을 흘렸다. 그의 아버지는 그를 붙잡고 말했다. "마크, 숨지 말거라. 바깥세상으로 나아가야 한다." 마크는 살아 있다는 것과 인간이라는 것의 아름다움을 강렬히 느끼게 됐다.

"그 장엄함과 타당함은 그저 압도적이었어요. 그런데 믿어지지 않는 점은, 이 모든 게 외부에서 오는 게 아니라는 점이었어요. 이는 그저 제 내면에서 나오는 것이었어요. 약이 뭔가를 가져온 게 아니에요. 약은 그저 내 안의 다른 공간을 활짝 열어준 거예요." 그 공간은 그가 아버지를 잃은 후 언제나 존재해왔다. 그는 약효가 떨어지는 것을 느꼈다. 그리고 이에 대해 "마치 원래의 자아로 돌아가는 것처럼 느껴졌어요"라고 표현했다.

몇 달 후, 마크는 자신이 전과는 다른 방식으로 아버지에 대해 이야기할 수 있게 됐다는 것을 깨달았다. 그는 "마음을 더 많이 열수록, 나 자신을 더 많이 드러낼수록 더 많은 것을 얻게 됐어요"라고 말했다. 그는 자신의 불안이 확실히 경이로움으로 대체됐다고 느꼈다. "다른 사람들과 좀 더 인간적으로 지내게 된 것 같아요."

그의 인생을 완전히 바꿔놓은 것은 세 번째 세션이었다. 약효가 시작됐을 때 그는 다시 자신이 매우 다른 공간에 있음을 느꼈다. 그러나 이번에는 폭포처럼 친숙하게 느껴지는 풍경이 아니었다. 극단적으로 다른 곳이었고 그의 경험과도 거리가 멀었다. 그는 자신이 무無라는 공간에 떠 있다고 느꼈다. 우주 어딘가의 무한

한 공간 속에 있는 것 같았다. 어떤 존재가 곁에 나타났다. 어릿광대처럼 보이는 사람이었다. 마크는 본능적으로 이 존재가 자신의 영적 경험을 도와주리라는 것을 알았다. 마크의 눈에 커다란 원통이 들어왔다. 그는 본능적으로 그 안에 온 우주의 지혜가 담겨 있다고 느꼈다. 그리고 마크 안에 숨어 있던 겁쟁이는 이제 그 벽을 허물어도 된다고 동의했다. 마크는 우주의 지혜를 향해 마음이 열리고 있다는 것을 느낄 수 있었다. 그는 행복했다.

마크는 이러한 경험에서 깨어나 전과는 완전히 다른 사람이 됐다. 그는 그 경험을 통해 사람들이 다음과 같은 감각을 필요로 한다는 것을 확신하게 됐다고 말했다. "받아들여지고, 중요하다고 여겨지고, 사랑받는다는 느낌이요. 그리고 저는 그 기분을 어느 때고 누구하고나 나눌 수 있어요. 간단한 일이에요. 관심을 기울이는 거죠. 사람들과 함께 하는 거예요. 사랑을 하는 거예요."

이 실험을 진행한 그리피스가 해야 할 일 가운데 하나는 실로 시빈을 복용한 사람들을 실험이 끝난 2개월 후 다시 인터뷰하는 것이었다. 이들의 대답은 거의 항상 같았다. 보통 이것이 자신의 인생에서 가장 의미 있는 경험이었다고 말하며, 이를 아이의 탄생이나 부모의 죽음 같은 것에 비교했다. 그리피스와 연구팀은 실험에 참여했던 사람들에게서 생긴 변화를 측정했다.

"대다수의 경우 자기 자신과 인생에 대해 더 긍정적인 태도를 가지게 됐고 다른 사람들과 더 나은 관계를 맺게 됐으며 좀 더 열정적인 사람이 됐어요." 이는 명상자들에게 벌어진 일과 정확하게 같았다. 그리피스는 말문이 막혔다.

나는 이 프로그램을 거쳤거나 유사한 다른 실험에 참여했던 사람들과 인터뷰하면서 이들이 이상할 정도로 활기차다는 것을 발견했다. 많은 이들이 오랫동안 묻어둔 어린 시절의 외상을 드디어 말할 수 있게 됐다. 아니면 마침내 두려움을 극복할 수 있게 됐다. 이들 중 다수가 이를 묘사하며 기쁨의 눈물을 흘렸다.

한 세대 만에 처음으로 환각에 대한 과학적 연구를 진행하면서 그리피스는 오랫동안 굳게 닫혀있던 문을 열었다. 그리고 그가 제시한 충격적인 결과를 바탕으로 더 많은 과학자들이 그의 뒤를 따르기 시작했다. 이는 수십 개의 새로운 실험 가운데 겨우 첫 번째였다. 무슨 일이 벌어지는 것인지 이해하기 위해 나는 로스앤젤레스와 메릴랜드, 뉴욕, 런던, 덴마크의 오르후스, 노르웨이의 오슬로, 브라질의 상파울루를 여행하며 환각에 관한 연구들을 다시 시작한 연구팀들을 만났다. 그리고 이러한 실험들이 우울과 불안을 극복하는 것에서 어떤 의미를 가지는지 알아보려 했다.

존스홉킨스에서 그리피스와 함께 했던 연구팀은 실로시빈을 장기 흡연자에게 지급할 경우 무슨 일이 벌어지는지 보고 싶었다. 몇 년간 금연을 시도했으나 실패한 사람들이었다. 80퍼센트의 흡연자가 고작 3번의 세션 만에 금연에 성공했고 6개월이 지난 후에도 여전히 담배를 피우지 않았다. 이는 그 어떤 방법과 비교해도 더 높은 금연 성공률이었다.

런던대학교 연구팀은 실로시빈을 중증의 우울증 환자에게 처방했고, 그 외의 어떤 치료도 하지 않았다. 이는 그저 예비연구일 뿐이며 따라서 그 결과를 과장해서는 안 되지만, 그들은 거의 50퍼센트의 환자들이 3개월의 복용기간 동안 우울증을 완전히 극복했다고 보고했다. 그리고 과학자들은 더 중요한 것을 발견했다. 우울증이나 중독에서 회복할 가능성은 환자들이 실로시빈을 복용하는 동안 겪는 영적 경험이 얼마나 강렬했는가에 달렸다는 점이다. 영적 경험이 강렬할수록 더 좋은 결과를 낳았다.

이는 주목할 만한 결과들이었다. 그리고 1960년대로 거슬러 올라가, 당시 진행됐던 연구들의 정당성을 입증하는 듯 보였다. 그리피스는 "이러한 효과들이 매우 근본적인 방식으로 인생을 바꿔놓을 만한 잠재력을 가졌다고 믿게 됐어요"라고 말했다.

우리를 보호하면서 감금하는 자아

과학자들은 이러한 실험들과 깊은 명상 간의 유사점과 차이점을 찾아봤다. 존스홉킨스대학교의 조교수인 프레드 바렛Fred Barrett은 그리피스와 함께, 10년 이상 명상을 해온 사람들에게 실로시빈을 주는 연구를 진행했다. 이들은 몇 년 동안 적어도 하루에 1시간씩 명상을 해온 사람들이다. 그리피스는 마크처럼 이전에 명상을 해보거나 환각을 겪어보지 못한 사람들이 보통, 적어도 처음에는 자신들이 약을 먹고 경험한 것들을 제대로 묘사하지 못하거나 비슷한 경험을 생각해내지 못한다고 설명했다. 그러나 경험 많은 명상자들은 보다 다양하게 표현할 수 있다.

"대체로 이 사람들은 명상과 영적 경험이 유사하거나, 완전히 똑같은 상태라고 말해요." 바렛이 내게 말했다.

과학자들은 물었다. 이 2가지 행위는 어떤 역할을 하는가? 어떤 공통점을 지니는가? 그에 대해 바렛은 나를 멈칫하게 만든 설명을 들려줬다. "2가지 행위는 모두 자기 자신에 대한 중독을 깨줘요."

갓 태어난 아기는 자신이 누구인지에 대해 인지하지 못한다. 아기는 자라면서 자신이 누구인지에 대한 감을 키우게 된다. 스스로를 보호하기 위해서는 일정한 경계가 필요하다. 이러한 경계는 건강하고 필수적이다. 그러나 시간이 흐름에 따라 우리가 쌓아가는 경계의 일부는 복합적인 효과를 지닌다. 마크는 고립된 10살 아이로서 벽을 쌓았다. 아무에게도 이야기할 수 없는 아버지에 대한 슬픔으로부터 자신을 보호하기 위해서였다. 그러나 나이가 들면서 그러한 보호벽은 감옥이 됐고 온전한 삶을 살지 못하도록 그를 가로막았다. 우리의 자아, 그러니까 자기 자신에 대한 감각은 언제나 2가지 성격을 가진다. 우리를 보호하면서 감금한다.

깊은 명상과 환각의 경험은 그러한 본모습과 자아가 얼마나 잘 구성되어 있는지를 보여준다. 마크는 그의 불안장애가 스스로를 보호하기 위한 방식임을 불현듯 깨닫게 됐다. 그러나 더 이상 이를 필요로 하지 않았다. 내 친구 레이첼은 질투가 스스로를 슬픔에서 보호하기 위한 방식이라는 것을 알게 됐다. 그리고 명상은 그런 식으로 자신을 보호할 필요가 없다는 것을 깨닫게 해줬다. 대신 그녀는 긍정과 사랑으로 스스로를 보호할 수 있게 됐다.

이러한 과정은 자신과 마음과의 완전히 새로운 관계를 만들어준다. 당신의 자아는 당신의 일부다. 당신의 전부가 아니다. 바렛이 설명했듯, 이러한 경험들은 '당신이 스스로에 대해 가지는 자아개념에 의해 조정당할 필요가 없다'는 것을 보여준다. "명상이 신뢰할 만한 방법이라고 한다면 실로시빈은 분명 속성코스가 될 거예요." 그리피스가 말했다.

나는 임상적으로 환각을 경험한 사람들을 인터뷰했고, 이들은 모두 이 물질들이 사람들에게 깊은 연대감을 남겼다고 강조했다. 다른 사람들, 자연, 그리고 더 심오한 의미에 대한 연대감이었다. 이는 싸구려 가치들의 대척점에 있는 것들이다.

"가장 흔한 주제는 사랑이에요. 사람들은 자기 자신과 다른 사람들 사이의 연대감을 인식하게 돼요. 그리고 다른 사람들과 더욱 이어지고 싶은 동기를 느껴요. 더 건강한 방식으로 스스로를 돌봐야겠다고 생각하죠." 바렛이 내게 말했다.

　　이런 이야기를 들으면서 나는 내가 제시했던 우울과 불안의 사회적·심리적 원인들 7가지를 떠올렸다. 공통점은 분명했다. 이러한 경험들은 우리가 매일 집착하는 가치들이 사실은 중요하지 않다는 것을 느끼게 만들어주고, 사람들이 유년기 외상을 다른 방향에서 볼 수 있도록 만들어준다. 그리피스의 말에 따르면 우리는 인식의 변화를 경험하게 된다. 80퍼센트의 장기 흡연자들이 이 경험 이후 금연을 할 수 있게 된다. 이들은 뒤로 한 발 물러서 인생의 존엄함을 바라보며 이렇게 생각하는 것이다. '담배? 갈망? 아니, 나는 그것보다 큰 존재야. 나는 인생을 선택해.'

　　또한 우리는 이를 통해 런던대학교에서 중증의 우울증 환자들을 대상으로 이뤄진 소규모 초기 시험이 어떻게 그토록 놀라운 결과를 가져왔는지 이해할 수 있게 된다.

　　"우울증은 일종의 억압된 의식이에요." 존스홉킨스대학교에서 실험을 이끌었던 빌 리처즈가 내게 말했다. "사람들은 자기 자신이 누구인지, 자신이 무엇을 할 수 있는지 잊어버리고 갇혀버려요. 많은 사람들이 자신의 고통과 아픔, 슬픔, 실패만을 바라봐요."

　　의식을 여는 과정은 이를 저지하고, 우울과 불안을 저지한다. 자아가 쌓아올린 벽을 허물고 다른 중요한 것들과 이어질 수 있도록 그 문을 연다. "약효가 사라져도 경험이 주는 기억은 계속됩니다." 그리피스는 이렇게 말했다. 그리고 그 기억은 삶을 이끄는 새로운 안내자가 된다.

그러나 여기에 2가지 함정이 있다는 것을 나는 깨달았다. 첫 번째는 자아에서 해방되는 것을 절대적으로 두려워하는 사람들이 있다는 점이다. 존스홉킨스 실험에서 약 25퍼센트의 사람들은 공포의 순간을 경험했다. 대부분의 사람들은 순간적으로 느끼는 감정이지만, 어떤 이들은 6시간 동안 공포스러워했다. 한 여성은 모든 사람이 죽어버린 황량한 불모지를 헤매고 다니는 기분이라고 묘사했다. 환각에 대한 대부분의 주장들은 1960년대에 만들어졌고 대부분은 사실이 아니다. 그러나 '악몽 같은 환각'은 미신이 아니다. 많은 사람들이 이를 경험한다.

캐나다의 산에서 이사벨 벤키는 내게 자연으로부터의 단절이 우리의 우울과 불안을 어떻게 증대시키는지 가르쳐줬다. 그녀는 자연의 세계에서 우리가 얼마나 작은 존재인지 깨닫게 된다고 이야기했다. 자아가 줄어드는 경험은 많은 사람들을 자유롭게 해준다. 그러나 당시 나는 이를 해방이라고 보지 않았다. 위협이라고 받아들였다. 이에 저항하고 싶었다. 그날 나는 그 웅장한 풍광 속에서 내가 필요하다고 느끼던 자아의 벽을 내려놓을 준비가 되지 않았던 것이다. 벤키는 그 경험이 내 우울과 불안을 감소시켜줄 것이라고 말했고, 나는 많은 과학적 증거를 통해 그녀의 말이 옳다는 것을 알 수 있었다.

때문에 나는 우울증이나 불안장애를 겪는 사람들이 준비되거나 지원받지 못한 상태에서 약을 먹고 환각을 경험하도록 하는 것이 좋은 아이디어라고 생각하지 않는다. 이는 강력한 방법이다. 과학자들은 이 약들이 적절한 환경에서 효과를 볼 수 있는 사람들에게 의학적으로 처방될 수 있도록 현재의 법규를 바꾸기 위해 투쟁하는 것이 필요하다고 생각한다. 장기적인 목표는 자아를 말살하는 것이 아니라 자아와의 건강한 관계를 회복하는 것이라고 빌 리처즈가 내게 말했다.

두 번째 함정은 더 중요하다. 심각한 우울증 환자들에게 실로시빈을 주는 실험을 진행한 로빈 카허트 해리스Robin Carhart-Harris는 나와 만났을 때 실험이 진행될 때 자신들이 무엇에 주목했는지 이야기했다. 실로시빈으로 인한 환각은 첫 3개월 동안 놀라울 정도의 효과를 보였다. 대부분의 사람들은 급격히 연대감을 가졌고 급격히 호전됐다. 그는 특히나 더 광범위한 경향을 보인 한 환자에 대해 설명했다.

해나는 이 특별한 경험을 한 후 자신의 일상으로 돌아갔다. 그녀는 영국의 작은 마을에서 일하는 리셉셔니스트였는데, 그전에는 자신의 일을 그다지 의미 있게 생각하지 않았다. 그녀는 실험을 통해 물질만능주의는 중요하지 않고, 우리 모두는 평등하며, 우리의 신분 격차는 무의미하다는 깨달음을 얻게 됐다. 그리고 그녀는 다시 물질만능주의는 가장 중요한 가치며, 우리는 모두 평등하지 않고, 신분제를 존중해야 한다고 강조하는 세상으로 돌아왔다. 냉정한 단절의 세계로의 회귀였다. 그리고 그녀는 다시 천천히 우울해졌다. 그녀가 환각의 경험을 통해 얻은 통찰이 바깥세상에서는 유지될 수 없었기 때문이다.

앤드류 와일Andrew Weil 박사와 이야기를 나눈 후에야 나는 그 진정한 의미를 알게 됐다. 와일 박사는 1960년대에 이 분야에서 일부 실험을 실시했었다. 그 누구도 1990년대에 항우울제의 역할에 대해 들었던 것과 같은 방식으로 환각이 효과를 발휘할 것이라고 주장하지는 않는다. 환각은 당신의 뇌 화학물질을 바꿀 수 없으며 따라서 당신을 '고칠' 수 없다.

다만 환각의 역할은 짧은 시간이지만 놀랄 만한 연대감을 안겨주는 것이다. "이 경험의 가치는 연대감이 당신을 어떻게 느끼도록 만드는지 그 가능성을 보여주는 것에 있어요." 와일은 내게 말했다. "그 경험을 유지하는 다른 방법을 찾는 것은 당신 자신에게 달렸죠." 그 가치는 약효의 경험이라기보다는 학습의 경험이 된다. 그리고 어떻게 해서든 그 교훈은 계속 실천되어야만 한다.

강렬한 경험 후 다시 단절로 돌아갔을 때, 그 효과는 계속해서 유지되지 않는다. 그러나 이를 물질주의와 자아를 넘어서 더 깊고 장기적인 연대를 쌓는 것에 활용할 때, 그 효과는 지속된다. 이 경험은 우리가 무엇을 잃었는지, 그리고 여전히 무엇을 필요로 하는지 보여준다.

그리피스는 자신이 명상과 환각을 추천하는 사람이 될지 몰랐다. 마크 역시 자신이 그러한 추천을 적극적으로 받아들이는 사람이 될지 몰랐다. 둘 모두 이런 식의 변화가 일어나리라고는 예상치 못했다. 증거에서 오는 순수한 무게감과 경험의 깊이는 이들을 바꿔놓았다.

마크는 이제 명상수업에서 안내자로 활동한다. 이러한 방법들을 통해 그는 한때 자신을 좀먹었던 사회불안장애에서 완전히 벗어났다. 마지막 인터뷰가 끝날 때쯤 그는 내게 '절대로 사라지지 않을 어떤 연대감'을 느낀다고 말했다. 진정으로 공감하는 기쁨이었다. 그는 이제 화학적 항우울제를 먹지 않는다. 이 약들은 전혀 효과가 없었고, 이제는 필요하지 않다고 그는 말했다.

마크는 모든 사람들이 그와 같은 길을 걸을 필요는 없다고 내게 말했다. 물질만능주의와 자기중심주의는 여러 방식으로 끊어낼 수 있다. 어떤 사람들은 환각을 통해 가능할 것이고, 어떤 사람들은 자애명상을 통해 가능할 것이다. 그리고 우리는 다른 방법들을 더 많이 탐색해볼 필요가 있다.

21장

공감과 관심으로의 연결
: 오랜 상처에서 해방되다

LOST
CONNEC
TIONS

✦── ✦ 앞서 9장에서 소개한 빈센트 펠리티가 원했던 것은 그저 슬픈 사실을 발견하는 것이 아니라 해결책을 발견하는 것이었다. 전에도 말했지만 그는 유년기 외상이 훗날 인생에서 우울과 불안을 야기하는 역할을 한다는 놀라운 증거를 발견한 의사였다. 그리고 그는 이 고통에서 사람들이 벗어나도록 돕고 싶었다. 그러나 어떻게 해야 할까? 그는 카이저 퍼머넌트 보험회사에서 건강보험을 가입한 모든 사람들에게 설문지를 보냄으로써 어느 정도 해답을 발견했다. 이 설문지는 어린 시절 겪을 수 있는 10가지 외상 사례들에 관해 묻고, 이를 현재의 건강상태와 연결했다. 이 조사를 1년 넘게 진행한 후에야 확실한 데이터와 함께 펠리티의 추측이 옳았다는 것이 증명됐다.

이들은 추가적인 실험을 시작했다. 카이저 퍼머넌트 보험에 가입된 환자를 돕는 모든 의사들은 환자의 외상 관련 설문지를 살펴보도록 하라는 이야기를 들었다. 그리고 환자들이 유년기 외상으로 고통받은 경우 의사들에게는 간단한 지시사항이 주어졌다. "당신이 어린 시절 어떤 사건을 겪었다는 것을 알게 됐어요. 그런 일이 벌어지다니 유감이에요. 그 경험에 대해 이야기 나누고 싶나요?" 이런 식으로 말을 꺼내는 것이다. 만약 환자가 그러고 싶다고 이야기하는 경우, 의사는 공감을 표하고 이렇게 물어야 한다. "그 사건이 당신에게 장기적으로 부정적인 영향을 미쳤다고 느끼나요? 오늘날 당신의 건강과 관련이 있을까요?"

실험의 목표는 환자에게 동시에 2가지를 제시하는 것이었다. 첫 번째는 그 외상 경험에 대해 이야기할 기회를 주는 것이다. 이 실험이 시작되면서 연구팀이 가장 먼저 발견한 것은 많은 환자들이 이전까지는 자신들에게 무슨 일이 벌어졌는지를 다른 사람들에게 제대로 설명해본 적이 없다는 사실이다. 마찬가지로 중요한 두 번째는 이들에게 아무도 그들을 평가하지 않을 것임을 보여주는 일이었다. 반면에 의사들의 목표는 환자들이 신뢰하는 권위 있는 인물로서 환자들이 겪은 일들에 대한 진정한 연민을 보여주는 것이었다.

의사들은 질문을 하기 시작했다. 일부 환자들은 그에 대해 이야기하려 하지 않았지만 많은 환자들이 입을 열었다. 어떤 환자들은 자신이 방치되거나, 성적 학대를 받았거나, 부모에게 폭력을 당했다고 설명했다. 대부분의 환자들은 이런 경험들이 오늘날의 건강과 연관이 있느냐는 질문을 스스로에게 해본 적이 없던 것으로 나타났다. 환자들은 그에 대해 생각해보기 시작했다.

마침내 결과가 나왔다. 권위적 인물의 진심어린 공감과 관심을 받은 환자들은 질병이 확실히 감소한 것으로 보였다. 어떤 이유에서든지 의학적 도움을 위해 재방문하는 사례가 35퍼센트 감소했다.

수치심의 굴레에서 벗어나는 순간

처음에 의사들은 환자들을 화나게 하거나 그들에게 수치심을 줄까 봐 두려워했다. 그러나 아무도 불평하지 않았다. 추후조사에서 많은 수의 환자들은 그런 질문을 받아 기뻤다고 대답했다. 더 작은 규모의 예비연구에서 이런 질문들을 받은 후 환자들에게는 무슨 일이 벌어졌는지 정신분석가들과 토의할 수 있는 옵션이 주어졌다. 이 환자들은 그다음 해 신체적으로 아프다거나 약이 필요하다고 말하면서 다시 의사를 찾아올 가능성이 50퍼센트 이하로 떨어졌다. 놀라운 결과였다.

그 답이 '수치심'에 있다고 펠리티는 추정하고 있다. "다른 누군가에게 자신의 수치스러운 이야기를 하면서 그 사람은 깨달아요. '여전히 이 사람은 나를 받아들이는구나.' 어쩌면 거기서 변화가 일어나는 거예요."

우울과 불안을 비롯해 문제점을 야기하는 것은 그저 유년기 외상이 아니다. 그 사건을 마음 속 깊이 가둬둘 때 마음은 곪기 시작하고 수치심이 자란다. 의사로서 펠리티는 그 사건을 막을 수 없었다. 그러나 환자들이 숨어서 느끼는 수치심을 없애는 일은 할 수 있었다. 굴욕감이 우울증에 지대한 영향을 미친다는 증거들은 많이 존재한다.

펠리티는 내게 말했다. "우리가 지금 하는 일들은 굴욕감과 빈

약한 자아개념을 매우 큰 폭으로, 효과적으로 해결해줍니다."

그는 이를 고해성사의 일종으로 봤다. 우리는 자신에게 무슨 일이 벌어졌는지 누군가에게 이야기할 필요가 있다. 그리고 그 사람들이 우리를 가치 없는 사람으로 생각하지 않는다는 것을 알아야 한다. 이러한 과학연구는 한 사람을 유년기 외상과 다시 연계하고, 외부 관찰자가 이를 수치스럽게 보지 않는다는 점을 보여주는 것이 그 부정적인 효과들로부터 당사자를 해방시키는 확실한 길임을 보여준다.

다른 연구에서도 수치심이 사람들을 병들게 한다는 증거가 존재한다. 예를 들어 에이즈 문제에 있어서 자신들의 정체성을 드러내지 않은 클로짓 게이closet gay들은 커밍아웃을 한 오픈리 게이openly gay들과 비교해 평균적으로 2년에서 3년 정도 먼저 사망하는 것으로 나타났다. 당신의 일부를 감추고 혐오스럽게 생각하는 것은 당신의 생명을 갉아먹는다. 이 연구에 참여한 과학자들은 이러한 고무적 첫 발걸음을 기반으로 한 더 많은 연구가 필요하다고 강조한다.

22장

미래로의 연결
: 현실적인 가능성이 필요하다

LOST
CONNEC
TIONS

우울과 불안을 극복하기 위한 노력과 시도들을 방해하는 장애물이 하나 더 존재한다. 그리고 그 장애물은 지금까지 내가 언급했던 그 어떤 것보다 거대하다. 내가 묘사했던 방식들로 단절된 관계를 회복하려 노력 중이라면, 시간과 자신감이 필요할 것이다. 그러나 우리는 이 둘 모두를 놓치고 있다. 대부분의 사람들은 일을 한다. 그리고 미래에 대해 불안해한다. 이들은 지쳐가고 좀 더 거시적인 투쟁에 참여하는 것이 어려워진다. 지쳐버린 사람들에게 더 감당하라고 말하는 것은 그들을 조롱하는 것이다. 그러나 이 책을 작업하면서 나는 사람들에게 시간과 자신감을 돌려주도록 기획된 실험이 있다는 것을 알게 됐다.

안정성을 위한 효과적인 도구

1970년대 중반 한 무리의 캐나다 정부관리들이 매니토바 시골에 있는 도핀Dauphin이라는 이름의 작은 마을을 실험구역으로 선택했다. 그곳에 사는 대부분의 사람들은 유채를 키우는 농부였다. 주민들은 최선을 다해 일했지만 늘 생활고를 겪었다. 그러던 어느 날 도핀 주민들은 자신들이 실험에 참여자로 선발됐다는 이야기를 들었다.

오랫동안 캐나다 정부는 자신들의 복지정책이 사람들을 충분히 보호하지 못하는 건 아닌지 궁금해하고 있었다. 복지국가의 핵심은 촘촘한 안전그물망을 만들어 사람들이 가난해지고 불안해하는 것을 방지하는 것이다. 그러나 당시 캐나다에는 여전히 가난과 불안정이 만연했다. 무언가 제대로 작동하지 않고 있었다.

그때 누군가가 새로운 방식의 아이디어를 내놨다. 지금까지 복지국가는 빈틈을 막음으로써 운영됐다. 일정 수준 아래로 떨어지려는 사람들을 붙잡아 위로 밀어 올리는 것이었다. 그러나 충분한 돈을 가지지 못하는 것이 불안정의 문제라면, 조건 없이 모든 사람에게 충분한 돈을 줬을 때 무슨 일이 벌어질지 이들은 궁금했다. 이들은 여기에 '보편적 기본소득universal basic income'이라는 이름을 붙였다.

캐나다 정부는 한 지역에서 이를 시범적으로 실행해보기로 했고, 그렇게 몇 년 동안 도핀의 주민들은 일정 금액을 보장받게 됐다. 오늘날 가치로 약 2만 달러에 해당되는 돈을 주겠다는 약속이었다. 그리고 이들은 무슨 일이 벌어지는지 지켜보았다.

당시 토론토에는 젊은 경제학도 에블린 포르제Evelyn Forget가 있었다. 그녀는 이 실험에 관심을 가지게 됐지만, 실험이 시작되고 3년 후 캐나다 정권이 보수당으로 옮겨가며 프로그램은 돌연 취소됐다. 보장됐던 소득은 사라져버렸고, 모두 이 실험을 잊었다.

30년이 지난 후, 젊은 경제학도 포르제는 매니토바대학교의 의과대학 교수가 됐다. 그리고 그녀는 충격적인 사실들과 끊임없이 마주쳤다. 가난할수록 우울하거나 불안해질 가능성이 높아진다는 것은 모두가 아는 사실이다. 또한 거의 모든 방면에서 아플 가능성도 높아진다. 미국에서는 소득이 2만 달러 미만인 사람이 7만 달러 혹은 그 이상 버는 사람보다 우울증에 걸릴 확률이 2배 이상 높다. 소유한 부동산에서 정기적인 소득이 생기는 사람은 아무런 부동산 소득이 없는 사람보다 불안장애에 걸릴 가능성이 10분의 1 이상 낮았다.

"나는 정말 믿기 어려운 사실을 알게 됐어요. 빈곤과 기분전환용 약물들의 가짓수 간에는 직접적인 관계가 있다는 겁니다."

포르제는 당시 쓰였던 학술적 연구들을 찾아보기 시작했다. 그러나 아무것도 찾을 수 없었다. 5년이 넘는 추적 끝에 그녀는 답을 알게 됐다. 실험에서 수집된 데이터들이 폐기 직전 국가기록원으로 빼돌려졌다는 이야기가 들려왔다.

"저는 그곳으로 갔어요. 그리고 대부분의 서류를 찾아냈어요." 그녀는 내게 말했다.

방대한 양의 데이터였다. 당시 권력을 잡은 보수파는 더 이상 누구도 이를 연구하지 않길 바랐다. 이들은 이 실험이 시간 낭비이자 자신들의 윤리적 가치에 대척된다고 생각했다. 포르제와 연구팀은 오래 전의 기본소득실험이 실제로 어떤 결과를 낳았는지 알아보기 위한 기나긴 작업을 시작했다.

동시에 연구팀은 살아남은 사람들을 추적해가기 시작했다. 그들은 실험을 생생하게 기억하고 있었다. 모두 그 실험이 삶에 미친 영향에 관해 이야기했다. 이들은 주로 이렇게 이야기했다.

"돈은 보험과도 같았어요. 다음 해에 아이들을 계속 학교에 보낼 수 있을지, 공과금이나 세금 등을 낼 수 있을지 걱정하며 받는 스트레스를 없애준 셈이니까요."

사람들은 지속적인 불안정에서 벗어나 숨을 쉴 수 있게 됐다고 말했다. 학생들은 학교에 더 오래 머물게 됐고, 더 나은 학업성취도를 보였다. 저체중 신생아의 숫자는 줄어들었다. 더 많은 여성들이 준비가 될 때까지 임신을 미룰 수 있었기 때문이다. 신생아를 낳은 부모들은 아기를 돌보기 위해 집에 더 오래 머물 수 있었고 일터로 서둘러 복귀하지 않았다. 총 노동시간은 감소했다. 사람들은 더 많은 시간을 아이들과, 혹은 학습하면서 보냈다. 특히나 중요한 결과 하나가 내게 충격으로 다가왔다.

포르제는 사람들의 의료정보를 훑었다. 그리고 감정장애를 호소하려 병원을 찾는 사람들의 수가 줄어들었다는 것을 발견했다. 공동체 내의 우울과 불안은 확연히 줄어들었다. 입원을 해야 할 정도로 심각했던 우울과 기타 정신장애의 숫자는 겨우 3년 만에 9퍼센트가 줄어들었다.

사람들이 일상에서 견뎌야 했던 스트레스가 사라지거나 줄어들었기 때문이라고 포르제는 결론 내렸다. 다음 달, 그리고 다음 해에 안정적인 소득이 보장된다는 것을 알았기에 안정적인 미래를 그려낼 수 있었던 것이다.

기대치 못한 효과가 또 있었다. 안정적으로 살기에 충분한 돈이 있을 때, 사람들은 육체적 고통은 물론 정서적 괴로움과 수치심을 안겨주는 직장을 그만둘 수 있게 된다. 그리고 시간이 흐르면서 이는 마을의 불평등을 감소시켰다. 극단적인 신분 격차로 인한 우울증을 감소시켜줄 것이라 기대할 수 있는 부분이었다.

포르제에게 이 모든 것은 우울증의 본질에 대한 근본적인 이야기였다. "단순한 뇌장애였다면, 단순한 신체적 질병이었다면, 빈곤과 그토록 강한 상관관계를 보이지 않았을 거예요. 분명 돈을 받은 사람들의 삶은 좀 더 편안해요. 그리고 이는 항우울제로 작용하겠죠."

그녀는 오늘날 이러한 프로그램에 대한 필요성이 모든 사회에서 증가하고 있다고 생각했다.

"세상은 근본적으로 변화하고 있어요."

우리는 안정성을 되찾을 수 없을 것이다. 특히나 로봇과 기술이 점점 더 많은 직업들을 퇴물로 만들고 있기 때문이다. 그러나 우리는 모든 이에게 기본소득을 보장해주는 방향으로 나아갈 수 있다. 보편적 소득은 우리의 안정성을 위한 가장 훌륭한 도구다. 캐나다 국립기록원에서 포르제는 21세기를 위한 가장 중요한 항우울제 가운데 하나를 발견했다.

거절할 권리를 얻다

나는 이 결과에 대해 더 자세히 탐구하고 싶었고, 그래서 네덜란드의 뛰어난 경제역사학자 뤼트허르 브레흐만Rutger Bregman을 만나러 갔다. 그는 보편적인 기본소득에 관해서 유럽에서 가장 뛰어난 학자다. 그는 우리의 노동시장에서 실제로 무슨 일이 벌어지고 있는지에 대해 생각하는 사람들이 별로 없다고 했다. 중산층 사람들조차 고작 몇 달 후 자신들의 삶이 어떨지에 대해 확신하지 못하는 만성적 '확실성의 결여' 속에서 살고 있다. 대안적인 접근법, 즉 소득의 보장은 이러한 굴욕감을 없애고 안정성을 준다. 그의 저서《리얼리스트를 위한 유토피아 플랜》에 나오듯 이 대안은 여러 지역에서 작은 규모로 시도되고 있다. 그는 여기에 패턴이 있다고 했다. 처음에 이 대안이 제안되면 사람들은 이렇게 말한다. "뭐? 돈을 그냥 준다고? 그건 노동윤리를 파괴할 거야. 사람들은 술 마시고, 마약하고, TV를 보며 돈을 다 써버릴 거라고."

그레이트스모키 산맥에는 북미 원주민 8,000명이 산다. 이들은 카지노를 열기로 결정했고 부족 내 모든 사람이 수익을 똑같이 나눠 갖기로 했다. 그 결과 이들은 연간 6,000달러를 수표로 받게 됐고 그 금액은 후에 9,000달러로 올라갔다. 사실상 이는 모두를 위한 보편적 기본소득이었다.

외부인들은 그들이 미쳤다고 말했다. 그러나 이렇듯 보장된 소득은 하나의 커다란 변화를 이끌어낸 것으로 밝혀졌다. 부모들은 스트레스를 덜 받게 됐고, 아이들과 더 많은 시간을 보냈다. 그 결과 ADHD와 아동 우울증 같은 행동문제가 40퍼센트 가량 떨어졌다. 나는 동일한 비교기간 동안 어린이들의 정신의학적 문제가 그 정도로 감소한 다른 사례를 찾아볼 수 없었다. 브라질부터 인도까지, 전 세계적으로 이러한 실험들은 동일한 결과를 내놓고 있다. 이러한 프로그램은 커다란 변화를 일궈냈다.

브레흐만은 가장 큰 변화가 일에 대한 사람들의 인식에서 나타난다고 말했다. 놀라울 정도로 많은 사람들이 자신이 하는 일이 무의미하며 이 세상에 전혀 도움이 되지 않는다고 말한다. 소득보장의 핵심은 사람들에게 거절할 권리를 준다는 것이다. 난생 처음 이들은 모멸적이거나 굴욕적인, 아니면 극도로 괴로운 일을 그만둘 수 있게 된다. 결국 많은 우울과 불안을 야기하는, 최악의 일들은 노동자들을 위해서 개선되어야 할 것이다.

이는 돈이 많이 드는 제안이다. 진정한 소득보장은 그 어떤 선진국에서도 국가재정의 커다란 부분을 요구할 것이다. 지금으로서는 요원한 목표다. 그러나 모든 선진화된 제안들이 처음에는 유토피아적인 꿈에서 시작됐다. 복지국가에서 여성의 권리로, 그리고 소수자 차별금지로. 지금부터 토의하고 캠페인을 벌인다면, 우리는 이 모든 절망을 야기한 요인들을 보다 선명하게 볼 수 있을 것이다. 브레흐만은 이것이 스스로 미래에 대한 확신을 잃은 사람들에게 안정적인 미래를 복원해주는 방법이라고 말했다. 또한 우리의 삶과 일상을 바꿔놓기 위한 방법이기도 하다.

나는 우리의 불안과 우울을 해결하기 위한 7가지 잠정적 힌트들을 생각하며, 이를 위해서는 우리 자신과 사회의 엄청난 변화가 필요하다는 것을 인식하게 됐다. 그러자 그 어떤 것도 변할 수 없을 것처럼 느껴졌다. 이러한 생각들이 들 때마다 나는 가장 가까운 친구를 떠올렸다.

1993년, 저널리스트 앤드류 설리번Andrew Sullivan은 HIV 양성으로 진단받았다. 당시 에이즈의 공포는 최절정에 달해 있었다. 동성애자들이 전 세계에서 죽어나갔다. 마땅한 치료법은 없었다. 설리번은 동성애를 혐오하는 가톨릭 집안에서 자랐다. 어렸을 적에 그는 자신이 전 세계에서 유일한 동성애자라고 생각했다. 자신과 같은 사람을 TV에서도, 길거리에서도, 책에서도 본 적이 없었기 때문이다. 그는 생각했다. '이 불치병은 내가 자초한 것이고, 내가 받아야 할 벌이야.'

얼마 지나지 않아 그는 미국에서 가장 잘나가는 잡지 가운데 하나인 〈뉴 리퍼블릭New Republic〉의 편집자를 그만뒀다. 그의 가장 친한 친구였던 패트릭도 에이즈로 죽어가고 있었다. 설리번은 자신도 곧 그리 되리라 확신했다. 그는 죽음을 준비하려 프로빈스타운Provincetown으로 갔다. 매사추세츠 케이프코드Cape Code 구석, 동성애자들이 모여 사는 곳이었다.

그해 여름, 바닷가 근처 작은 집에서 그는 책을 쓰기 시작했다. 책을 쓰는 것이 자신이 할 수 있는 마지막 일이라고 생각했고, 파격적인 글을 쓰기로 마음먹었다. 동성결혼의 허용도 제안할 예정이었다. 설리번은 이것만이 지금껏 자신을 옭아매왔던 자기혐오와 수치에서 자유롭게 해줄 유일한 방법이라고 생각했다. '후대 사람들에게는 도움이 될 거야.'

1년 후 그의 책《사실상 정상Virtually Normal》이 나왔을 때, 친구 패트릭은 이미 죽고 없었다. 설리번의 주장은 터무니없다며 널리 조롱당했다. 심지어 동성애자들로부터도 공격당했다. 동성결혼 허용을 주장한다는 점에서 그는 변절자이자 명예 이성애자, 변태 등으로 불렸다. '레즈비언 어벤저스Lesbian Avengers'라는 단체는 그의 얼굴에 권총 표적을 그려 넣은 사진을 들고 행사장에 나타나 항의했다. 설리번은 군중들을 보고 절망했다. 이 미친 생각은 분명 수포로 돌아가게 될 것이었다.

우울과 불안에 대처하기 위한 변화들을 부정하는 이들을 만날 때, 나는 1993년의 여름으로 돌아가는 상상을 한다. 프로빈스타운의 바닷가 집에서 설리번에게 이렇게 말하는 것이다.

"이건 미래에 벌어지게 될 일이야. 30년 후에도 너는 계속 살아 있어. 알아, 놀라운 일이지. 그런데 잠깐만, 가장 기쁜 소식이 남아 있어. 네가 쓴 이 책은 엄청난 움직임을 촉발하게 돼. 그리고 이 책은 동성결혼을 허용하는 대법원의 주요판결에서 인용될 거야. 그리고 나는 네가 미국 대통령에게 편지를 받은 다음 날, 너와 함께 있을 거야. 미국 대통령은 동성결혼을 위한 투쟁이 네 덕에 어느 정도 성공을 거뒀다고 말할 거야. 대통령은 그날 무지개 깃발처럼 백악관 조명을 밝힐 거야. 그리고 너를 백악관 저녁 만찬에 초대할 거고, 네가 해온 활동에 고마움을 표할 거야. 아, 그런데 그거 알아? 그 대통령은 흑인이란다."

모든 것이 공상과학소설처럼 보였지만 결국은 이뤄졌다. 이 일은 오직 하나의 이유로 일어났다. 용감한 사람들이 함께 연대해 이를 바랐기 때문이다. 그래서 나는 스스로 되뇌었다. 우울과 불안의 사회적 원인들을 처리할 수 없다고 말하는 목소리가 들린다면, 잠시 멈추고 깨달아야 한다. 그것이 우울과 불안 그 자체라는 것을 말이다. 그렇다. 우리가 지금 필요로 하는 변화들은 크다. 우리 앞에는 커다란 투쟁이 기다리고 있다. 현재의 상황을 부인할 수도 있지만, 그렇다면 문제 안에 갇혀 있을 수밖에 없다. 불가능할 것처럼 보이는 것을 소망해야 한다. 그리고 성취할 때까지 쉬지 않아야 한다.

✦

우리는 모두 연결되어야 한다

이 책을 거의 다 썼을 무렵, 어느 오후에 나는 몇 시간 동안 런던 거리를 정처 없이 걸어 다녔다. 그리고 거의 25년 전, 내가 처음으로 항우울제를 사먹었던 쇼핑센터에서 불과 몇 걸음 떨어지지 않은 곳에 와 있다는 것을 깨달았다. 나는 그 시절의 내가 오랫동안 믿었던 이야기를 떠올렸다.

'문제는 내 머릿속에 있어. 문제는 화학적 불균형이야. 내 안의 망가진 기계를 고쳐야 해. 이게 답이야.'

어린 시절의 나에게 지금의 나는 이제 무슨 말을 할 수 있을까? 나는 소년이었던 내가 그 절망에 관한 이야기를 좀 더 솔직하게 털어놓길 바란다. 나는 그에게 말할 것이다.

"사람들이 지금까지 네게 해온 이야기들은 다 거짓이야. 물론 모든 항우울제가 나쁘다는 뜻은 아니란다. 어떤 믿을 만한 과학자들은 일부 환자들에게 항우울제가 일시적인 완화를 가져올 수 있다고 주장해. 그리고 이를 묵살해서는 안 된단다. 하지만 모든 문제가 뇌 속의 화학물질 불균형 때문이라는 주장, 유일한 해결책이 화학적 항우울제라는 주장은 거짓이란다."

우울과 불안의 3가지 원인인 생리적 원인, 심리적 원인, 사회적 원인 중 사회적 원인과 심리적 원인은 오랫동안 무시당해왔다. 이들 없이는 생리적 원인이 작동할 수 없는데도 불구하고 말이다. 세계보건기구 WHO는 2011년 다음과 같이 설명하며 그 증거를 요약했다. "정신건강은 사회적으로 만들어진다."

유엔은 2017년 세계보건의 날 공식성명에서 '우울증에 대한 생명의학적 서사는 연구결과들의 편향적이고 선별적인 이용에 기반하고 있다. 이는 이로움보다 더 많은 해악을 야기하고 건강할 권리를 침해하며, 따라서 반드시 포기되어야 한다'고 했다.

우리는 '화학적 불균형'에 초점을 맞추는 것에서 '권력의 불균형'에 초점을 맞추는 것으로 움직일 필요가 있다. 우리는 마음이나 정신의 불균형 때문에 고통받는 것이 아니다. 사회적이고 심리적인 불균형 때문에 고통받는 것이다. 문제는 세로토닌이 아니라 사회다. 문제는 뇌가 아니다. 우리의 고통이다. 우리의 생명활동은 분명 절망을 더욱 악화시킬 수 있지만, 이는 원인이 아니다.

왜 그 누구도 이야기해주지 않았을까? 대형제약회사로 모든 비난을 돌릴 수는 없다. 새로운 항우울제가 개발되기 오래 전부터 우리는 단절되어 있었다. 우리는 개인과 재산의 축적보다 더 크고 더 의미 있는 개념에 대한 믿음을 잃어왔다.

마거릿 대처는 이렇게 말했다. "세상에 사회 같은 건 없다. 오직 개인과 그 가족이 있을 뿐이다." 우리는 오랫동안 이를 믿었다. 이를 거부해야 한다고 생각했던 이들마저 그랬다. 나는 나의 절망을 주변 세상과 연관 짓지 못했기 때문에 그토록 우울하고 슬펐던 것이다. 나는 문제가 모두 나 자신과 내 머리에 있다고 생각했다. 나는 나의 고통을 철저히 개인화했고, 내가 아는 모든 이들도 그랬다.

사회가 없다고 생각하는 세상에서 우리의 우울과 불안이 사회적 원인을 가진다는 이야기는 이해하기 어려울 수도 있다. 이는 21세기 어린이들에게 아랍어로 말을 거는 것과 같다. 제약회사들은 돈을 주고 살 수 있는 해결책을 제시했다. 우리는 돈으로 해결할 수 없는 문제들이 있다는 것을 이해할 능력을 잃었다. 그러나 우리는 여전히 사회 속에 살고 있고 연대를 향한 갈망은 절대 사라지지 않는다.

따라서 우울과 불안을 광기의 일종으로 보는 대신, 나는 어린 시절의 나에게 이렇게 말하고 싶다. "너는 이 슬픔을 온전한 정신으로 봐야 한다. 이해할 수 있다고 봐야 한다. 물론 몹시 고통스러울 거야. 그러나 그건 정상적인 반응이란다. 우울과 불안은 어떤 면에서 네가 나타낼 수 있는 가장 정상적인 반응이야. 이런 식으로 살아서는 안 된다는 신호란다. 그리고 더 나은 길을 찾지 못한다면 중요한 것들을 너무나 많이 놓치게 된단다."

그날 오후, 나는 내가 이 여정에서 알게 된 수많은 사람들에 대해 생각했다. 특히나 떠오르는 인물이 있었다. 딸을 잃은 어머니, 조앤 카시아토레였다. 그녀는 아이를 잃은 뒤 깊은 슬픔을 느꼈다. 깊이 사랑하던 사람을 빼앗겼을 때 나타나는 자연스럽고 당연한 모습이었다. 그러나 그녀는 슬픔이 계속되는 경우, 정신적으로 아픈 것이며 약을 먹어야 한다는 이야기를 들어야만 했다.

카시아토레는 사랑했기 때문에 애도하는 것이며, 그것은 필수적인 것이라고 했다. 단시간 내에 비통함이 사라져야 한다는 주장은 사랑에 대한 모욕이라고 꼬집었다. 비탄과 우울이 같은 원인 때문에 나타나는 동일한 증상이라고 설명했다. 그리고 나는 우울함이 그 자체로 일종의 애도라는 것을 깨달았다. 우리가 필요로 하지만 가질 수 없는 그 모든 연대에 대한 애도인 것이다.

마찬가지로 내가 느낀 고통이 그저 잘못된 뇌 때문이라고 말하는 것 역시 모욕이다. 오늘날 전 세계적으로 사람들의 고통은 모욕당하고 있다. 우리는 그들이 진짜 중요한 문제를 해결해줬으면 한다.

지난 몇 년간 나는 내가 배운 것들을 인생에 적용하려 노력해 왔다. 이 책에서 언급했던 심리적 도구들을 연습했고, 자의식을 키우거나 물질적 소비를 추구하거나 우월한 지위를 좇는 것에 시간을 덜 썼다. 이 모든 것들이 결국에는 내 기분을 엉망으로 만드는 원인이라는 것을 이제 알기 때문이다. 대신 나는 나의 내재적 가치를 충족시키기 위한 행동에 더 많은 시간을 보냈다.

그리고 나 자신을 공동체와 더 단단히 연결하려고 노력했다. 나는 나의 환경을 바꿨다. 더 이상 나는 나를 우울하게 만드는 것들에 둘러싸여 있지 않다. SNS를 끊었고, 광고가 나오는 TV를 보지 않는다. 대신 내가 사랑하는 사람들과 직접 만나고 정말로 중요하다고 생각하는 명분들을 좇는 것에 훨씬 많은 시간을 보낸다. 나는 주변 사람들, 중요한 의미들과 그 어느 때보다 훨씬 더 깊이 연결되어 있다. 이런 식으로 인생을 바꾸자 공포와 불안은 엄청나게 감소했다. 물론 순탄하지만은 않다. 여전히 힘든 날도 있지만 더 이상 걷잡을 수 없이 새어나오는 고통을 느끼지는 않는다.

지금까지 우리는 우울과 불안을 해결하기 위해 개인에게만 책임을 돌려왔다. 우리는 사람들에게 더 잘하라고, 혹은 정신력을 강화하라고 훈계하거나 꼬드겼다. 그러나 우울과 불안이 나에게서 비롯된 문제가 아니라면, 개인의 노력만으로 해결될 수 없다. 집단으로서 우리는 함께 문화를 바꿔야 한다. 이것이 내가 말하고 싶은 가장 중요한 이야기다. 이것이 바로 어린 나에게 하고 싶은 이야기다.

"네 주변의 상처받은 사람들을 돌아보렴. 이들과 연대할 수 있는 방법을 찾고, 이 사람들과 함께 집을 지으렴. 다른 사람들과 하나 되어 인생의 의미를 함께 찾을 수 있는 그런 장소를 마련하렴."

우리는 너무나 오랫동안 단절되어 살아왔다. 이제는 모두가 집으로 돌아올 때다.

나는 마침내 내가 베트남의 시골마을에서 끔찍하게도 아팠던 날 머릿속에 떠오른 생각을 이해할 수 있게 됐다. 방부제를 바른 사과를 먹고 쓰러진 그날, 의사는 말했다. "구역질을 해야 해요. 그게 바로 신호고, 우리는 그 신호에 귀를 기울여야 해요. 무엇이 잘못됐는지 이야기해주니까요."

그 증상을 무시하거나 묵살했다면 나는 죽었을 것이다. 구역질을 해야 한다. 고통을 느껴야 한다. 그건 신호다. 그리고 우리는 그 신호에 귀를 기울여야 한다. 우울하고 불안한 사람들은 모두 신호를 보내고 있다. 우리가 사는 방식이 뭔가 잘못됐다고 이야기하고 있다. 우리는 고통을 병으로 간주해서는 안 된다. 귀를 기울이고 존중해야 한다. 우리가 우리의 고통에 귀를 기울여야만, 그 고통의 근원을 좇을 수 있다. 그리고 진정한 원인을 알고, 이를 극복할 수 있을 것이다.

감사의 글

✦

수많은 사람들의 도움 덕분에 이 책이 나왔다. 우선 이브 엔슬러에게 고마움을 표하고 싶다. 그녀는 내가 추구하는 아이디어를 함께 탐구할 수 있는 대단한 친구이자 최고의 동료다. 분노보다는 기쁨을 가지고 부당함에 항거할 수 있는 영감을 주었다. 내 친구 나오미 클라인에게도 감사한다. 클라인은 복잡한 문제들의 복잡성을 희석하거나 배신하지 않고, 그것에 대해 깊이 생각할 수 있는 방법을 알려준 최고의 본보기였다.

　이 책을 만들며 내가 가장 큰 빚을 진 사람들은 사회과학자들이다. 그들은 내 책의 기반이 된 연구들을 수행해줬고, 내가 던진 모든 질문들과 끝없는 요구들에 참을성 있게 응해주었다. 사회과학은 세상을 더 좋은 곳으로 만들어주는데도 불구하고 가장 저평가된 분야이다. 케임브리지에서 나를 교육시켜준 교수님들, 특히 데이비드 굿, 페트릭 바에르트, 존 던 교수님께 감사한다.

이 책은 나의 훌륭한 미국 에이전트인 리처드 파인과의 대화에서 시작됐다. 그의 격려 없이는 이 책을 쓰지 못했을 것이다. 블룸스버리에 있는 편집자 앤톤 뮐러 역시 내 글을 훌륭한 책으로 바꿔주었다. 또한 뛰어난 영국 저작권 대리인인 피터 로빈슨, 영화 대리인인 록사나 아들, 그리고 대변인 찰스 야오에게 감사한다. 그리고 블룸스버리의 알렉사 폰 히르슈베르크, 그레이스 맥나미, 사라 키친, 허마이오니 로튼에게 감사한다.

내 친구들은 이 주제에 대해 내가 늘어놓는 이야기들을 잘 참아주었다. 친구들의 질문과 생각들은 내 접근법을 변화시켜주었다. 특히 알렉스 히긴스, 도로시 바이른, 제이크 헤스, 데카 앳킨헤드(특히 편집에 대해 현명한 제안을 했다), 레이철 슈버트, 롭 블랙허스트, 에이미 알 와트니, 주디 코니한, 해리 우드록, 조세파 재이콥슨, 매트 게츠, 제이 룩셈부르크, 노암 촘스키, 크리스 윌킨슨, 해리 쿨터 피너, 피터 마샬, 사라 펀션, 댄 바이, 닷 펀션, 알렉스 페레이라, 앤드류 설리번, 임티아즈 샹스, 애나 파월 스미스, 제미마 칸, 루시 존스턴, 애비 루이스, 제이넵 거틴, 제이슨 히켈, 스튜어트 로저, 데보라 오르, 스탠튼 필, 피터 마샬, 제키 그리스, 패트릭

스트루드위크, 벤 스트워트, 제이미 빙, 크리스핀 소머빌, 그리고 조스 가르먼에게 고마움을 전한다.

나는 몇 년에 걸쳐 우울과 불안에 대해 다음 분들과 토론하고 많은 것을 배웠다. 에밀리 드 페이어, 로잰 르바인, 마이크 레그, 존 윌리엄스, 알렉스 브로드벤트, 벤 그랜필드, 데이비드 피어슨, 조 로스, 로렌스 몰리, 로라 케리, 제레미 모걸, 맷 로랜드 힐, 그리고 이브 그린우드에게 감사를 전한다.

무엇보다도 스티븐 그로스의 질문과 의견들 덕에 이러한 문제에 대한 내 생각들을 정리할 수 있었다. 그의 훌륭한 저서《때로는 나도 미치고 싶다》를 모두에게 추천한다.

TED팀은 캐나다 밴프에서 열린 콘퍼런스에 나를 초대해줬다. 그곳에서 나는 이 책의 주요 인물들을 만날 수 있었다. 특히나 나는 브루노 쥬사니와 헬렌 월터스에게 고마움을 표하고 싶다. 사회운동단체 '더 룰스The Rules'에서 활동하고 있는 내 친구 마틴 커크와 앨누어 라다는 나를 몬트리올로 데려가, 이 책을 쓰면서 필요했던 지혜를 불어넣어줬다.

아직도 베를린에서 펼쳐지고 있는 시위와 함께, 코티의 모든 주민들은 감동이었다. 나는 특히 마티아스 클라우젠에게 감사하고 싶다. 그는 내게 큰 도움이 됐다. 짐 케이츠는 인디애나주에 있는 아미시 공동체로 나를 데려가면서 그의 시간과 통찰력을 많이 할애해줬다. 케이트 맥너튼은 베를린에서 내가 머물 장소와 지혜를 빌려줬다. 하신타 난디는 언제나처럼 내게 기쁨을 불어넣어줬다. 스티븐 프라이는 LA에 있는 E. M. 포스터에 대해 이야기해주고 연대에 대한 내 생각을 다듬는 데 도움을 줬다. 캐럴리 키드는 내 인터뷰를 문서화해줬다. 덴마크에서는 킴 노라거가 인터뷰 약속을 잡는 데에 도움을 줬다. 시드니에서 열린 '위험한 아이디어 축제Festival of Dangerous Ideas' 덕에 나는 많은 사람들과 인터뷰를 할 수 있었다.

그리고 이매뉴얼 스타마타키스가 팩트 체크와 과학적 정확도에 관련된 여러 제안을 해준 것에 매우 감사한다. 소피아 가르시아와 타니아 로하스 가르시아는 멕시코시티에서 그들의 뛰어난 통찰력을 통해 내가 이 모든 것들을 생각해볼 수 있게 도움을 줬다. 밴쿠버에서 가버 메이테가 내게 빈센트 펠리티의 연구를 소개시켜줬고, 그 외에도 많은 것을 알려줬다.

토론토에서는 헤더 몰릭이 아주 유용한 조언을 해줬다. 노르웨이에서는 스툴라 허그저드와 오다 줄 리가 큰 도움이 됐다. 상파울루에서는 리베카 레레가 모든 것을 이해하도록 도왔다. 마지막으로 베트남에서는 멋진 해결사 당 호앙 린이 나의 죽음을 막아주었다. 언제나 감사하는 부분이다.

훌륭하고 인간적인 심리학자 브루스 알렉산더는 그의 인생을 바꿔놓은 실험을 통해 처음부터 내가 정신건강에 대해 다르게 생각할 수 있도록 나를 격려했다. 제이크와 조 윌킨슨은 이 책을 구성하는 것에 도움을 줬을 뿐 아니라 그 과정에서 내게 많은 기쁨을 안겨줬다. 내 부모님인 바이올렛 맥래이와 에두아르 하리, 나의 형제인 엘리사와 스티븐, 형수인 니콜라, 조카 조시, 아론, 벤, 에린 역시 마찬가지다.

그들이 내 책을 읽지는 않겠지만, 내가 존경하는 3명의 작가들은 내가 이 문제에 대해 다른 방식으로 생각하도록 도왔다. 제임스 볼드윈과 E. M. 포스터, 앤드리아 드워킨이다. 또 한 분의 작품 덕에 나는 이 주제들에 대해 좀 더 깊이 생각할 수 있었다. 바로 제이디 스미스다. 이 분은 현대적인 단절의 형태를 다루는 가장 뛰어난 시인이다.

마지막으로 특별한 감사인사를 내 친구 리지 데이비슨에게 전하고 싶다. 내가 인터뷰하고 싶은 모든 이들의 연락처를 알아내는 그녀의 능력은 소름끼칠 정도였다. 사실을 추적하는 그녀의 기술적 지원과 능력은 이 책을 만드는 데에 필수적이었다. 그리고 나는 그녀가 10년 안에 미국 국가안보국을 책임지게 될 것이라고 장담하고 싶다.

참고문헌

✦

서론 - 왜 우리는 이토록 우울하고 불안한가

Peter D. Kramer, Listening to Prozac (New York: Penguin, 1997).

Mark Rapley, Joanna Moncrieff, and Jacqui Dillon, eds., De?Medicalizing Misery: Psychiatry, Psychology and the Human Condition (London: Palgrave Macmillan, 2011).

Allen Frances, Saving Normal: An Insider's Revolt against Outof?Control Psychiatric Diagnosis, DSM-5, Big Pharma, and the Medicalization of Ordinary Life (New York: William Morrow, 2014).

Edward Shorter, How Everyone Became Depressed: The Rise and Fall of the Nervous Breakdown (New York: Oxford University Press, 2013).

Carl Cohen and Sami Timimi, eds., Liberatory Psychiatry: Philosophy, Politics and Mental Health (Cambridge: Cambridge University Press, 2008).

Alan Schwarz and Sarah Cohen, "A.D.H.D. Seen in 11퍼센트 of U.S. Children as Diagnoses," New York Times, March 31, 2013.

Ryan D'Agostino, "The Drugging of the American Boy," Esquire, March 27, 2014.

Marilyn Wedge, Ph.D., "Why French Kids Don't Have ADHD," Psychology Today, March 8, 2012.

Jenifer Goodwin, "Number of U.S. Kids on ADHD Meds Keeps Rising," USNews.com, September 28, 2011.

"France's drug addiction: 1 in 3 on psychotropic medication," France24, May 20, 2014.

Dan Lewer et al, "Antidepressant use in 27 European countries: associations with sociodemographic, cultural and economic factors," British Journal of Psychiatry 207, no. 3 (July 2015).

Matt Harvey, "Your tap water is probably laced with antidepressants," Salon, March 14, 2013.

"Prozac 'found in drinking water,'" BBC News, August 8, 2004.

1. 무엇이 사람들을 낫게 하는 걸까

John Haygarth, Of the Imagination as a Cause And as a Cure of Disorders of the Body, Exemplified by Fictitious Tractors and Epidemical Convulsions (London: R. Crutwell, 1800).

Joel Falack and Julia M. Wright, eds., A Handbook of Romanticism Studies (Chichester, West Sussex, UK; Malden, MA: Wiley, 2012).

Heather R. Beatty, Nervous Disease in Late Eighteenth-Century Britain: The Reality of a Fashionable Disorder (London; Vermont: Pickering and Chatto, 2011).

Irving Kirsch, The Emperor's New Drugs: Exploding the Antidepressant Myth (London: Bodley Head, 2009).

Dylan Evans, Placebo: The Belief Effect (New York: HarperCollins, 2003).

Ben Goldacre, Bad Science: Quacks, Hacks, and Big Pharma Flacks (London: Harper, 2009).

Irving Kirsch and Guy Sapirstein, "Listening to Prozac but Hearing Placebo: A Meta-Analysis of Antidepressant Medication," Prevention & Treatment 1, no. 2 (June 1998).

Kirsch, "Anti-depressants and the Placebo Effect," Z Psychol 222, no 3 (2014).

Kirsch, "Challenging Received Wisdom: Antidepressants and the Placebo Effect," MJM 11, no. 2 (2008).

Kirsch et al., "Initial Severity and Antidepressant Benefits: A Meta?Analysis of Data Submitted to the Food and Drug Administration,"

Kirsch et al., "The emperor's new drugs: An analysis of antidepressant medication data submitted to the U.S. Food and Drug Administration," Prevention & Treatment 5, no. 1 (July 2002).

Kirsch, ed., "Efficacy of antidepressants in adults," BMJ (2005).

Kirsch, ed., How Expectancies Shape Experience (Washington, DC: American Psychological Association, 1999).

Kirsch et al., "Antidepressants and placebos: Secrets, revelations, and unanswered questions," Prevention & Treatment 5, no. 1 (July 2002).

Irving Kirsch and Steven Jay Lynn, "Automaticity in clinical psychology," American Psychologist 54, no. 7 (July 1999).

Arif Khan et al., "A Systematic Review of Comparative Efficacy of Treatments and Controls for Depression,"

Kirsch, "Yes, there is a placebo effect, but is there a powerful antidepressant drug effect?" Prevention & Treatment 5, no. 1 (July 2002).

Ben Whalley et al., "Consistency of the placebo effect," Journal of Psychosomatic Research 64, no. 5 (May 2008).

Kirsch et al., "National Depressive and Manic-Depressive Association Consensus Statement on the Use of Placebo in Clinical Trials of Mood Disorders," Arch Gen Psychiatry 59, no. 3 (2002).

Kirsch, "St John's wort, conventional medication, and placebo: an egregious double standard," Complementary Therapies in Medicine 11, no. 3 (Sept. 2003).

Kirsch, "Antidepressants Versus Placebos: Meaningful Advantages Are Lacking," Psychiatric Times, September 1, 2001.

Kirsch, "Reducing noise and hearing placebo more clearly," Prevention & Treatment 1, no. 2 (June 1998).

Kirsch et al., "Calculations are correct: reconsidering Fountoulakis & Moller's re-analysis of the Kirsch data," International Journal of Neuropsychopharmacology 15, no. 8 (August 2012).

Erik Turner et al., "Selective Publication of Antidepressant Trials and Its Influence on Apparent Efficacy," N Engl J Med 358 (2008).

Andrea Cipriani et al., "Comparative efficacy and tolerability of antidepressants for major depressive disorder in children and adolescents: a network meta-analysis," The Lancet 338, no. 10047 (Aug. 2016).

Ben Goldacre, Bad Pharma: How Drug Companies Mislead Doctors and Harm Patients (London: Fourth Estate, 2012).

Marcia Angell, The Truth About Drug Companies: How They Deceive Us and What We Can Do About It (New York: Random House, 2004).

Harriet A. Washington, Deadly Monopolies: the Shocking Corporate Take-over of Life Itself (New York: Anchor, 2013).

2. 모든 문제는 당신에게 있다는 거짓말

David Healy, Let Them Eat Prozac (New York; London: New York University Press, 2004).

John Read and Pete Saunders, A Straight-Taking Introduction to The Causes of Mental Health Problems (Ross-on-Wye, Hertfordshire, UK: PCCS Books, 2011).

Katherine Sharpe, Coming of Age on Zoloft: How Anti-depressants Cheered Us Up, Let Us Down, and Changed Who We Are (New York: Harper, 2012).

Untitled article, Popular Science, November 1958.

"TB Milestone," Life magazine, March 3, 1952.

Scott Stossell: My Age of Anxiety: Fear, Hope, Dread, and the Search for Peace of Mind (London: William Heinemann, 2014).

Gary Greenberg, Manufacturing Depression: The Secret History of a Modern Disease (London: Bloomsbury, 2010)

Gary Greenberg, The Noble Lie: When Scientists Give the Right Answers for the Wrong Reasons (Hoboken, NJ: Wiley, 2008).

James Davies, Cracked: Why Psychiatry Is Doing More Harm Than Good (London: Icon Books, 2013).

Gary Greenberg: The Book of Woe: The DSM and the Unmasking of Psychiatry (Victoria, Australia: Scribe, 2013).

H. G. Ruhe, et al., "Mood is indirectly related to serotonin, norepinephrine, and dopamine levels in humans: a meta-analysis of monoamine depletion studies," Mol Psychiatry 8, no. 12 (April 2007).

Lawrence H. Diller: Running on Ritalin: A Physician Reflects on Children, Society, and Performance in a Pill (New York: Bantam Books, 1999).

Joanna Moncrieff, The Myth of the Chemical Cure: A Critique of Psychiatric Treatment (London: Palgrave Macmillan, 2009)

A Straight-Talking Guide To Psychiatric Diagnosis (London: PCCS, 2014).

Formulation In Psychology and Psychotherapy (London: Routledge, 2006).

Users and Abusers of Psychiatry (London: Routledge, 1989).

David H. Freedman, "Lies, Damned Lies, and Medical Science," The Atlantic, November 2010.

H. Edmund Pigott et al., "Efficacy and Effectiveness of Antidepressants: Current Status of Research," Psychotherapy and Psychosomatics 79 (2010).

Yasmina Molero et al., "Selective Serotonin Reuptake Inhibitors and Violent Crime: A Cohort Study," PLOS Medicine 12 no. 9 (Sept. 2015).

Paul W. Andrews, "Primum non nocere: an evolutionary analysis of whether antidepressants do more harm than good," Frontiers in Psychology 3, no. 177 (April 2012).

A. D. Domar, "The risks of selective serotonin reuptake inhibitor use in infertile women: a review of the impact on fertility, pregnancy, neonatal health and beyond," Human Reproduction 28, no. 1 (2013).

Dheeraj Rai, "Parental depression, maternal antidepressant use during pregnancy, and risk of autism spectrum disorders: population based case-control study," BMJ 346 (April 2013).

Andre F. Carvalho et al., "The Safety, Tolerability and Risks Associated with the Use of Newer Generation Antidepressant Drugs: A Critical Review of the Literature," Psychotherapy and Psychosomatics 85 (2016).

Peter D. Kramer. Ordinarily Well: The Case for Anti-Depressants (New York: Farrar, Straus and Giroux, 2016).

385

Diane Warden et al., "The STAR*D Project Results: A Comprehensive Review of Findings," Current Psychiatry Reports 9, no. 6 (2007).

A. John Rush et al., "Acute and Longer-Term Outcomes in Depressed Outpatients Requiring One or Several Treatment Steps: A STAR*D Report," American Journal of Psychiatry 163 (2006).

Bradley Gaynes et al., "What Did STAR*D Teach Us? Results from a Large-Scale, Practical, Clinical Trial for Patients With Depression,"

Psychiatric Services 60, no. 11 (November 2009).

Mark Sinyor et al., "The Sequenced Treatment Alternatives to Relieve Depression (STAR*D) Trial: A Review," Canadian Journal of Psychiatry 55, no. 3 (March 2010).

Thomas Insel at al., "The STAR*D Trial: Revealing the Need for Better Treatments" Psychiatric Services 60 (2009).

Robert Whitaker, "Mad in America: History, Science, and the Treatment of Psychiatric Disorders," Psychology Today.

Corey-Lisle, P. K. et al., "Response, Partial Response, and Nonresponse in Primary Care Treatment of Depression," Archives of Internal Medicine 164 (2004).

Trivedi et al., "Medication Augmentation after the Failure of SSRIs for Depression," New England Journal of Medicine 354 (2006).

Stephen S. Ilardi, The Depression Cure: The Six-Step Programme to Beat Depression Without Drugs (London: 2010, Ebury Publishing).

3. 우리는 단지 고통에 반응할 뿐이다

Joanne Cacciatore and Kara Thieleman, "When a Child Dies: A Critical Analysis of Grief-Related Controversies in DSM-5," Research on Social Work Practice 24, no. 1 (Jan. 2014).

Cacciatore and Thieleman, "The DSM-5 and the Bereavement Exclusion: A Call for Critical Evaluation," Social Work (2013).

Jeffrey R. Lacasse and Joanne Cacciatore, "Prescribing of Psychiatric Medication to Bereaved Parents Following Perinatal/Neonatal Death: An Observational Study," Death Studies 38, no. 9 (2014).

Cacciatore, "A Parent's Tears: Primary Results from the Traumatic Experiences and Resiliency Study," Omega: Journal of Death and Dying 68, no. 3 (Oct. 2013-2014).

Cacciatore and Thieleman, "Pharmacological Treatment Following Traumatic Bereavement: A Case Series," Journal of Loss and Trauma 17, no. 6 (July 2012).

John Read and Pete Sanders, A Straight-Talking Introduction to the Causes of Mental Health Problems (Herefordshire, UK: PCCS Books, 2013).

William Davies, The Happiness Industry: How the Government and Big Business Sold Us Well-Being (New York: Verso, 2016).

American Psychiatric Association, Diagnostic and Manual of Mental Disorders, 5th Edition (Washington, DC: American Psychiatric Publishing, 2013).

4. 작은 의심에서 시작된 커다란 균열

George W. Brown et al., "Social Class and Psychiatric Disturbance Among Women in An Urban Population," Sociology 9, no. 2 (May 1975).

Brown, Harris et al., "Social support, self-esteem and depression," Psychological Medicine 16, no. 4 (November 1986).

George W. Brown et al., "Life events, vulnerability and onset of depression: some refinements," The British Journal of Psychiatry 150, no. 1 (Jan. 1987).

George W. Brown et al., "Loss, humiliation and entrapment among women developing depression: a patient and non-patient comparison," Psychological Medicine 25, no. 1 (Jan. 1995).

George W. Brown et al., "Depression and loss," British Journal of Psychiatry 130, no. 1 (Jan. 1977).

George W. Brown et al., "Life events and psychiatric disorders Part 2: nature of causal link," Psychological Medicine 3, no. 2 (May 1973).

George W. Brown et al., "Life Events and Endogenous Depression: A Puzzle

Reexamined," Arch Gen Psychiatry 51, no. 7 (1994).

Brown and Harris, "Aetiology of anxiety and depressive disorders in an inner-city population. 1. Early adversity," Psychological Medicine 23, no. 1 (Feb. 1993).

Brown et al., "Life stress, chronic subclinical symptoms and vulnerability to clinical depression," Journal of Affective Disorders 11, no. 1 (July–August 1986).

Harris et al., "Befriending as an intervention for chronic depression among women in an inner city. 1: Randomised controlled trial,"
British Journal of Psychiatry 174, no. 3 (March 1999).

Brown et al., "Depression: distress or disease? Some epidemiological considerations," British Journal of Psychiatry 147, no. 6 (Dec 1985).

Brown et al., "Depression and anxiety in the community: replicating the diagnosis of a case," Psychological Medicine 10, no. 3 (Aug. 1980).

Brown and Harris, "Stressor, vulnerability and depression: a question of replication," Psychological Medicine 16, no. 4 (Nov. 1986).

Harris et al., "Mourning or early inadequate care? Reexamining the relationship of maternal loss in childhood with adult depression and anxiety,"
Development and Psychopathology 4, no. 3 (July 1992).

Brown et al., "Psychotic and neurotic depression Part 3. Aetiological and background factors," Journal of Affective Disorders 1, no. 3 (Sept 1979).

Brown et al., "Psychiatric disorder in a rural and an urban population: 2. Sensitivity to loss," Psychological Medicine 11, no. 3 (Aug. 1981).

"Psychiatric disorder in a rural and an urban population: 3. Social integration and the morphology of affective disorder," Psychological Medicine 14, no. 2 (May 1984).

Brown and Harris, "Disease, Distress and Depression," Journal of Affective Disorders 4, no. 1 (March 1982).

George and Tirril, Life Events and Illness (Sydney, Australia: Unwin Hyman, 1989).

George, Where Inner and Outer Worlds Meet: Psychosocial Research in the

Tradition of George Brown (London: Routledge, 2000).

George Brown and Tirril Harris, Social Origins of Depression: A Study of Psychiatric Disorder in Women (London: Tavistock Publications, 1978).

I. Gaminde et al., "Depression in three populations in the Basque Country—A comparison with Britain," Social Psychiatry and Psychiatric Epidemology 28 (1993).

J. Broadhead et al., "Life events and difficulties and the onset of depression amongst women in an urban setting in Zimbabwe," Psychological Medicine 28 (1998).

R. Finlay-Jones and G. W. Brown, "Types of stressful life event and the onset of anxiety and depressive disorders," Psychological Medicine 11, no. 4 (1981).

Nassir Ghaemi, The Rise and Fall of the Biopsychosocial Model: Reconciling Art and Science in Psychiatry (Baltimore: Johns Hopkins University Press, 2010).

Nassir Ghaemi, On Depression: Drugs, Diagnosis and Despair in the Modern World (Baltimore: Johns Hopkins University Press, 2013).

6. 무의미한 노동: 나는 왜 이 일을 하는가?

Peter Fleming, The Mythology of Work (London: Pluto Press, 2015).

Daniel Pink, Drive: The Surprising Truth About What Motivates Us (London: Canongate, 2011).

Joel Spring, A Primer On Libertarian Education (Toronto: Black Rose Books, 1999).

Rutger Bregman, Utopia, For Realists (London: Bloomsbury, 2017).

Matt Haig, Reasons to Stay Alive (London: Canongate, 2016).

Michael Marmot, The Health Gap: The Challenge of an Unequal World (London: Bloomsbury, 2015).

Marmot et al., "Health inequalities among British civil servants: the Whitehall II study," The Lancet 337, no. 8745 (June 1991).

Marmot et al., "Low job control and risk of coronary heart disease in Whitehall II (prospective cohort) study," BMJ 314 (1997).

Marmot et al., "Work characteristics predict psychiatric disorder: prospective results from the Whitehall II Study," Occup Environ Med 56 (1999).

Marmot et al., "Subjective social status: its determinants and its association with measures of ill-health in the Whitehall II study," Social Science & Medicine 56, no. 6 (March 2003).

Marmot et al., "Psychosocial work environment and sickness absence among British civil servants: the Whitehall II study," American Journal of Public Health 86, no. 3 (March 1996).

Marmot et al., "Explaining socioeconomic differences in sickness absence: the Whitehall II Study," BMJ 306, no. 6874 (Feb. 1993).

Marmot et al., "When reciprocity fails: effort-reward imbalance in relation to coronary heart disease and health functioning within the Whitehall II study," Occupational and Environmental Medicine 59 (2002).

Marmot et al., "Effects of income and wealth on GHQ depression and poor self rated health in white collar women and men in the Whitehall II study," J Epidemiol Community Health 57 (2003).

M. Virtanen et al., "Long working hours and symptoms of anxiety and depression: a 5-year follow-up of the Whitehall II study," Psychological Medicine 41, no. 12 (December 2011).

Michael Marmot, Status Syndrome: How Your Place on the Social Gradient Affects Your Health (London: Bloomsbury, 2004).

"Adverse health effects of high-effort/low-reward conditions," J Occup Health Psychol 1, no. 1 (Jan. 1996).

7. 무관심한 개인: 내 곁에 누가 있는가?

Y. Luo et al., "Loneliness, health, and mortality in old age: A national longitudinal study," Social Science & Medicine 74, no. 6 (March 2012).

Cacioppo et al., "Loneliness as a specific risk factor for depressive symptoms: Cross-sectional and longitudinal analyses," Psychology and Aging 21, no. 1 (March 2006).

L. C. Hawkley and J. T. Cacioppo, "Loneliness Matters: A Theoretical and Empirical Review of Consequences and Mechanisms," Ann Behav Med 40, no. 2 (2010).

Cacioppo et al., "Loneliness and Health: Potential Mechanisms," Psychosomatic Medicine 64, no. 3 (May/June 2002).

J. T. Cacioppo et al., "Lonely traits and concomitant physiological processes: the MacArthur social neuroscience studies," International Journal of Psychophysiology 35, no. 2–3 (March 2000).

Cacioppo et al: "Alone in the crowd: The structure and spread of loneliness in a large social network," Journal of Personality and Social Psychology 97, no. 6 (Dec. 2009).

Cacioppo et al., "Loneliness within a nomological net: An evolutionary perspective," Journal of Research in Personality 40, no. 6 (Dec. 2006).

Cacioppo et al., "Loneliness in everyday life: Cardiovascular activity, psychosocial context, and health behaviors," Journal of Personality and Social Psychology 85, no. 1 (July 2003).

Cacioppo and Ernst, "Lonely hearts: Psychological perspectives on loneliness," Applied and Preventive Psychology 8, no. 1 (1999).

Cacioppo et al., "Loneliness is a unique predictor of age-related differences in systolic blood pressure," Psychology and Aging 21, no. 1 (March 2006).

Cacioppo et al., "A Meta-Analysis of Interventions to Reduce Loneliness," Personality and Social Psychology Review 15, no. 3 (2011).

Hawkley and Cacioppo, "Loneliness and pathways to disease," Brain, Behavior, and Immunity 17, no. 1 (Feb. 2003).

Cacioppo et al., "Do Lonely Days Invade the Nights? Potential Social Modulation of Sleep Efficiency," Psychological Science 13, no. 4 (2002).

Hawkley et al., "From Social Structural Factors to Perceptions of Relationship Quality and Loneliness: The Chicago Health, Aging, and Social Relations Study," J Gerontol B Psychol Sci Soc Sci 63, no. 6 (2008).

Cacioppo et al., "Loneliness. Clinical Import and Interventions Perspectives on Psychological Science," 10, no. 2 (2015).

Cacioppo et al., "Social Isolation," Annals of the New York Academy of Sciences 1231 (June 2011).

Cacioppo et al., "Evolutionary mechanisms for loneliness," Cognition and Emotion 28, no 1 (2014).

Cacioppo et al., "Toward a neurology of loneliness," Psychological Bulletin 140, no. 6 (Nov. 2014).

Cacioppo et al., "In the Eye of the Beholder: Individual Differences in Perceived Social Isolation Predict Regional Brain Activation to Social Stimuli," Journal of Cognitive Neuroscience 21, no. 1 (Jan. 2009).

Cacioppo et al., "Objective and perceived neighborhood environment, individual SES and psychosocial factors, and self-rated health: An analysis of older adults in Cook County, Illinois," Social Science & Medicine 63, no. 10 (Nov. 2006).

Jarameka et al., "Loneliness predicts pain, depression, and fatigue: Understanding the role of immune dysregulation," Psychoneuroendocrinology 38, no. 8 (Aug. 2013).

Cacioppo et al., "On the Reciprocal Association Between Loneliness and Subjective Wellbeing," Am J Epidemiol 176, no. (2012).

Mellor et al., "Need for belonging, relationship satisfaction, loneliness, and life satisfaction," Personality and Individual Differences 45, no. 3 (Aug. 2008).

Doane and Adam, "Loneliness and cortisol: Momentary, day-to-day, and trait associations," Psychoneuroendocrinology 35, no. 3 (April 2010).

Cacioppo et al., "Social neuroscience and its potential contribution to psychiatry," World Psychitary 13, no. 2 (June 2014).

Shanakar et al., "Loneliness, social isolation, and behavioral and biological health indicators in older adults," Health Psychology 30, no. 4 (July 2011).

Cacioppo et al., "Dayto-day dynamics of experience-cortisol associations in a population-based sample," PNAS 103, no. 45 (Oct. 2006).

참고문헌

John T. Cacioppo and William Patrick, Loneliness: Human Nature and the Need for Social Connection (New York: W. W. Norton, 2008).

Susan Pinker, The Village Effect: Why Face-toFace Contact Matters (London: Atlantic Books, 2015).

George Monbiot, "The age of loneliness is killing us," Guardian, October 14, 2014.

Cacioppo et al., "Perceived Social Isolation Makes Me Sad: 5-Year Cross-Lagged Analyses of Loneliness and Depressive Symptomatology in the Chicago Health, Aging, and Social Relations Study," Psychology and Aging 25, no. 2 (2010).

Bill McKibben, Deep Economy: The Wealth of Communities and the Durable Future (New York: Henry Holt, 2007).

Sebastian Junger, Tribe: One Homecoming and Belonging (New York: Twelve, 2016).

Hugh MacKay, The Art of Belonging: It's Not Where You Live, It's How You Live (Sydney, Pan Macmillan, 2016).

Cacioppo et al., "Loneliness Is Associated with Sleep Fragmentation in a Communal Society," Sleep 34, no. 11 (Nov, 2011).

Robert Putnam, Bowling Alone: The Collapse and Revival of American Community (New York: Simon and Schuster, 2001).

M. McPherson et al., "Social isolation in America: Changes in core discussion networks over two decades," American Sociological Review 71 (2006).

McClintock et al., "Social isolation dysregulates endocrine and behavioral stress while increasing malignant burden of spontaneous mammary tumors," Proc Natl Acad Sci USA 106, no. 52 (Dec. 2009).

Video Games and Your Kids: How Parents Stay in Control (New York: Issues Press, 2008).

Sherry Turkle, Reclaiming Conversation: The Power of Talk in a Digital Age (New York: Penguin, 2015).

Marc Maron, Attempting Normal (New York, Spiegel and Grau, 2014).

8. 무가치한 경쟁: 나는 무엇을 열망하는가?

Tim, Lucy in the Mind of Lennon (New York: OUP, 2013).

R. W. Belk, "Worldly possessions: Issues and criticisms," Advances in Consumer Research 10 (1983).

Tim Kasser and Allen Kanner, eds., Psychology and Consumer Culture: The Struggle for a Good Life in a Materialistic World (Washington, DC: American Psychological Association, 2003).

Tim Kasser, The High Price of Materialism (Cambridge: MIT Press, 2003).

Kasser and Ryan, "A dark side of the American dream: Correlates of financial success as a central life aspiration," Journal of Personality and Social Psychology 65, no 2 (1993).

Kasser and Ryan, "Further examining the American dream: Differential correlates of intrinsic and extrinsic goals," Personality and Social Psychology Bulletin.

Kasser and Sheldon, "Coherence and Congruence: Two Aspects of Personality Integration," Journal of Personality and Social Psychology 68, no. 3 (1995).

Helga Dittmar et al., "The Relationship Between Materialism and Personal Well-Being: A Meta-Analysis," Journal of Personality and Social Psychology 107, no. 5 (Nov. 2014).

Kasser and Ryan, "Be careful what you wish for: Optimal functioning and the relative attainment of intrinsic and extrinsic goals," in Life Goals and Well-Being: Towards a Positive Psychology of Human Striving, ed. by P. Schmuck and K. Sheldon (New York: Hogrefe & Huber Publishers, 2001).

Robert Frank, Luxury Fever: Weighing the Cost of Excess (Princeton: Princeton University Press, 2010).

Mihaly Csikszentmihaly, Creativity: the Power of Discovery and Invention (London: Harper, 2013).

Tim Kasser, "Materialistic Values and Goals," Annual Review of Psychology 67 (2016).

Tim Kasser, "The 'what' and 'why' of goal pursuits," Psychol Inqu 11, no. 4 (2000).

Ryan and Deci, "On happiness and human potential," Annu Rev Psychol 52 (2001).

Kasser, Materialistic Values; S. H. Schwartz, "Universals in the structure and content of values: theory and empirical tests in 20 countries," Advances in Experimental Social Psychology 25 (Dec. 1992).

Marvin E. Goldberg and Gerald J. Gorn, "Some Unintended Consequences of TV Advertising to Children," Journal of Consumer Research 5, no. 1 (June 1978).

Kasser, High Price of Materialism, 66; Kasser, Materialistic Values.

S. E. G. Lea et al., The Individual in the Economy: A Textbook of Economic Psychology (New York: Cambridge University Press, 1987).

Neal Lawson, All Consuming: How Shopping Got Us into This Mess and How We Can Find Our Way Out (London: Penguin, 2009).

Martin Lindstrom, Brandwashed: Tricks Companies Use to Manipulate Our Minds and Persuade Us to Buy (New York: Kogan Page, 2012).

Twenge and Kasser, "Generational changes in materialism," Personal Soc Psychol Bull 39 (2013).

9. 무의식적인 회피: 나의 고통은 언제부터인가?

Gabor, In The Realm of Hungry Ghosts (Toronto: Random House Canada, 2013)

Vincent Felitti et al., "Obesity: Problem, Solution, or Both?" Premanente Journal 14, no. 1 (2010).

Vincent Felitti et al., "The relationship of adult health status to childhood abuse and household dysfunction," American Journal of Preventive Medicine 14 (1998).

Vincent Felitti, "Ursprunge des Suchtverhaltens—Evidenzen aus einer Studie zu belastenden Kindheitserfahrungen," Praxis der Kinderpsychologie und Kinderpsychiatrie 52 (2003).

Vincent Felitti et al., Chadwick's Child Maltreatment: Sexual Abuse and Psychological altreatment, Volume 2 of 3, Fourth edition, (2014).

Vincent Feliiti, "Adverse childhood experiences and the risk of depressive disorders in childhood," Journal of Affective Disorders 82 (Nov. 2004).

Vincent Felitti, "Childhood Sexual Abuse, Depression, and Family Dysfunction in Adult Obese Patients," Southern Medical Journal 86: (1993).

A. Danese and M. Tan, "Childhood maltreatment and obesity: systematic review and meta-analysis," Molecular Psychiatry 19 (May 2014).

Nanni et al., "Childhood Maltreatment Predicts Unfavorable Course of Illness and Treatment Outcome in Depression: A Meta-Analysis," American Journal of Psychiatry 169, no. 2 (Feb. 2012).

10. 무력화시키는 사회: 나의 위치는 어디인가?

Robert Sapolsky: A Primate's Memoir (London: Vintage, 2002).

Robert Sapolsky, Why Zebras Don't Get Ulcers (New York: Henry Holt, 2004).

Robert Sapolsky, "Cortisol concentrations and the social significance of rank instability among wild baboons," Psychoneuroendochrinology 17, no. 6 (Nov. 1992).

Robert Sapolsky, "The endocrine stress-response and social status in the wild baboon," Hormones and Behavior 16, no. 3 (September 1982).

Robert Sapolsky, "Adrenocortical function, social rank, and personality among wild baboons," Biological Psychiatry 28, no. 10 (Nov. 1990).

Carol Shivley et al., "Behavior and physiology of social stress and depression in female cynomolgus monkeys," Biological Psychiatry 41, no. 8 (April 1997).

Natalie Angier, "No Time for Bullies: Baboons Retool Their Culture," New York Times, April 13, 2004.

Erick Messias et al., "Economic grand rounds: Income inequality and depression across the United States: an ecological study," Psychiatric Services 62, no. 7 (2011).

Richard Wilkinson and Kate Pickett, The Spirit Level: Why Equality Is Better for Everyone (London: Penguin, 2009).

Paul Moloney, The Therapy Industry (London: Pluto Press, 2013).

11. 무감각한 환경: 나의 세계는 무슨 색인가?

John Sutherland, Jumbo: The Unauthorized Biography of a Victorian Sensation (London: Aurum Press, 2014).

Edmund Ramsden and Duncan Wilson, "The nature of suicide: science and the self-destructive animal," Endeavour 34, no. 1 (March 2010).

Ian Gold and Joel Gold, Suspicious Minds: How Culture Shapes Madness (New York: Free Press, 2015).

T. M. Luhrmann, "Is the World More Depressed?" New York Times, March 24, 2014.

Ian Alcock et al., "Longitudinal Effects on Mental Health of Moving to Greener and Less Green Urban Areas," Environmental Science and Technology 48, no. 2 (2014).

David G. Pearson and Tony Craig: "The great outdoors? Exploring the mental health benefits of natural environments," Front Psychol 5 (2014).

Kirsten Beyer et al., "Exposure to Neighborhood Green Space and Mental Health: Evidence from the Survey of the Health of Wisconsin," Int J Environ Res Public Health 11, no. 3 (March 2014).

Richard Louv, The Nature Principle (New York: Algonquin Books, 2013).

Richard Louv, Last Child in The Woods (New York: Atlantic Books, 2010).

Catherine Ward Thompson et al., "More green space is linked to less stress in deprived communities," Landscape and Urban Planning 105, no 3 (April 2012).

Marc Berman et al., "Interacting with Nature Improves Cognition and Affect for Individuals with Depression," Journal of Affective Disorders 140, no. 3 (Nov. 2012).

Andreas Strohle, "Physical activity, exercise, depression and anxiety disorders," Journal of Neural Transmission 116 (June 2009).

Natasha Gilbert, "Green Space: A Natural High," Nature 531 (March 2016).

E. O. Wilson: Biophilia (Cambridge: Harvard University Press, 1984).

Howard Frumkin, "Beyond Toxicity: Human Health and the Natural Environment," Am J Prev Med 20, no. 3 (2001).

David Kidner, "Depression and the Natural World," International Journal of Critical Psychology 19 (2007).

12. 무방비한 미래: 나는 어떻게 살 것인가?

Jonathan Lear, Radical Hope: Ethics in the Face of Cultural Devastation (New York: Harvard University Press, 2006).

Michael J. Chandler and Christopher Lalonde, "Cultural continuity as a hedge against suicide in Canada's First Nations," Transcultural Psychiatry 35, no. 2 (1998).

Marc Lewis, The Biology of Desire: Why Addiction Is Not a Disease (Victoria, Australia: Scribe, 2015).

Lorraine Ball and Michael Chandler, "Identity formation in suicidal and non-suicidal youth: The role of self-continuity," Development and Psychopathology 1, no. 3 (1989).

Michael C. Boyes and Michael Chandler, "Cognitive development, epistemic doubt, and identity formation in adolescence," Journal of Youth and Adolescence 21, no. 3 (1992).

Michael Chandler et al., "Assessment and training of role-taking and referential communication skills in institutionalized emotionally disturbed children," Developmental Psychology 10, no. 4 (July 1974)

Michael Chandler, "The Othello Effect," Human Development 30, no. 3 (Jan. 1970).

Chandler et al., "Aboriginal language knowledge and youth suicide," Cognitive Development 22, no. 3 (2007)

Michael Chandler, "Surviving time: The persistence of identity in this culture and that," Culture & Psychology 6, no. 2 (June 2000).

Brown and Harris, Where Inner and Outer Worlds Meet: Psychosocial Research in the Tradition of George Brown (London: Routledge, 2000).

Ivor Southwood, Non-Stop Inertia (Arlesford, Hants: Zero Books, 2011).

Nick Srnicek and Alex Williams, Inventing the Future: Postcapitalism and a World Without Work (London: Verso, 2015).

Mark Fisher, Capitalist Realism: Is There No Alternative? (Winchester, UK: O Books, 2009).

13. 단절의 결과를 악화시키는 요인들

Marc Lewis, Memoirs of an Addicted Brain: A Neuroscientist Examines His Former Life on Drugs (Toronto: Doubleday Canada, 2011).

Norman Doidge, The Brain That Changes Itself (London: Penguin, 2008).

Moheb Costandi, Neuroplasticity (Cambridge: MIT Press, 2016).

Marc Lewis, The Biology of Desire: Why Addiction Is Not a Disease (Victoria, Australia: Scribe, 2015).

Eleanor A. Maguire et al., "London taxi drivers and bus drivers: A structural MRI and neuropsychological analysis," Hippocampus 16, no. 12 (2006).

Sami Timimi, Rethinking ADHD: From Brain to Culture (London: Plagrave Macmillan, 2009).

Falk W. Lohoff, "Overview of the Genetics of Major Depressive Disorder," Curr Psychiatry Rep 12, no. 6 (Dec. 2010).

Robert Sapolsky, Monkeyluv: And Other Lessons on Our Lives as Animals (New York: Vintage, 2006).

A. Caspi et al., "Influence of Life Stress on Depression: moderation by a polmorphism in the 5-HTT gene," Science 301 (2003).

S. Malkoff-Schwartz et al., "Stressful Life events and social rhythm disruption in the onset of manic and depressive bipolar episodes: a preliminary investigation," Archives of General Psychiatry 55, no. 8 (Aug. 1998).

Betty Freidan, The Feminine Mystique (London: Penguin, 2010).

Tim Wilson, Strangers to Ourselves (Cambridge: Harvard University Press, 2010).

Zoe Shenton, "Katie Hopkins comes under fire for ridiculing depression in series of tweets," Mirror, March 30, 2015.

Sheila Mehta and Amerigo Farina, "Is Being 'Sick' Really Better? Effect of the Disease View of Mental Disorder on Stigma," Journal of Social and Clinical Psychology 16, no. 4 (1997).

Ethan Watters, "The Americanization of Mental Illness," New York Times Magazine, January 8, 2010.

Johann Hari, Chasing the Scream: The First and Last Days of the War on Drugs (New York: Bloomsbury, 2015).

Bruce Alexander, especially The Globalization of Addiction: A Study in Poverty of the Spirit (New York: Oxford University Press, 2008).

Roberto Lewis-Fernandez, "Rethinking funding priorities in mental health research," British Journal of Psychiatry 208 (2016).

Merrill Singer and Hans A. Baer, Introducing Medical Anthropology: A Discipline in Action (Lanham, MD: AltaMira Press, 2007).

14. 우리에게는 새로운 처방전이 필요하다

Michaela Haa, "The Killing Fields of Today: Landmine Problem Rages On," Huffington Post, June 2, 2013.

Derek, "Global Mental Health Is an Oxymoron and Medical Imperialism," British Medical Journal 346 (May 2013).

Sara Wilde, "Life inside the bunkers," Exberliner, September 17, 2013.

15. 상실을 경험한 이들의 연대

Peter Schneider Berlin Now: The Rise of the City and the Fall of the Wall (London: Penguin, 2014).

Mischa and Susan Claasen, Abschoeibongs Dschungel Buch (Berlin: LitPol, 1982).

16. 타인과의 연결: 개인보다 집단이 행복하다

B. Q. Ford et al., "Culture Shapes Whether the Pursuit of Happiness Predicts

Higher or Lower Well-Being," Journal of Experimental Psychology: General. Advance online publication 144, no. 6 (2015).

Richard Nisbett, The Geography of Thought: How Asians and Westerners Think Differently . . . and Why (New York: Nicholas Brealey Publishing, 2005).

John Gray, The Silence of Animals: On Progress and Other Modern Myths (London: Penguin, 2014).

J. A. Egeland et al., "Amish Study: I. Affective disorders among the Amish, 1976-1980," American Journal of Psychiatry 140 (1983).

E. Diener et al., "Beyond money: Toward an economy of wellbeing." Psychological Science in the Public Interest 5, no. 1 (July 2004).

Tim Kasser, "Can Thrift Bring Well-being? A Review of the Research and a Tentative Theory," Social and Personality Psychology Compass 5, no. 11 (2011).

Brandon H. Hidaka, "Depression as a disease of modernity: explanations for increasing prevalence," Journal of Affective Disorders 140, no. 3 (Nov. 2013).

Kathleen Blanchard, "Depression symptoms may come from modern living," Emaxhealth.com, August 13, 2009.

17. 자연과의 연결: 이 장소에 존재한다

Janet Brandling and William House, "Social prescribing in general practice: adding meaning to medicine," Br J Gen Pract 59, no. 563 (June 2009).

Peter Cawston, "Social prescribing in very deprived areas," Br J Gen Pract 61, no. 586 (May 2011).

Marianne Thorsen Gonzalez et al., "Therapeutic horticulture in clinical depression: a prospective study of active components," Journal of Advanced Nursing 66, no. 9 (Sept. 2010).

Y. H. Lee et al., "Effects of Horticultural Activities on Anxiety Reduction on Female High School Students," Acta Hortric 639 (2004).

P. Stepney et al., "Mental health, social inclusion and the green agenda: An evaluation of a land based rehabilitation project designed to promote occupational access and inclusion of service users in North Somerset, UK," Soc Work Health Care 39, no. 3-4 (2004).

M. T. Gonzalez, "Therapeutic Horticulture in Clinical Depression: A Prospective Study," Res Theory Nurs Pract 23, no. 4 (2009).

Joe Sempik and Jo Aldridge, "Health, well-being and social inclusion: therapeutic horticulture in the UK," V. Reynolds, "Well-being Comes Naturally: an Evaluation of the BTCV Green Gym at Portslade, East Sussex," Report no. 17.

Oxford: Oxford Brookes University; Caroline Brown and Marcus Grant, "Biodiversity and Human Health: What Role for Nature in Healthy Urban Planning?"Built Environment (1978-) 31, no. 4, Planning Healthy Towns and Cities (2005).

18. 의미 있는 일과의 연결: 주도권이 핵심이다

Paul Verhaeghe, What About Me? The Struggle for Identity in a Market?Based Society (Victoria, Australia: Scribe, 2014).

Thomas Georghegan, Were You Born on the Wrong Continent? How the European Model Can Help You Get a Life. See also Paul Rogat Loeb, Soul of a Citizen: Living with Conviction in Challenging Times (New York: St. Martin's Press, 2010).

Robert Karasek and Tores Theorell, Healthy Work: Stress, Productivity and the Reconstruction of Working Life (New York: Basic Books, 1992).

19. 자기 가치와의 연결: 스스로의 기준을 세우다

Justin Thomas, "Remove billboards for the sake of our mental health," The National, January 25, 2015.

Amy Curtis, "Five Years After Banning Outdoor Ads, Brazil's Largest City Is More Vibrant Than Ever,"

Arwa Mahdawi, "Can cities kick ads? Inside the global movement to ban urban billboards," The Guardian, August 12, 2015.

Rose Hackman, "Are you beach body ready? Controversial weight loss ad sparks varied reactions," The Guardian, June 27, 2015.

Tim Kasser et al., "Changes in materialism, changes in psychological well-being: Evidence from three longitudinal studies and an intervention experiment," Motivation and Emotion 38 (2014).

20. 열린 의식과의 연결: 자아 중독에서 벗어나다

Dr. Miguel Farias and Catherine Wilkholm, The Buddha Pill: Can Meditation Change You? (New York: Watkins, 2015).

T. Toneatta and L Nguyen: "Does mindfulness meditation improve anxiety and mood symptoms? A review of the evidence," Canadian Journal of Psychiatry 52, no. 4 (2007).

J. D. Teasdale et al., "Prevention of relapse/recurrence in major depression by mindfulness-based cognitive therapy," Journal of Consulting and Clinical Psychology 68, no. 4 (Aug. 2000).

J. D. Creswell et al., "Brief mindfulness meditation training alters psychological and neuroendocrine responses to social evaluative stress," Psychoneuroendochrinology 32, no. 10 (June 2014).

Miguel Farias and Catherine Wikholm, The Buddha Pill: Can Meditation Change You? (London: Watkins Publishing, 2015).

C. Hutcherson and E. Seppala, "Loving-kindness meditation increases social connectedness," Emotion 8, no. 5 (Oct. 2008).

J. Mascaro et al., "Compassion meditation enhances empathic accuracy and related neural activity," Social Cognitive and Affective Neuroscience 8, no. 1 (Jan. 2013).

Y. Kang et al., "The non-discriminating heart: Lovingkindness meditation training decreases implicit intergroup bias," Journal of Experimental Psychology, General 143, no. 3 (June 2014).

Y. Kang et al., "Compassion training alters altruism and neural responses to suffering," Psychological Science 24, no. 7 (July 2013).

Eberth Sedlmeier et al., "The psychological effects of meditation: A meta-analysis," Psychological Bulletin 138, no. 6 (Nov. 2012).

Frank Bures, The Geography of Madness: Penis Thieves, Voodoo Death and the Search for the Meaning of the World's Strangest Syndromes (New York: Melville House, 2016).

P. A. Boelens et al., "A randomized trial of the effect of prayer on depression and anxiety," International Journal of Psychiatry Medicine 39, no. 4 (2009).

D. Lynch, "Cognitive behavioural therapy for major psychiatric disorder: does it really work? A meta-analytical review of well?controlled trials," Psychological Medicine 40, no. 1 (Jan. 2010).

Walter Pahnke and Bill Richards, "Implications of LSD and experimental mysticism," Journal of Religion and Health 5, no. 3 (July 1966).

R. R. Griffith et al., "Psilocybin can occasion mystical-type experiences having substantial and sustained personal meaning and spiritual significance," Psychopharmacology 187, no. 3 (Aug. 2006).

Michael Lerner and Michael Lyvers, "Values and Beliefs of Psychedelic Drug Users: A Cross-Cultural Study," Journal of Psychoactive Drugs 38, no. 2 (2006).

Stephen Trichter et al., "Changes in Spirituality Among Ayahuasca Ceremony Novice Participants," Journal of Psychoactive Drugs 41, no. 2 (2009).

Rick Doblin: "Pahnke's 'Good Friday experiment': A long-term follow-up and methodological critique," Journal of Transpersonal Psychology 23, no. 1 (Jan. 1991).

William Richards, Sacred Knowledge: Psychedelics and Religious Experiences (New York: Columbia University Press, 2016).

Pahnke et al., "LSD In The Treatment of Alcoholics," Pharmacopsychiatry 4, no. 2 (1971).

L. Grinspoon and J. Bakalar, "The psychedelic drug therapies," Curr Psychi-

참고문헌

atr Ther 20 (1981).

Bill Richards, Sacred Knowledge: Psychedelics and Religious Experiences (New York: Columbia University Press, 2015).

Jacob Sullum, Saying Yes (New York: Jeremy Tarcher, 2004).

Michael Pollan: "The Trip Treatment," New Yorker, February 9, 2015.

Matthew W. Johnson et al., "Pilot study of the 5-HT2AR agonist psilocybin in the treatment of tobacco addiction," Journal of Psychopharmacology 28, no. 11 (Sept. 2014).

Robin Carhart-Harris et al., "Psilocybin with psychological support for treatment-resistant depression: an open-label feasibility study," Lancet Psychiatry 3, no. 7 (July 2016).

21. 공감과 관심으로의 연결: 오랜 상처에서 해방되다

Felitti, "Long Term Medical Consequences of Incest, Rape, and Molestation," Southern Medical Journal 84 (1991).

Judith Shulevitz, "The Lethality of Loneliness," New Republic, May 13, 2013.

22. 미래로의 연결: 현실적인 가능성이 필요하다

Evelyn Forget, "The Town with No Poverty: The Health Effects of a Canadian Guaranteed Annual Income Field Experiment," Canadian Public Policy 37, no. 3 (2011).

Rutger Bregman, Utopia for Realists: The Case for a Universal Basic Income, Open Borders, and a 15-hour Workweek (Netherlands: Correspondent Press, 2016).

Zi-Ann Lum, "A Canadian City Once Eliminated Poverty and Nearly Everyone Forgot About It," Huffington Post, January 3, 2017.

Benjamin Shingler, "Money for nothing: Mincome experiment could pay dividends 40 years on," Aljazeera America, August 26, 2014.

Stephen J. Dubner, "Is the World Ready for a Guaranteed Basic Income?" Freakonomics, April 13, 2016.

Laura Anderson and Danielle Martin, "Let's get the basic income experiment right," TheStar.com, March 1, 2016.

CBC News, "1970s Manitoba poverty experiment called a success," CBC.ca, March 25, 2010.

Blazer et al., "The prevalence and distribution of major depression in a national community sample: the National Comorbidity Survey," Am Psych Assoc 151, no. 7 (July 1994).

E. Jane Costello et al., "Relationships Between Poverty and Psychopathology: A Natural Experiment," JAMA 290, no. 15 (2003).

Moises VelasquezManoff, "What Happens When the Poor Receive a Stipend?" New York Times, January 18, 2014.

Danny Dorling: A Better Politics: How Government Can Make Us Happier (London: London Publishing Partnership, 2016).

Andrew, Love Undetectable (London: Vintage, 2014).

Rebecca Solnit, Hope in the Dark: Untold Histories, Wild Possibilities (London: Canongate, 2016).

Paul Rogat Loeb, Soul of a Citizen: Living with Conviction in Challenging Times (New York: St Martin's Press, 2010).

결론 - 우리는 모두 연결되어야 한다

Stephen Grosz, The Examined Life: How We Lose and Find Ourselves (London: Vintage, 2015).

Naomi Klein, This Changes Everything: Capitalism vs. The Climate (London: Penguin, 2015).

지은이

✦

요한 하리
Johann Hari

과감함과 통찰력을 겸비한 세계적인 저널리스트이자 베스트셀러 작가. 영국 앰네스티 인터내셔널이 뽑은 '올해의 저널리스트'에 두 차례나 이름을 올렸다. 중독, 우울, 불안, 집중력 저하 등 현대사회의 중대한 문제들에 대해 날카롭고 통찰력 있는 이야기를 들려준다. 〈뉴욕타임스〉, 〈로스앤젤레스 타임스〉, 〈가디언〉 등 여러 매체에 글을 기고하고 있으며, 《벌거벗은 정신력》, 《도둑맞은 집중력》, 《비명의 추격》 등의 책을 출간했다.

옮긴이

✦

김문주

연세대학교 정치외교학과 졸업 후 연세대학교 신문방송학과 석사를 수료하였다. 현재 번역에이전시 엔터스코리아에서 전문 번역가로 활동하고 있다. 주요 역서로는 《밥 프로터 부의 확신》, 《생각한다는 착각》, 《21세기 최고 CEO들의 경영철학》, 《설득은 마술사처럼》, 《담대한 목소리》, 《거울 앞에서 너무 많은 시간을 보냈다》, 《어떻게 이슬람은 서구의 적이 되었는가》, 《민주주의의 정원》 등이 있다.

벌거벗은 정신력

2018년 12월 19일 초판 1쇄 발행 | 2024년 1월 24일 2판 1쇄 발행

지은이 요한 하리 **옮긴이** 김문주
펴낸이 박시형, 최세현

책임편집 강소라 **디자인** 정아연
마케팅 권금숙, 양근모, 양봉호 **온라인홍보팀** 신하은, 현나래, 최혜빈
디지털콘텐츠 김명래, 최은정, 김혜정 **해외기획** 우정민, 배혜림
경영지원 홍성택, 강신우, 이윤재 **제작** 이진영
펴낸곳 (주)쌤앤파커스 **출판신고** 2006년 9월 25일 제406-2006-000210호
주소 서울시 마포구 월드컵북로 396 누리꿈스퀘어 비즈니스타워 18층
전화 02-6712-9800 **팩스** 02-6712-9810 **이메일** info@smpk.kr

ⓒ 요한 하리(저작권자와 맺은 특약에 따라 검인을 생략합니다)
ISBN 979-11-6534-875-5 (03180)

쌤앤파커스(Sam&Parkers)는 독자 여러분의 책에 관한 아이디어와 원고 투고를 설레는 마음으로 기
다리고 있습니다. 책으로 엮기를 원하는 아이디어가 있으신 분은 이메일 book@smpk.kr로 간단한
개요와 취지, 연락처 등을 보내주세요. 머뭇거리지 말고 문을 두드리세요. 길이 열립니다.